U0145345

圖解系列

圖解

五南圖書出版公司 印行

金融行銷

張福榮 著

第二版

閱讀文字

理解內容

觀看圖表

圖解讓
金融行銷
更簡單

自　序

　　金融行銷的基本原理主要架構於行銷理論之上；由於金融業是一種特殊的行業，在特性上與製造業或一般的服務業有很大的不同，因此在運用上仍與一般行業的行銷作法有所區隔。

　　本書為使讀者更能體會實際金融行銷的作法，因此在本書分別提供多個金融行銷個案，供讀者研習與討論，這對於金融業的從業人員而言，相信亦能帶來某些啟發。

　　圖解金融行銷係結合文字與圖形之對照，提綱挈領呈現金融行銷的重要議題或內容，使讀者能快速有效了解它。

張福榮　敬上

本書目錄

第 ❷ 章　金融行銷

本書目錄

第 3 章　電子化金融行銷工具

本書目錄

第 4 章　金融科技

第 5 章　金融從業人員之行銷技巧

第 **1** 章
金融環境分析

●●●●●●●●●●●●●●●●●●●●●●●●●●●●●●●●● 章節體系架構 ▼

Unit **1-1**
臺灣金融市場分析

　　以臺灣目前的金融環境而言，金融機構的發展確實有其限制，但只要能創新，即能突破而有所發展。

一、發展限制

　　臺灣目前的金融機構因為環境因素所受到的限制可歸納整理成下列四點，一是政府法令限制多，無法塑造金融經營的利基；二是金融人才不足，無法滿足專業服務的市場需求；三是金融的創新能力不足，國外的部分金融商品不見得能適用於臺灣；四是臺灣的金融顧客的消費習慣、經驗與風險意識落差太大，金融服務的管理與品質在短期內不易改善。

二、障礙

　　臺灣金融市場的業者除重視過去的企業金融外，近年來對消費金融、財富管理、中小企業金融等領域均逐步重視，只要能有創新性作法，金融業者在許多限制下仍會有機會獲得更大的市場。目前普遍認為臺灣金融業若能克服下列五項障礙，相信將更能提高營運效率及增加進步的動能。

　　(一)經營方向與目標過於廣泛：金融業的領導者對經營方向與目標過於廣泛，雖然他們都有很強的企圖心，但因資源有限卻想提供所有的服務，因此很可能反而無法集中公司的核心能力，對目標顧客提供應有之服務。

　　(二)軟體上之投入仍大幅不足：目前雖然大幅建立自動櫃員系統，但是更重要的服務資訊系統卻不見大量投入。例如，即時顧客資訊系統隨時反應帳戶的變化。

　　(三)過分追求提供完整的金融服務：營運項目齊全雖有利於提供服務，但卻也常失去重點，例如，信用卡業務並不見得適合所有金融機構推動，但卻有過多的競爭存在。因此非核心能力的業務應採委外方式辦理可能更為有效。

　　(四)未能有效推動績效管理：至今仍有許多金融機構缺乏明確、嚴格的績效管理制度，因此只能對高績效者給予少量的回饋，但對低績效者卻未能有效處理。所以造成雖然臺灣金融業者逐步採用關鍵績效指標，但是由於不願意隨時解僱績效不佳的員工，故仍存在許多問題。

　　(五)雖具求變之心，但卻缺乏持續力：例如，在推動消金業務時，採用績效管理制度，結果高績效者的員工之薪資高於不少資深管理者；最後，推動此項政策的新經理必須離職。也就是舊有的組織文化、官僚體系很難打破，尤其危及既有員工權益的措施更難實施。若不設法加以改變，營運障礙恐不易克服。

　　由於臺灣金融業無法自外於世界金融市場，尤其是亞洲的金融市場，因此亞洲金融市場的結構性問題不能不予以重視，茲說明如右。

金融機構發展4限制

① 法令限制

② 金融人才不足

③ 創新能力不足

④ 消費者風險意識不夠

現階段金融機構應克服5障礙

1. 經營方向與目標過於廣泛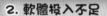

2. 軟體投入不足

例如，即時顧客資訊系統，可隨時反應帳戶的變化情形，但臺灣金融業者少有投入。另外如行銷規劃人員的訓練仍嚴重不足，難以真正達到客戶關係管理的目標。

3. 過分追求提供完整的金融服務

4. 未有效推動績效管理

5. 求變之心缺乏持續力

 知識補充站

目前亞洲金融市場的問題何在？

目前亞洲金融市場存在一些結構性問題必須加以克服，包括不良資產偏高、資本市場效率不高，無法吸引大量資金流入、透明度不足、政府改革決心不夠、政府管制多、金融機構透明度不足、公司治理仍不普及，以及金融機構不易在市場機制下購併等。不過，同時亞洲金融市場亦存在許多的新機會，例如，未來退休人口的市場需求、信用卡使用更為普及、中國大陸經濟能力逐漸提高、中小企業成長快速等。

Unit **1-2**
金融市場產業特性 I

　　金融業為一服務業，它也提供無形的服務，故其產業特性即具服務業的一些特性；然而又與國家各項發展有密切關係，因此又不同於其他行業之特性。為何在進行行銷活動時，金融業者有必要了解本身的產業特性？產業特性會影響整個產業之運作，業者如不能明瞭，又如何制定一套配合產業發展所需之行銷策略？以下從本質、結構、外部關係三大面向談金融市場產業的特性。

一、產業本質面

　　(一)銀行商品為一無形商品：金融業者所提供的商品均為無形，消費者無法直接消費它，而是透過它從事消費。不論利用金融卡提款，或者利用信用卡消費，人們係透過它的使用，達到消費的真正目的。

　　(二)金融業之服務無法儲存：金融業雖提供商品（例如，存提款），但是它無法儲存其服務。當銀行行員為客戶辦理存提款動作後，其服務即告完成，客戶無法要求將此服務儲存。

　　(三)勞務提供：金融業者所提供之商品無實體性，即使是一本存摺，亦只是作為一種象徵，本身並無法消費，所以它是一種勞務的提供，而不像一般消費性商品可使用或食用。

　　(四)服務品質：金融業服務品質係為其生存的基本條件，這與所有服務業相仿。未來金融業服務品質之良窳已非純粹僅為競爭力之關鍵因素，甚至已成為業者經營必備工具。金融業服務範圍甚廣，業者應正視之，以免影響市場競爭力。

　　(五)金融業之服務與消費無法加以分割：金融業的服務行為與客戶消費行為是同時發生，無法加以分割為兩者。也就是金融業是一種生產與消費同時存在、同時結束的一種商業行為。

二、產業結構面

　　(一)金融業服務對象甚多：金融業所提供之商品幾乎適合於所有人使用，只需客戶具備金融業要求之基本條件，即可成為金融業之服務對象；由於時代進步，金融業對其服務對象所要求之條件相當低，故成為業者的服務對象甚為容易。

　　(二)涉及高專業技術：由於金融業服務範圍廣泛，許多服務技巧均具備高專業技術，例如外匯業務之信用狀處理及外匯交易等；加上與其他行業業務往來密切，電腦與通訊技術之處理更形重要，故業者在專業技術人才之培養極為重要。

　　(三)加入市場障礙性高：金融市場結構雖不似以往為明顯之寡占市場，但仍是一種較接近寡占市場之獨占性競爭市場。同時加入金融市場競爭牽涉許多專業問題，並非投資者想投資設立便可達成，它係屬一種加入市場障礙性甚高的產業。

從本質、結構、外部關係看金融市場產業特性

1. 產業本質面

(1)銀行商品為一無形商品

(2)金融業之服務無法儲存

(3)勞務提供

(4)服務品質
包括從服務態度到售後服務之種種活動。

(5)金融業之服務與消費無法加以分割

2. 產業結構面

(1)服務對象甚多

從個人到企業，甚至政府機構、非營利性法人機構均包括在內。

(2)涉及高專業技術

①金融專業技術方面
　例如，外匯業務之信用狀處理及外匯交易、授信業務之徵信、貸款評估等均屬之。
②電腦與通訊技術方面
　例如，目前臺灣地區推動之晶片卡，其功能包括許多項目，其中具備之專業技術已非一般人所能了解。

(3)加入市場障礙性高

金融業市場因市場結構、專業特性、政府政策及法令規定、人才資源等因素，係屬一種加入市場障礙性甚高的產業。

(4)投入資本龐大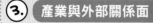

3. 產業與外部關係面

Unit **1-3**
金融市場產業特性 II

　　金融市場的產業特性可歸納整理成十四種，除了前文從產業本質與結構探討外，外部環境與關係也重大影響著金融業的發展。

二、產業結構面（續）

　　(四)投入資本龐大：由於金融業與大眾百姓、各行各業之間的關係太過密切，政府部門為保障消費者權益及穩定國家經濟發展，故對金融機構之設立均有相對嚴格之限制，例如，對新設立銀行採取符合世界清算銀行的標準，資本額估計約為新臺幣　百億元以上，相當龐大，並非一般人可能投資設立。此點亦造成進入市場的困難度。

三、產業與外部關係面

　　(一)與投資大眾或一般民眾有著密切的關係：金融業所提供之服務與吾人平日生活分不開。例如，現代人幾乎將所得收入放於銀行內或透過銀行業等金融機構進行投資；另外塑膠貨幣的普遍使用，將使得人民各種消費活動或行為，與金融業之業務無法脫離關係。

　　(二)金融業對經濟發展有重大影響：從總體經濟理論可知構成經濟發展之基本因素可從需求面及供給面來判斷，而貨幣則為需求面的二大關鍵項目之一，金融業即是貨幣層面，所以金融業之興衰對國家經濟發展有很大的影響。假若一國供給面的生產能力很強，但缺乏金融體系的支援，則許多業務推動將受到阻礙。

　　(三)金融業的發展受科技影響甚大：金融業現今許多業務均須依賴電腦、通訊、電子等相關技術之支援，甚至當相關設備發生當機或不良時，所有業務將造成停機。例如，以最單純的存提款作業而言，當電腦當機或通訊系統中斷，則存提款作業將致停止，甚至造成銀行內部作業大亂。另如科技之發達，目前已有二十四小時服務之無人銀行，其功能已遠超越單純之自動櫃員機。

　　(四)金融業與其他行業之互動日益頻繁：以前工商業較不發達之時，各行業透過金融業推展業務或財務調度之機會較少；但隨臺灣工商業發達及與國際間往來之密切，工商業經常必須依賴金融業完成相關的交易活動；兩者之間的關係日形密切，而且相互影響。

　　(五)金融業與政府政策互動緊密：金融業由於與國家經濟發展及人民百姓的生活關係太過密切，故金融政策乃是政府部門重要的施政計畫。例如，中央銀行採取寬鬆銀根政策，此時銀行業者無法不予理會；某些時刻，中央銀行也可以道德勸服方式達成目的。反之，業者為爭取業績，相互競爭而採取調高存款利率及降低放款利率，均將對政府政策造成衝擊。

從本質、結構、外部關係看金融市場產業特性

1. 產業本質面

2. 產業結構面

3. 產業與外部關係面

(1)與投資大眾或一般民眾有著密切的關係

例如,將錢存入銀行或透過銀行進行投資,以及塑膠貨幣的普遍使用。

(2)金融業對經濟發展有重大影響

假若一國供給面的生產能力很強,但缺乏金融體系的支援,則許多業務推動將受到阻礙。

(3)金融業的發展受科技影響甚大

①電腦當機或通訊系統中斷,則存提款作業將致停止,甚至造成銀行內部作業大亂。
②24小時服務之無人銀行,其功能已遠超越單純之自動櫃員機。

未來銀行業之發展將繼續受科技影響!

(4)金融業與其他行業之互動日益頻繁

隨臺灣工商業發達與國際化,工商業經常必須依賴金融業完成相關交易活動。

(5)金融業與政府政策互動緊密

寬鬆銀根政策

中央銀行以降低存款準備金或降低再貼現率或在公開市場進行收購。

Unit 1-4
金融業總體環境分析 I

金融業的經營與發展，我們必須從下列六大層面構成的總體環境來分析。

一、政治與法律層面

(一)兩岸關係之變化：臺海兩岸近年來經貿往來大為增加，金融業務隨之而來；但因政策限制，使得業者難以發揮。雖然如此，但由於臺海兩岸發展動向對金融業影響太大，金融業者應隨時注意情勢發展，以期掌握先機，擴展公司業務。

(二)統獨或藍綠之爭：近年來，臺灣政局仍一直受統獨或藍綠之爭所影響。這種紛爭勢必對經濟發展產生負面影響，亦對金融業之營運造成不利的衝擊。

(三)金融法令相對落後：臺灣金融業之營業利潤向來頗為豐厚，其因來自寡占市場及賣方市場所致；然而金融相關法令仍相對落後，包括政策保守、修法延宕、利益群體對政府部門的影響。臺灣欲成為區域金融營運中心，政府部門若不加速修改金融業相關管理法令，恐怕此政策只是空中樓閣。

(四)智慧財產權之保障與重視：金融業未來在商品發展上，應注意模仿他人商品過程中，切勿侵犯到別人智慧財產權。另外，金融業者所服務之客戶是否可能觸犯別人智慧財產權，銀行應注意往來客戶平日商業行為，以免追討無門。

(五)政府政策及法律：金融政策之開放程度與金融法律之修正，對金融業具有關鍵性影響，例如，金控公司的成立對金融業之發展產生的影響。

二、經濟層面

(一)亞太經濟實力增強：過去十年，亞太地區之經濟成長甚為迅速，以中國大陸而言，未來經濟仍有擴張的實力自不待言。在此大好時機，臺灣金融業者若能建立正確的策略方向，將使經營空間大為提高。

(二)國民所得增加：臺灣地區人民每年每人平均國民所得將近二萬美元以上，在消費上已具實力，金融業由於業務推動與人們的儲蓄、消費、投資有極密切關係，所以國民所得增加，將為金融業帶來更多的市場機會。

(三)投資管道已逐步開放：近幾年，政府部門逐步開放期貨、選擇權等金融衍生性商品及基金種類多樣化等，使金融業在此方面將有更多擴展業務的空間。

(四)區域金融營運中心之推動：政府為全力推動臺灣成為區域金融營運中心，因此必須開放許多金融業務的管制，以吸引外商銀行投入臺灣金融市場；金融業者將因管制範圍放寬，增加更多的營運機會。

(五)購買力提高：臺灣地區人民消費潛力已日漸受世界各國所重視，不少外商因此獲得不少利益。未來若晶片卡能普遍為大眾所接受，則金融業（銀行）將能擁有更多與其他行業之合作機會。

金融業總體環境分析

影響金融業發展 **6**大環境因素

- ⑥ 實體
- ① 政治與法律
- ② 經濟
- ③ 文化與社會
- ④ 人口
- ⑤ 科技

①. 政治與法律層面對金融業的影響

(1)臺海兩岸局勢之變化

金融業者應隨時注意臺海兩岸情勢發展,以期掌握先機,大幅擴展公司業務。如上海自由貿易試驗區對金融業的大幅開放等措施對臺灣的影響。

(2)臺灣政治仍有統獨或藍綠之爭

(3)各項金融管理法令相對落後

政府部門若不對落後的金融相關法令,包括政策保守、修法延宕、利益群體對政府部門的影響,予以正視並加速修改,更將嚴重影響21世紀臺灣經濟再進一步發展的機會。

(4)智慧財產權之重視

金融業未來在商品發展上,切勿侵犯到別人智慧財產權。
在金融業特性下,雖上述所提機會不大,但仍須謹慎為之。
另外,金融業者所服務之客戶是否可能觸犯別人智慧財產權,例如,銀行業者在審核貸款案時,應注意往來客戶平日商業行為,以免發生追討無門的結果。

(5)政府政策及法律

009

②. 經濟層面對金融業的影響

(1)亞太地區經濟實力增強

以中國大陸而言,2011年前平均每年均有10%的經濟成長率,目前仍有6%的成長率。

(2)國民所得增加　(3)投資管道開放　(4)區域金融營運中心之推動

(5)購買力提高

獲得不少利益的外商,例如Master、VISA、America Express等信用卡已迅速在臺灣拓展其業務。

Unit **1-5**
金融業總體環境分析 II

除了前文提到的政治與法律對整體經濟的影響層面，將對金融業的未來發展造成衝擊之外；另外，消費意識的抬頭、商業交易習慣的改變，以及社會風氣所帶來的文化與社會層面的影響，對金融業者而言，都是應該面對及思考的課題。

二、經濟層面（續）

(六)產業結構改變：臺灣產業結構現在以電子資訊業為主，故對金融業在業務推動上有很大的影響。

(七)參與TPP或RCEP：未來參與TPP（跨太平洋戰略經濟夥伴關係協定）或RCEP（區域全面經濟夥伴協定），造成金融業大多數業務必須逐步開放，故對臺灣金融市場將有更大的衝擊。

三、文化與社會層面

(一)消費者意識抬頭：近十幾年來，臺灣消費者在消基會努力推動下，對自身之權益保障已日漸重視。所以過去金融業者對客戶予取予求的作法，日漸減少。例如，房貸利率及成數，消費者逐漸懂得討價還價。

(二)商業交易習慣改變：以往商業交易習慣已隨環境變遷而有所差異，金融業者如何配合商業交易習慣改變，進而設計更適合於商業交易需要的金融商品。例如，以往國際貿易活動以Telex為信件往來的重要方法，但現在許多銀行以電腦網路代替之；相信在電腦與通訊技術發展下，信用狀之使用也可能被其他工具取代。

(三)付款方式改變：過去購物一般以現金為主，現逐漸以塑膠貨幣代替之，故類似電子錢包或行動錢包的發展趨勢，將成為金融業者未來走向。

(四)消費支出型態改變：例如，自用小客車大幅增加、出國旅遊風氣盛行等不再限於食品消費的消費支出型態改變，將對金融業之營運造成衝擊。

(五)社會治安有待加強：近年來由於社會風氣惡化，治安已大不如前，金融業者不斷遭遇搶劫、偷竊事件，對公司除造成財物損失，更危及員工生命安全。因此，如何加強運鈔安全性並避免服務遭搶的可能，將是銀行業者須注意的問題。

(六)自然生態維護：由於對環保的重視，故相對會影響部分金融業的營運方式。

(七)詐騙增加：各種金融詐騙方式層出不窮，金融業者如何加強防範與對顧客之宣傳，皆是重要工作之一。

(八)社會價值觀改變：社會價值觀在今日臺灣已發生巨大變化，例如，崇洋、崇日的心態、速食文化觀念、暴發戶心態、笑貧不笑娼、黑道勢力介入各階層、利益群體力量之擴張、腔腸文化（感官享樂）的流行等均為特有的文化與社會問題，導致人們過於重視物質生活。

金融業總體環境分析

2. 經濟層面對金融業的影響（續上頁）

(6)產業結構改變　　(7)參與TPP或RCEP

3. 文化與社會層面對金融業的影響

(1)消費者意識抬頭

例如，房屋貸款的貸款利率及貸款成數方面，消費者逐漸懂得如何與業者討價還價。金融業者未來在業務推動上應注意此動向。

(2)商業交易習慣改變

例如，國際貿易活動，以往以Telex為信件往來的重要方法，但現在因通訊技術的發展，許多銀行以電腦網路代替之，使業務執行更為簡化。相信未來信用狀之使用也可能被其他工具取代。

(3)人們付款方式的改變

現金 ➡ 塑膠貨幣（例如晶片卡的發展趨勢） ➡ 電子錢包

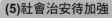

(4)消費支出型態改變

消費者對所得的運用已日趨多樣化、休閒化，且不再限於食品消費。

(5)社會治安待加強

銀行業者須注意的問題，例如，如何加強本身在運鈔過程的安全性？如何在服務導向的條件下，減少被搶劫的機會？

(6)自然生態維護

(7)詐騙情形逐步增加

(8)社會價值觀改變，導致人們過於重視物質生活

Unit 1-6
金融業總體環境分析III

　　未來金融電子化將是金融業者在激烈市場中決勝負的一項利器。否則以目前臺灣金融網路之混亂、功能不足，一旦業務量過於龐大，勢將形成電腦當機、服務品質低落的情形，對業者發展極為不利。

四、人口層面

　　(一)家庭人口結構轉變：小家庭、老年人口增加、晚婚人口大幅提高是目前臺灣地區家庭人口結構的改變。這些改變將造成人們在消費、儲蓄、投資等方面習慣或作法產生變化，亦使金融業面對服務的對象及內容必須採取不同的作法。

　　(二)都市人口密度增高：人們因工作關係群聚於都市，因而使都市人口密度增加，所以消費行為不同於前，使金融業者在業務推動均會有所影響。

　　(三)婦女就業提高：隨女性教育水準的提高，婦女從家庭外出就業人口大為提高；所以其儲蓄或投資能力增強，金融業之行銷對象亦隨之增加。

　　(四)生活環境惡化：臺灣經濟發展的成功，也帶來環境的惡化。雖不致於如某些環保人士批評那樣嚴重，但確已不容繼續惡化，故環保市場之擴大將是預料中的事。金融業者應注意在此市場中獲得更多的利潤及為社會負擔更多的責任。

五、科技層面

　　(一)電腦與通訊技術的發展：金融電子化的運作係依賴電腦與通訊技術，以使金融業可對不同目標顧客提供更多、更便捷的服務；並藉此種技術發展，推動各項新型金融商品，滿足不同層次客戶多元化的需要。未來金融業者如何共同合作推動一個共利共存的金融資訊網路系統，將是臺灣金融業者成敗的關鍵因素之一。

　　(二)高科技行業之興起：高科技產業日新月異，需投入大量研究發展費用，雖無法確定是否產生成效，但仍必須投入研發工作，因此高科技具有高風險、高獲利之特徵。金融業在進行投資或貸款評估時，應審慎為之，以免危及本身利益。

六、實體層面

　　(一)原料不足：臺灣係為一原料缺乏的地區，許多生產原料均須依賴進口，始能生產製造；金融業在與客戶往來時，須注意顧客生產商品是否明顯依賴進口，以及是否會因原料缺乏而造成公司無法經營。

　　(二)環保法令限制：環境污染嚴重，以致政府在環保條件採用更嚴格的標準，勢將影響部分產業之發展。

　　(三)對自然資源的重視：臺灣許多自然環境已遭破壞之際，政府部門在環保上所扮演的角色更形重要，或以法律限制污染程度、污染權或課稅等方式，消除此種經濟外部性效果。金融業者應體認此事實，以免因受牽連而影響公司經營。

金融業總體環境分析

④ 人口層面對金融業的影響

(1)家庭人口結構轉變

①家庭因個人自主性提高,已由大家庭逐漸轉變為小家庭。
②醫藥技術發達及物質生活改善,延長百姓壽命,老年人口增加。
③個人主義、社會疏離感增強等,使晚婚人口大幅提高。

(2)都會人口密度增高

例如,外食人口大幅提高、應酬機會增多。

(3)婦女就業提高

婦女儲蓄或投資能力增強,金融業之行銷對象亦隨之增加。

(4)生活環境惡化

金融業者應注意在此市場中獲得更多的利潤及為社會負擔更多的責任。

⑤ 科技層面對金融業的影響

(1)電腦與通訊技術的發展

未來如何共同合作推動一個共利共存的金融資訊網路系統,將是臺灣金融業者成敗的關鍵因素之一。

(2)高科技行業之興起

高科技具有高風險、高獲利之特徵,金融業在進行投資或貸款評估時,應審慎為之。

⑥ 實體層面對金融業的影響

(1)原料不足

金融業者須注意顧客生產商品是否明顯依賴進口,以及是否會因原料缺乏而造成公司無法經營。

銀行家

(2)環境污染,環保法令限制

(3)對自然資源之重視

臺灣許多**自然環境**已遭破壞,金融業者應體認此事實,以免因受牽連而影響公司經營。

> 例如,森林大量被砍伐、丘陵地被變更為高爾夫球場等。河流所提供的水資源(民生用水、農業用水、工業用水)已日漸枯萎、水質惡化(污染及優養化等)更為大眾所憂。空氣、土地之污染亦為人們所關心。

Unit 1-7
金融業個體環境分析──銀行業

　　由於金融業包括銀行、保險、證券等，其個體環境各有不同，本文首先針對銀行業的個體環境說明之。

一、本身問題

　　(一)業務執行之心態保守：許多公營銀行在民營化後，組織文化及心態上仍無法跳脫過去而呈現被動與保守，因而損失許多業務，亦造成地下金融體系之氾濫。

　　(二)人員素質不足：銀行業十幾年來擴充速度甚快，在業務種類大幅增加下，造成人員不足，而且許多老銀行行員訓練不足、素質差，這對業務推動有很大影響。尤其國際金融環境變化更大，更顯出國際化金融人才等專業人員之不足。

　　(三)金融商品仍不為業者熟悉：雖然近年來衍生性金融商品在國內大為流行，但國內卻因法令尚未完整，再加上銀行業者人才不足，對衍生性金融商品常一知半解，業者雖知曉其重要性，但又因本身擁有之專業人才不夠，無法接受更高金融技術的訓練，這對銀行業者在未來國際化發展有所阻礙。

　　(四)內部未建立責任中心制：由於銀行業者的分支機構多，但管理上至今仍以一籃子的方式執行，雖表面上強調責任中心制的觀念，但卻又未落實於績效與獎勵等政策上，故對員工激勵效果不足，同時無法建立員工之危機意識。

二、產業結構

　　銀行業在產業結構方面，具有市場競爭激烈、與其他銀行搶奪有限資源，以及銷售據點多等三大特色。其中銀行業面臨激烈的市場競爭可從兩方面來看，一為銀行同業間的競爭；一為銀行業與相關行業（證券業、保險業）之競爭。未來銀行業在經營上，將面臨前所未有之競爭，稍有不慎，可能導致公司嚴重損失。

三、外部環境

　　(一)銀行業相關法令限制多：政府對銀行業的管制法令及措施雖在國際化、自由化的政策下逐漸開放，但事實上與世界金融中心的金融法令規定的容許度仍有差距，以致對臺灣成為區域金融營運中心不利，最後將造成業者的經營機會減少。

　　(二)地下金融規模龐大：臺灣由於金融制度不完備、法令限制太多，因此需要借貸的中小企業主或個人，在求助無門之下，地下金融規模逐漸擴大。政府若未嚴加取締及銀行業者不簡化貸款手續和放寬條件，自不利於臺灣銀行業之發展。

　　(三)與其他行業存在合作或競爭關係：例如證券業必須透過銀行業者辦理交割作業（如目前款券劃撥制度），但同時可能因爭取股票買賣成為競爭關係，這使得銀行業與相關行業間的關係相當微妙，其中之分寸，業者須多加留意。

銀行業的環境分析

1. 本身問題

(1)業務執行之心態保守　(2)人員素質不足

(3)金融商品仍不為業者熟悉

衍生性金融商品包括從避險性商品性質,逐漸轉變成投資、投機性商品,而銀行業者對期貨、選擇權、交換權等卻一知半解。

(4)內部未建立責任中心制

2. 產業結構

(1)市場競爭激烈

①**銀行同業間的競爭**

新民營銀行陸續成立,以企業化經營方式為銀行業者帶入了一股新活力;外商銀行因經營技巧及人才較強,故能導入部分新金融商品,這些均增加銀行業間相互競爭。

②**銀行業與相關行業之競爭**

銀行業與證券、保險等行業在部分業務上相互競爭,例如,股票買賣、公債經銷等為銀行業與證券業之衝突點;房屋貸款等則為銀行業與保險公司之競爭點。

(2)與其他銀行搶奪有限資源

由於市場資源有限,銀行業者勢必與其他相關行業相衝突。例如存款組合,若某些行業大量使用資金,則銀行業可能相對缺乏資金而造成銀根緊縮。

(3)銷售據點多

由於銀行業者均以直接方式面對客戶,故銷售據點必須非常多,始能在便捷的情形下,爭取客源。新設銀行在競爭力上,仍劣於公營銀行的原因之一,即是其銷售據點較少。就整體而言,銀行業須具備更多銷售據點始能爭取先機。

3. 外部環境

(1)銀行等相關法令限制多

政府對銀行業的法令規定與世界性或洲際性金融中心(紐約、倫敦、東京、新加坡、香港、法蘭克福等)的規定仍有差距。例如,對外投資的審核、外匯進出管制等均使銀行業在業務上受相當大的限制。

(2)地下金融規模擴大

雖然尚無明確研究資料證實地下金融規模大小,但是從報章雜誌等廣告中可看出需求者甚多,這對合法業者造成嚴重威脅。

(3)銀行業業務範圍廣泛,可能與某些行業存在合作或競爭關係

例如證券業,其中分寸之取捨應是銀行業者須多加注意之處。不過這也因金控公司的設立,產生某些微妙的變化。

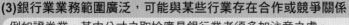

Unit **1-8**
金融業個體環境分析——保險業

保險業所面對的環境可從產品或企業,以及產業兩大面向分析之。

一、產品或企業面

(一)契約內容不易了解:目前保險保單之契約內容過於艱澀,保戶很難了解其中含意;當發生賠償事項時,常因而產生糾紛。

(二)理賠條件苛,理賠時間長:一般民眾對保險業的印象係事故產生時,理賠條件過苛,以致索賠不易,而且理賠作業時間太長,不能迅速結案,且無法符合保戶之需要。

(三)投保手續繁雜:一般保險的投保手續複雜,增加保戶困擾,造成抱怨情形不斷增加,對公司業務推展有所影響。雖目前隨著簡易型保險商品推出,此種情形有所改善,但其實仍有很大的改善空間。

(四)公司與保戶關係不佳:保險公司在平日未能與保戶建立適度關係,當事故發生後,常無法消弭衝突,甚至促使雙方關係更為惡化。

(五)人員素質參差不齊:過去許多保險銷售人員專業素質不夠,只能憑人際關係達成業績之推展;在只顧銷售而忽略權責之情形下,勢難避免保險糾紛。

(六)內部佣金制度不良:由於保險公司對保險銷售人員薪資之管理,甚為重視佣金制度,當佣金制度不良時,常發生只顧吸收新保戶,卻忽視保戶權益之情形,這對公司在內部管理及對外關係均不利。

(七)商品種類過度集中:國內保險商品種類過度集中,例如,投資型保單之盛行,不僅可能不利於保戶,更可能使業者面臨資金風險問題。

(八)配銷通路不良:保險配銷通路有限,使消費大眾或公司辦理投保,可能因不便而致終止。但因金控公司之設立與網路使用,已有改善,惟仍應顧及安全性。

(九)續保之持續性低:許多人身保險因基於人情關係投保,第一年繳交保費後,而不願繼續投保,產生銷售虛增情形。

二、產業面

(一)外國競爭者多:由於同意美商進入臺灣市場,因此外國競爭者日漸增多。當加入WTO以後,此種現象將更為嚴重;除市場空間將被瓜分外,保險新商品的引入,將加重對國內保險業者之壓力。

(二)公司所有權與經營權不明:國內保險業的公司所有權與經營權經常未能明確劃分,讓社會大眾認為業者的經營不會顧及保戶利益。

(三)詐欺保險愈來愈多:由於詐欺性保險增加保險業者負擔,如何加以防範,將是保險公司未來必須深入研究和探討的課題。

保險業的環境分析

1. 產品或企業面

(1)契約內容不易了解

(2)理賠條件苛，理賠時間長

(3)投保手續繁雜

(4)公司與保戶關係不佳

(5)人員素質參差不齊

(6)內部佣金制度不良

(7)商品種類過度集中

(8)配銷通路不良

近年來因金控公司之設立與網路使用，已有相當幅度的改善；
但因牽涉安全問題，故仍以簡易型的商品較易安排通路。

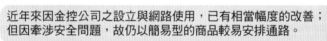

(9)續保之持續性低

2. 產業面

(1)外國競爭者多

將加重對國內保險業者之壓力。

(2)公司所有權與經營權不明

讓社會大眾認為業者的經營不會顧及保戶利益。

(3)詐騙保險愈來愈多

保險公司必須深入研究和探討如何加以防範。

Unit **1-9**
金融業個體環境分析──證券業

　　證券業所面對的環境可從企業與產業兩大面向分析之。其中體質不佳的證券業將面臨被淘汰的命運。

一、企業面

　　(一)經營體質不健全：許多證券業者未循正常營運方式經營。當市場出現激烈變化時，體質不佳之業者常無法繼續經營，而遭致淘汰的命運。

　　(二)股市風暴使得投資人進出趨於保守：投資人對市場投入程度直接影響證券公司之業績，故投資人投資股市之作風趨向保守時，將對業者經營造成不利衝擊。

　　(三)人員素質參差不齊：部分公司因積極訓練人才，營業人員能以較高專業素質吸引投資人；但亦有部分公司營業人員以介紹明牌方式拉攏客戶，因而造成市場不安，不利公司發展。

　　(四)大戶、中實戶炒作股票：國內因對炒作股票之監督及處罰努力不夠，致使大戶、中實戶隨意炒作股票，進而影響股市變化；當運作不佳或發生其他事件時，常發生違約交割案，除往來業者受到影響，更波及其他業者，不利於股市發展。

　　(五)形象不佳：國內投資人對股市頗多投入，但卻對證券業者之形象印象不佳，此對業者長期發展有不良影響。若業者能體會此重要性，藉企業形象之提升，勢必有利於公司業務之擴展。

　　(六)業者可能參與炒作股票：此種不合法行為雖為政府法令所禁止，但卻普遍存在業者間，短期間或有其利益，但亦可能遭致股市風暴，造成公司結束營業。

　　(七)直接面對客戶：證券業營業人員若有好的服務態度，將吸引更多客戶。

　　(八)過度重視技術面分析：國內股市近年來雖逐漸重視基本面分析，但由於投機心態仍相當濃烈；故證券業者應多增加基本面分析，使得投資人能回歸基本面，以利於長期股市發展。

二、產業面

　　(一)市場惡性競爭：證券業者為拉攏客戶，常採用不適當競爭方式打擊同業；因此最後常演變成惡性競爭，而不利於業者長期發展。

　　(二)市場融資不易：證券業者希望投資者能藉融資擴大其投資量，但是國內受限融資市場不夠通暢，以致融資不易，故對業者之影響程度仍有待觀察。

　　(三)易受政府政策之影響：證券市場本身是一個敏感度甚高的區域，易受政府政策之影響；故業者在處理相關訊息時，須特別注意其動向。

　　(四)股票交易制度仍須持續改善：國內目前股票交易制度造成股市以散戶為主，易造成市場動盪。另上下漲跌幅之限制，亦影響股市的正常發展。

證券業的環境分析

1. 企業面

(1)經營體質不健全

許多業者仍以報明牌的方式運用，而未循正常營運方式經營。

(2)股市風暴易使投資人趨於保守

(3)人員素質參差不齊

(4)大戶、中實戶炒作股票，經常造成違約交割。

(5)形象不佳

(6)業者可能參與炒作股票

例如，炒作國華飯店所造成之違約交割案，便是一個最明確的例證，最後是造成公司結束營業，更嚴重影響投資大眾的權益。

(7)直接面對客戶

此種態勢對證券業之經營有著密切影響，因投資人將直接面對業者營業人員服務態度，故營業人員若有良好服務品質，將有利於吸引客戶。

(8)過度重視技術面分析

2. 產業面

(1)市場惡性競爭
(2)市場融資不易
(3)易受政府政策之影響
(4)股票交易制度仍須持續改善

例如，擴大開放外資進入股市等。

對證券業可能產生負影響

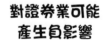

證券業

Unit **1-10**
金融業外部環境分析──以銀行業為例 I

　　由於金融業之內外在環境分析因行業別仍有所不同，本文僅以銀行業為例，提供 SWOT分析法依行業之運用，至於保險業、證券業亦可參考其作法。

一、行銷機會

　　(一)金融政策自由化及國際化：政府對匯率、利率管制的放寬，讓銀行業經營空間加大；分支機構增設條件的放寬，業者可增加服務對象的機會；國外分行設立之解凍，配合客戶需要的業務將可提高，進而擴展其經營能力；准許參與操作衍生性金融商品，業者產品種類增加，提高客戶選擇機會，有利於公司業務擴展。

　　(二)國內外經濟持續成長：經濟維持適度成長，國民所得提高下，人們消費增多，對銀行業者各項服務之需求相對增加。國際經濟情勢近年來漸漸穩定成長，亞太地區更是大幅成長；國際貿易迅速擴充的結果，銀行業務將相形增加。雖在2008年以後，全球因金融海嘯景氣衰退，但2011年，全球景氣又逐步回升。

　　(三)臺海兩岸經貿發展：臺商對中國大陸市場近年來投入相當程度之努力。在銀行服務需求殷切與中國大陸相關機構無法配合下，中國大陸金融市場存在無限潛力及機會。惟銀行業赴中國大陸投資仍受限制；但此趨勢已無法阻擋，銀行業者應掌握契機。

　　(四)國內消費型態多樣化：國民所得提高、消費水準增加，其消費型態趨向多樣化；因此，消費者為達成多元化消費目的，勢必透過銀行業者提供各項服務滿足其需求，業者如何藉此開闢另一市場空間，應是重要思考方向。

　　(五)區域籌資中心之推動：臺灣正推動區域籌資中心政策，若能順利推動，銀行業者將產生許多行銷機會；同時將因外商銀行帶入更多的金融商品操作技術。

　　(六)電腦與通訊技術的發達：近年來，電腦與通訊技術對金融業已產生重大的影響，例如，從提款機功能已進步至無人銀行階段，未來更可能發展成客戶逕行透過網際網路運作，完成貸款申請手續；銀行核准之後，亦直接匯入客戶帳戶。當上述情節發生時，銀行業在服務及業務推展方面將產生革命性的影響。

二、行銷威脅

　　(一)電子化程度不足：銀行體系透過電子化可節省人力及增加服務項目，但由於國內許多業者在電腦軟硬體設施相當不健全，造成業務執行之困擾，進而影響經營管理，如電腦當機、網際網路無法順暢時，其影響之嚴重性說明如右。

　　(二)地下金融體系的存在：這在世界各國都有，惟臺灣以往金融管制嚴格、業者作風保守，民間工商業者，尤其為中小企業者尋求地下金融資金的支援來源之一；相對而言，將減少銀行業者之目標對象及經營範圍。雖已逐步放寬管制，但仍存在許多不便；加上地下金融能迅速提供資金，自對銀行業形成某種程度之影響。

銀行業之行銷機會與威脅

行銷機會

1. 金融政策自由化及國際化

政府
- (1)對匯率、利率管制的放寬
- (2)對分支機構增設條件的放寬
- (3)對國外分行設立之解凍
- (4)准許參與操作衍生性金融商品

2. 國內外經濟持續成長

3. 臺海兩岸經貿發展

目前銀行業赴中國大陸投資仍受限制；但綜觀全局，可知此趨勢已無法阻擋，銀行業者應迅速掌握契機，設法在最適當時機，投入此擁有各種機會的龐大市場。

4. 國內消費型態多樣化

5. 區域籌資中心之推動

(1)銀行業者將增加許多行銷機會。
(2)將因世界級外商銀行帶入更多金融商品操作技術。

6. 電腦與通訊技術的發達

行銷威脅

1. 電子化程度不足

例如，自動櫃員機經常發生無法正確或正常運作；一旦電腦發生當機時，多數銀行作業幾告終止，造成業務無法執行；若網際網路系統常無法順暢，則全球即時性訊息之傳遞將受嚴重影響，形成在外匯等業務執行上之困難。

2. 地下金融體系的存在

例如，地下錢莊、銀樓、民間標會等。

3. 部分專業人員素質不足

缺乏國際水準的專業人員。

4. 中小企業資本結構不健全

造成銀行業者不敢輕易提供貸款，導致雙方均無法各得其利。

5. 金融法令修法速度緩慢

6. 管理人員心態保守，不夠開放

7. 部分企業財務報表不實

此類企業之往來金額常遠大於對中小企業，銀行業者風險更大。

8. 銀行作業程序過於繁雜

9. 部分相關行業已成為銀行業者之競爭對手

例如郵局儲匯部已開放房屋貸款之業務。

續下單元

Unit 1-11
金融業外部環境分析──以銀行業為例 II

銀行業之行銷威脅除了前文提到的電子化不足、地下金融體系之存在之外，還包括下列七點。

圖解金融行銷

二、行銷威脅（續）

(三)部分專業人員素質不足：隨著金融自由化、國際化的開放，銀行業者對各種高專業性人員需求殷切，然由於平日疏於訓練，現在銀行業者均已體認專業人員之不足，尤其具國際水準的專業人員更是缺乏。例如，在期貨、選擇權、交換權等衍生性金融商品的專業人員在臺灣早已成為搶手人物。另外如具高水準的投資評估、貸款評估等人才或電腦軟體規劃人才或外匯管理人才均是銀行業者必須補充的人才。未來的銀行業者若無法加強人力資源培訓，則業務量將迅速流失，終致失敗的命運。

(四)中小企業資本結構不健全：國內以中小企業為主，然因中小企業資本結構不健全，造成銀行業者不敢輕易對中小企業提供貸款，導致雙方均無法各得其利，尤其在經濟不景氣時更是明顯。

(五)金融法令修法速度緩慢：國內雖一再推動自由化、國際化，但政府在保守心態主導下，始終無法提出符合時代潮流的金融法令，以供銀行業者順應趨勢發展；尤其部分法令雖由行政部門快速修改，但卻在立法部門終日吵鬧中一再延宕，更加深修法速度的緩慢。未來行政或立法部門若繼續維持目前作法，則無須多談區域金融營運中心，甚至將造成國內銀行業者資金外移。也就是，修法的適時性及適當性將對銀行業產生無比的助力。

(六)管理人員心態保守，不夠開放：銀行業未來發展方向取決於高階管理人員的態度，若管理人員具開放心胸，隨時順應環境變遷，修改銀行運作；銀行業者在競爭激烈市場，始能出人頭地。然而至今，許多業者的管理人員心態上始終得過且過，實無法應付未來更為複雜的挑戰。

(七)部分企業財務報表不實：此種情形雖不同於中小企業財務不健全，但對銀行經營上所造成之威脅卻更為嚴重，因為此類企業之往來金額常遠大於對中小企業；為避免此類事件之發生，業者應加強徵信工作，以免徒增本身損失。

(八)銀行作業程序過於繁雜：銀行與民眾、工商企業已是一種不可分離的關係，然而其業務執行的某些作業程序甚為不便，民眾或中小企業常望而卻步（例如，貸款事宜），間接助長不合法地下金融體系勢力，亦減少業者爭取業務的機會。

(九)部分相關行業已成為銀行業者之競爭對手：由於法令放寬，以往禁止的甚多業務已逐漸容許其他業者加入，造成業者額外增加其他競爭者。例如郵局儲匯部已開放房屋貸款之業務，如此將削弱銀行業者之經營利潤。

銀行業之機會與威脅分析

重要程度					影響程度				
非常重要 5.	重要 4.	普通 3.	不重要 2.	極不重要 1.	影響非常大 5.	影響頗大 4.	普通 3.	影響不大 2.	影響甚小 1.

一、行銷機會

1. 金融政策自由化及國際化 ＿＿＿＿＿＿＿＿＿
2. 國內外經濟持續成長 ＿＿＿＿＿＿＿＿＿
3. 臺海兩岸經貿發展 ＿＿＿＿＿＿＿＿＿
4. 國內消費型態多樣化 ＿＿＿＿＿＿＿＿＿
5. 區域籌資中心之推動 ＿＿＿＿＿＿＿＿＿
6. 電腦與通訊技術的發達 ＿＿＿＿＿＿＿＿＿

＿＿＿＿＿＿＿＿＿

二、威脅

1. 電子化程度不足 ＿＿＿＿＿＿＿＿＿
2. 地下金融體系的存在 ＿＿＿＿＿＿＿＿＿
3. 部分專業人員素質不足 ＿＿＿＿＿＿＿＿＿
4. 中小企業資本結構不健全 ＿＿＿＿＿＿＿＿＿
5. 金融法令修法速度緩慢 ＿＿＿＿＿＿＿＿＿
6. 管理人員心態保守，不夠開放 ＿＿＿＿＿＿＿＿＿
7. 部分企業財務報表不實 ＿＿＿＿＿＿＿＿＿
8. 銀行作業程序過於繁雜 ＿＿＿＿＿＿＿＿＿
9. 部分相關行業已成為銀行業者之
   競爭對手 ＿＿＿＿＿＿＿＿＿

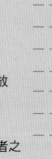

Unit **1-12**
金融業內部環境分析──以銀行業為例 I

銀行業者在進行優缺點分析時，應是依以下所提之各項影響因素分別列出，並依其重要性及績效給予評分。為求慎重，可由公司內部組成專案小組。透過 Delphi Method 等方法進行各項評估，以供公司決策之需。

一、行銷方面

(一)市場資料蒐集及分析預測能力：這有助於銀行業者對市場目前及未來狀況的了解，並得進一步作為公司營運策略的參考依據。

(二)顧客需求情形：目標顧客需求的強弱決定銀行業者應投入多少行銷努力。當業者能充分了解顧客需求時，始能發揮較高效率的行銷策略。

(三)各項業務規劃之成本效益分析：判斷是否值得推動，以免徒增公司負擔。

(四)營運計畫之執行績效：營運計畫之執行應落實業者營運理念，所以執行績效更為公司首先考慮的目標。

(五)新業務或商品之開發：銀行業隨環境的變遷必須提供多樣化商品或服務，以滿足消費者需求；新業務或新商品的開發，已成為市場上競爭的關鍵因素之一，更是獲利的主要來源。

(六)經營項目的足夠性：現在消費者既趨向使用或投資多樣化金融商品，若公司所經營項目無法符合消費者需要，則不易維持消費者忠誠度；在今日消費者對商品或提供商品的公司愈來愈缺乏忠誠度之際，擁有足夠的商品或業務是銀行業者吸引客源必要的條件之一。

(七)研究發展能力：銀行業亦如同工業一樣，研究發展能力的強弱對業者在產品的發展或營運的改革均具重大影響力；銀行業者研究發展能力愈強者，開發之業務或產品得到消費者青睞的機會愈大。

(八)存放款利率彈性及競爭能力：銀行業者在存放款方面對利率調動的彈性大小，決定業者能否取得市場先機；另存放款利率的高低，則顯現其競爭能力。兩者相配合之下，將能為公司獲得不少利益。

(九)分行間的協調及通匯能力及業務推廣能力

(十)分支機構的數目及設立地點　　**(十一)廣告媒體效果**

二、財務方面

(一)資金來源及利用狀況：自有資金愈高，公司資本結構愈為穩定，但過多則不合經濟效益，如何利用財務槓桿原理則是業者在業務管理上甚為重要的一環。

(二)經營成本增加情形：當公司經營成本突然增加，須深究其原因，若為發展新產品或推展業務所需，且在合理範圍之內，應屬正常。

銀行業公司的優缺點分析

重要程度	影響程度
非常重要 5. 重要 4. 普通 3. 不重要 2. 極不重要 1.	甚優 5. 優良 4. 普通 3. 差 2. 甚差 1.

一、行銷方面

1.市場資料蒐集及分析預測能力

2.顧客需求情形

3.各項業務規劃之成本效益分析

> 任何銀行業務規劃須考量成本與效益比，協助評估該項業務是否值得推動，以免徒增公司負擔。

4.營運計畫之執行績效

5.新業務或產品之開發

6.經營項目的足夠性

7.研究發展能力

8.存放款利率彈性及競爭能力

9.分行間的協調及通匯能力及業務推廣能力

10.分支機構的數目及設立地點

11.廣告媒體效果

> 消費者可能因工作、消費等因素之需要而必須借重銀行各分行間相關業務之協調或通匯，若分行間之協調及通匯能力良好，較能提供符合消費者的需求，有益於吸引消費者利用該行辦理各相關業務。銀行業已無法坐等客戶上門，而須主動出擊拉攏客戶，業務推廣能力已成為日趨競爭的銀行業必須具有的能力。

> 銀行業直接面對消費者，分支機構數目過少或設置地點不佳，將無法順利服務顧客，不利於業務推動。

銀行家

> 透過廣告媒體將公司的商品或業務傳達至消費者，效果良好的廣告媒體，可協助公司打開知名度或推展產品。

續下單元

Unit **1-13**
金融業內部環境分析──以銀行業為例 II

　　行銷及財務是必須進行評估的兩大方面，其中資金運作攸關公司的穩定性。

二、財務方面（續）

　　(三)各項投資報酬率：銀行業者進行各種投資或開發產品之前，應先評估其投資報酬率是否在公司標準之內，以決定是否從事此項投資，這能幫助業者判斷、選擇相關投資計畫，避免造成浪費的情形。

　　(四)呆帳增加的情形：銀行業者呆帳比率應在平均水準之下。

三、營運方面

　　(一)電子化的提高：未來銀行業者在電子化方面若無法趕上時代潮流所趨，勢將被逐出金融市場，電腦自動化的提高是業者發展的關鍵因素。

　　(二)業務稽核：公司內部業務稽核能力的提高，將促使公司各種業務執行較具效率。

　　(三)營運場所環境的布置及維護：銀行業者在營運場所環境的布置及維護狀況良好，易使消費者產生好感，有助於吸引消費者。

　　(四)對客戶的服務態度：銀行業服務態度對其營運影響頗大，尤其目前市場上競爭程度日趨激烈，更加重服務因素在經營成敗上的分量。

　　(五)授信分層負責的實施程度：授信分層負責若能順應環境之變遷給予調整，可能有利於授信業務的推動，否則一件數額不大的貸款案須耗費數日時間，將難以滿足消費者之需要。

　　(六)顧客意見之處理：顧客的任何意見均須慎重其事的加以處理，此種負責態度有助於提高消費的忠誠度。

　　(七)櫃檯作業速度：櫃檯作業速度快，可減少消費者在銀行等候的時間，亦為業者在內部評估時的重點工作之一。

　　(八)徵信能力：徵信工作是銀行業者在授信上最重要的一環；徵信能力薄弱，將影響公司放款工作，甚或因誤貸而造成公司重大損失。

　　(九)放款的事後追蹤、考核實施情形：放款事後追蹤的辦理有助於銀行業者了解顧客使用貸款情形，可協助公司徵信資料之建立及未來往來之參考。

　　(十)對呆帳客戶的催收能力：呆帳對銀行經營相當不利，若能加強催收能力，改善公司呆帳情形，將可減少公司損失。

　　(十一)對企業提供經營管理諮詢及輔導能力：雖然銀行並非專業企業管理顧問公司，但因其內部各方面人才頗多，尤其授信部門，常可對往來客戶提供經營管理諮詢或輔導。客戶若因而獲益，則將不易流失，而成為銀行的忠實顧客。

重要程度					影響程度				
非常重要	重要	普通	不重要	極不重要	甚優	優良	普通	差	甚差
5.	4.	3.	2.	1.	5.	4.	3.	2.	1.

承上單元

二、財務方面

1. 資金來源及利用狀況 ＿＿＿＿　＿＿＿＿

> 如何利用財務槓桿原理則是業者在業務管理上甚為重要的一環。例如，世界清算銀行即規定自有資金比率須在8%以上。

2. 經營成本增加情形 ＿＿＿＿　＿＿＿＿

> 若係來自差旅費或電話費增加，但業務量未相對增加，則須謹慎檢討。

3. 各項投資報酬率 ＿＿＿＿　＿＿＿＿
4. 呆帳增加情形 ＿＿＿＿　＿＿＿＿

> 當業者呆帳增加速度過快或數額龐大，均不利於業者之營運及利潤。

三、營運方面

1. 電腦自動化的提高 ＿＿＿＿　＿＿＿＿
2. 業務稽核 ＿＿＿＿　＿＿＿＿
3. 營運場所環境的布置及維護 ＿＿＿＿　＿＿＿＿
4. 對客戶的服務態度 ＿＿＿＿　＿＿＿＿
5. 顧客意見之處理 ＿＿＿＿　＿＿＿＿
6. 授信分層負責的實施程度 ＿＿＿＿　＿＿＿＿
7. 櫃檯的作業速度 ＿＿＿＿　＿＿＿＿
8. 徵信能力 ＿＿＿＿　＿＿＿＿
9. 放款之追蹤考核 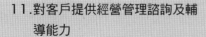 ＿＿＿＿　＿＿＿＿
10. 催收能力 ＿＿＿＿　＿＿＿＿
11. 對客戶提供經營管理諮詢及輔導能力 ＿＿＿＿　＿＿＿＿

Unit 1-14
金融業內部環境分析——以銀行業為例III

銀行業者愈了解組織內部優缺點並予以改變，愈能因應外在環境的變化。

四、組織方面

(一)組織對外界環境與預測能力：銀行業者對外在環境具較佳預估能力時，將使業者在多變的環境中先行掌握市場獲勝的利基，並可減少本身遭受環境變遷的威脅。

(二)環境變動適應力：業者在經營環境不佳或面臨淡季時如何適應，這對其經營發展有很大的影響，適應性良好者，可得到較多利潤。

(三)部門間之溝通協調情形：公司內部間常因業務所需而進行溝通協調，當溝通協調能力不佳時，恐將損害公司利益。

(四)權責劃分狀況：內部工作若有清晰的權責劃分制度，將有利銀行業者業務推動。

(五)組織內部彈性制度：業者經營可能發生人員互調或支援情況，若組織內部彈性良好，將可迅速配合業務推動，使顧客權益不易遭受損失或損及公司聲譽。

(六)優秀人才保留情形：未來銀行業者在競爭上的關鍵力量之一是優秀人才，如何保留良好人才是業者管理人員須努力的工作。例如，金融商品的研究發展人員、策略規劃人員等均是。

五、人事方面

(一)公司人員配置及調動：公司內部人員配置及調動關係組織運作的彈性度。彈性度低，將降低公司的競爭力。

(二)人員培訓：人員培訓是提高人員素質的重要方法之一。

(三)工作紀律及服務態度：員工是否具有工作紀律及良好的服務態度，這對服務業而言甚為重要。良好的紀律和服務態度將為公司吸引顧客。

(四)行員專業知識：銀行業運作包括各種專業知識，行員專業知識影響公司競爭力，故行員專業知識的高低值得公司內部檢討。

(五)行員的福利制度：福利制度的良好與否，關係業者能否吸引員工長期為公司努力；公營銀行的員工外流民營銀行，其部分原因即在於福利的問題。

(六)公司內部士氣的高低：員工士氣高低決定一家公司對外競爭的鬥志力，若內部士氣高，常能克服許多外在困難，所謂團結力量大，原因便在於此。

(七)管理階層的能力：管理階層之決策能力及管理能力係公司發展的原動力，若決策力不足，常使公司行使錯誤決策，將不利於公司發展，而管理能力不佳，將使員工無法盡心為公司全心全力的推展業務。

銀行業公司的優缺點分析（續）

重要程度					影響程度				
非常重要	重要	普通	不重要	極不重要	甚優	優良	普通	差	甚差
5.	4.	3.	2.	1.	5.	4.	3.	2.	1.

承上單元

四、組織方面

1. 對外界環境及預測能力
2. 環境變動適應力
3. 部門間之溝通協調情形

> 當此溝通協調能力不佳，業者可能將面臨「巧婦難為無米之炊」之苦，甚至損害公司營運時機及利益。

4. 權責劃分狀況

> 內部工作若有清晰的權責劃分制度，對銀行業者業務推動，始不致造成相互推諉的情形，而影響公司業務執行之成效。

5. 內部彈性
6. 優秀人才保留

> 未來市場上競爭的成敗決定於知識，而知識的來源為良好的人才，故優秀人才保留的情形與業者經營成敗有密切關係。

五、人事方面

1. 人員配置及調動

> 當人員配置不當將嚴重削弱其生產力，進而降低其競爭力。

2. 人員培訓

> 人員素質高低是公司生產力強弱的最大因素。

3. 工作紀律及服務態度

> 缺乏紀律和無良好服務態度之員工不僅無法為公司吸引顧客，反將排除顧客於公司之外。

4. 行員專業知識

> 銀行業運作包括各種專業知識，行員專業知識影響公司競爭力。

5. 行員福利制度
6. 公司內部士氣
7. 管理階層的能力

Unit 1-15
金融業內部環境分析──以銀行業為例IV

　　銀行業者在進行內部環境的優缺點分析，是針對行銷、財務、營運、組織、人事，以及金融商品之提供等六大項評估其重要性與影響性。

六、金融商品之提供

　　(一)利率結構之制定：銀行業者之有效利率除參考市場變化外，本身內部相關因素亦須加以考量；但利率結構可能因人而異，故建立一套合理之利率結構制度，使長、短期利率，存放款利率等具有一健全的結構。

　　(二)存款種類及結構：銀行業者對內部提供給顧客包括哪些存款種類？不同存款類別又如何配置？這將影響業者吸收客戶存款的重要原因。

　　(三)放款種類及結構：銀行業者透過放款賺取更多利潤，業者有哪些放款種類可供選擇？不同放款種類的配置比例如何？這均與放款競爭力具密切性關係。

　　(四)放款契約之簡易性：放款契約愈簡易化，對顧客將愈具吸引力；複雜的放款契約，可能使顧客望而卻步。

　　(五)放款手續之簡便性：放款手續愈簡便，表示顧客申辦手續愈為簡單，對顧客更富吸引力。

　　(六)外匯實務管理及操作能力：外匯部門已成為銀行業者重要部門之一，外匯實務管理及操作能力直接影響業者的發展，尤其在國際化的今日，更顯得重要。

　　(七)外匯業務種類：外匯業務種類多寡，表示業者能提供顧客服務的需求分量；種類愈多，則愈能滿足顧客的需要。

　　(八)衍生性金融商品之種類及操作：衍生金融商品已成為近年來國際金融市場上的新寵兒，但由於其風險性極高，業者能提供之產品種類及操作能力與公司利潤密切性甚高。例如，曾有業者因操作外匯期貨而造成公司嚴重虧損。

　　(九)交叉行銷的能力：由於金控公司已陸續成立，而金控公司即是運用交叉行銷的績效；即使是非金控公司，亦可透過策略聯盟方式，造成相類似目的。

小博士解說

銀行業的SWOT分析

若將前述銀行業外部環境分析與內部環境分析的機會與威脅分析表、公司優缺點分析表，經公司內部專案小組以 Delphi Method 或其他方法整理分析後，可得到有關公司所面臨之機會、威脅、優點、缺點等四項中的少數幾個影響較大的因素，即所謂的SWOT分析表（如右圖所示）。公司再根據具影響力之因素給予解決或發揮，以使公司能以更有效之策略指導經營方向。

銀行業公司的優缺點分析（續）

重要程度				
非常重要 5.	重要 4.	普通 3.	不重要 2.	極不重要 1.

影響程度				
甚優 5.	優良 4.	普通 3.	差 2.	甚差 1.

承上單元

六、金融商品之提供

1. 利率結構之制定

2. 存款種類及結構

3. 放款種類及結構

4. 放款契約之簡易性

5. 放款手續之簡便性

6. 外匯實務管理及操作能力

7. 外匯業務種類

8. 衍生性金融商品之種類及操作

　能力

9. 交叉行銷能力

知識補充站

銀行業 SWOT 分析表

行銷機會 金融政策自由化 及國際化	威脅 金融法令修法 制度緩慢
公司優點 分支機構多	公司缺點 服務態度不足

註：表中內容純粹為便於說明之用。

Unit **1-16**
金融業之價值創造

　　由於金融業競爭愈趨激烈，所以業者在面對微利時代，如何才能達到創造價值目的，已成為最重要的一項工作。微利的情勢使得全球金融業走向整合、購併及轉型三大方向。金融業者在面對內部組織更多複雜與作業更多元化等結構性問題時，必須建立能即時回應市場需求的機制，以快速回應市場需求、機會與威脅。

一、即時因應需求的資訊技術

　　一般而言，能即時因應市場需求的資訊技術之特性，包括開放標準、整合、虛擬與自主。在開放標準方面，它能使金融業在商業整合上更為容易，且能快速、低成本、容易建立與串聯內外部商業流程。因此，金融業便能建立協同作業架構，進而擴大與競爭者的差異化。在整合方面，整合能使金融業內外部資料與系統互相分享與流通，此種協同作業與運算，才能作為金融業因應市場需求之執行方案。在虛擬化方面，它係運用分散資源的模式，建置一個能立即回應需求的運用環境。藉由共同運用資源的網格架構（grid computing）達到成本降低與延展IT能力。在自主性方面，它能管理複雜性的組織架構，改善管理系統及分享資源、自我影響能力、自己復原能力，如此可達到降低操作成本與市場風險的目的。

二、未來金融業的發展方向

　　未來金融業的發展方向包括兩項，一是金融業者欲進行產業網路重組，可從網路化、分工化、專業化進行思考；一是金融業者欲進行企業組織重組，可從通路、製造、流程、風險與財務管理、基礎架構與觀察能力進行思考。

三、即時因應市場需求之金融機構的特質

　　(一)能專注於核心業務：包括1.集中投資在與競爭者差異上的功能；2.以最符合業者本身營運模式的顧客為目標，以及3.設法增加核心能力，並結合合作夥伴。

　　(二)具即時回應市場的能力：包括1.較競爭者更快開發新的金融商品；2.具迅速整合新金融商品與收購競爭對手的能力；3.以客製化方式快速回應符合顧客需要的金融商品；4.整合企業內外資料，並轉化成有用資訊；以及5.協助員工快速做出資訊完整且符合顧客需求的決定。

　　(三)具可變動成本的架構：包括1.建立業者本身元件化的能力，以處理一般業務；2.以委外方向增強內部能力，以及3.將與競爭者無差異性的工作完全委外。

　　(四)具備復原能力：包括1.能及時了解營運、市場與信用風險的程度；2.結合策略性合作夥伴，以分散風險；3.嚴格管理風險、降低資本要求，以及4.建立穩定、自我復原的組織能力。

金融業之結構性問題與價值創造

金融業者在面對內部組織更多複雜與作業更多元化等結構性問題時，事實上呈現四種現象，一是合併；二是全球化整合地區性獨立平臺架構；三是資訊支出過於浮濫；四是分散式 IT 架構各自為政。

金融業必須克服上述結構性問題

金融業之價值創造

1.

即時因應需求的資訊技術
- (1)開放標準
- (2)整合
- (3)虛擬化
- (4)自主性

2. 未來金融業的發展方向

(1)產業網路的重組

①網路化：即是由垂直整合轉為網路結構化的金融服務產業，也就是企業者會以外包方式開發新通路。
②分工化：即是未來只有少數大型金控公司能垂直整合，提供多種混合型金融商品的能力，但大多數的業者都會專注於具有競爭優勢的領域，而將非核心能力的部分加以外包。
③專業化：即是金融業者會選擇具競爭優勢的產業角度進行行銷，其餘部分則加以委外。

(2)企業組織的重組

①通路：全方位整合顧客所面對的所有活動，以提高其忠誠度。
②基礎架構：係在整合、支援與操作經營決策有關技術、流程與人員，包括資訊科技基礎、基礎架構與商業支援功能。
③製造：係指開發與組合以顧客導向為基礎的差異化產品與服務。
④流程：檢視日常工作事項、單據流程等基本工作，以降低成本與提高員工生產力。
⑤風險與財產管理：有效管理整體性風險與投資組合活動，以改善在市場的資產與資本地位。
⑥觀察力：係指企業經營規劃、市場研究與資料挖掘能力的整合。

3.

即時因應市場需求之金融機構
- (1)能專注於核心業務
- (2)具即時回應市場的能力
- (3)具可變動成本的架構
- (4)具備復原能力

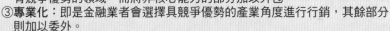

Unit **1-17**
金控公司之經營策略──考量因素

　　金控公司在法令通過後，分別以銀行、保險、證券為金融事業主體，吸納其他性質的金融事業成員加入。

　　由於各金控公司在組織文化與組織結構之調整、組織管理方式的改變、組織內部權力架構之協調、資訊共同平臺之建置、風險控制系統之整合與管理等問題上均受到衝擊，因此反而對最根本的經營策略有所忽略。

一、金控公司事業夥伴選擇之考量因素

　　成立金控公司時，由於組織成員忽然快速成長，執行過程非常繁雜，加上員工對抗等（有形與無形的對抗），均使得金控公司在策略思考上有所疏忽，以致反而可能失去原有的發展方向。所以慎選事業夥伴是金控公司非常重要的前置性工作。

　　一般而言，金控公司在選擇事業夥伴時，必須考量的因素至少可歸納整理成下列四項：

　　(一)組織文化：由於金控公司的重要成員來自不同組織，因此在經營的思考方式、管理標準等均有所不同，如何整合不同的組織文化形成一個新的組織文化，成為金控公司最重要的課題；因為人事或組織上之衝突將使得業務無法有效產生績效。

　　(二)核心業務：事業夥伴之核心業務與金控公司主體的核心業務是否具互補性？其程度有多大？是否具有策略上之意義（例如，增加新金融商品、通路等）。

　　(三)企業資產品質：金控公司的事業夥伴其資產的品質是否良好？是否可能會拉低金控公司的整體水平？併入的價格是否合理？是否會影響整體形象？併入後是否會影響長期的投資報酬。

　　(四)合作的方式：金控公司可能無法包括所有性質的金融事業，但可透過策略聯盟的合作方式，取得新金融商品或新通路。不過採合作方式亦可能面臨資訊交流不易與不對稱、利益分配方式溝通不易等問題。

二、金控公司之效益

　　金控公司成立之目的對業者而言係在於提升競爭力，而對政府而言則在改善金融產業環境。其效益如下：

　　1.企業資源整合，有利於交叉行銷。

　　2.資本效率化，擴大通路之運用。

　　3.人員整合，以降低經營管理成本。

　　4.提供更佳的金融服務。

金控公司事業夥伴選擇4大考量因素

事業夥伴選擇之考量因素

1.
組織文化
由於金控公司的重要成員來自不同組織，因此在經營的思考方式、管理標準等有所不同，需要加以整合。

2.
核心業務
是否具互補性？
其程度有多大？
是否具有策略上之意義？

3.
企業資產品質
品質是否良好？
是否會拉低金控公司的整體水平？
併入的價格是否合理？
……

4.
合作的方式
可透過策略聯盟的合作方式。

 知識補充站

金融業如何達到即時因應市場需求？

前面單元提到金融業有四種結構性問題需要克服，為克服這些問題，必須立即建立即時因應市場需求的機制，而金融業者要如何才能為達到即時因應市場需求的目的呢？至少應做到下列三項工作：

1.建立極大化的商業模式：包括策略性的進行商業設計、定義金融商品與服務的組合、調適最佳商業流程。

2.整合組織與人員：包括建構具彈性的組織架構、適應管轄權模式，管理企業文化的轉變。

3.建置技術共用平臺：包括設計串聯平臺、創造整合的應用環境、應用創新技術。

Unit 1-18
金控公司之經營策略──策略與創造價值

　　金控公司若透過營運程序至少可產生多元化金融商品之導入與資產報酬率提高的兩項綜效。由此可引申出交叉行銷與資本配置兩項策略。

圖解金融行銷

一、金控公司的經營策略

　　交叉行銷的概念來自需求面的思考，即是在同一通路中提供顧客所有的金融服務，包括銀行、保險、證券、授信等，進而達到擴大通路的整合行銷效益。然而支援交叉行銷的作法，必須要有充足的資源支援，因此下列資源的配置成為金控公司成功營運的重要關鍵因素：

　　(一)組織結構之規劃：金控公司大多以合併換股或直接購併方式吸納成員加入，有的成員來自金控公司主體的轉投資事業，有的來自談判。由於金控公司的業務布局必須採取分工合作與交叉行銷的方式布局，因此組織結構的調整應有周詳規劃。例如，業務相近的成員應先行合併。長期作法可採用事業群方式，以併購及營運成長來擴充事業群資產規模或產品線，進而發揮各事業群內在經濟規模及達成交叉行銷目的。這些事業群若遇到好的併購機會，將可選擇新的個體加入事業群。不過，事業群的劃分係以組織橫向整合的容易性作為依據。事業群內部可以進行交叉行銷，同時在金控政策的規劃下，跨事業群的交叉行銷亦是可行。

　　(二)人才培育與訓練：金融業過去基於專業考量，其業務劃分相當清楚，銀行、保險、證券之間常存在不了解另外一方的知識。在金控體系建立之後，全方位人才的培育與訓練成為非常重要的工作。未來的金控運作模式尚難有一明確的說法，因此金控在變化多端的局勢下，有必要培養更多的全方位金融人才。

　　(三)金融商品規劃與選擇：金控公司的金融商品不一定涉及所有業務，尤其更不可能樣樣金融商品均居市場第一名；通常是以金控主體擁有最強的業務搭配其他領域的次事業體組成。因此金控公司在初期均會以競爭力最強的金融業務作為品牌定位，再透過相同通路將其他次強勢金融商品推介給潛在消費者，這種循序漸進的整合行銷方式頗具效果。

　　(四)共用資訊平臺之建置：由於未來金控公司擁有更多金融商品與潛在顧客，如何透過共用資訊平臺挖掘更多顧客，即是金控公司競相投注巨大費用的原因。

二、金控公司價值創造的作法

　　金控公司在價值創造上，大致可有下列六個步驟，一是事業之規劃與檢討應集中於創造價值；二是發展價值導向的目標；三是重視股東價值；四是以價值創造作為金控公司擴充之考量；五是必須與關係人進行有效溝通；六是重塑財務長的地位。

金控公司經營策略

1. 組織結構之規劃

2. 人才培育與訓練

不論金控的主體原為何種背景（臺灣目前以銀行最多），均應尋覓及培養可用的內部與行銷管理人才，並不斷對基層行員施於各種教育訓練。尤其目前正積極推動的財富管理業務更須投入更多的訓練。

3. 金融商品規劃與選擇

金控公司在推出金融商品時必須以最具優勢的金融商品為主力，不應一下子推廣所有金融商品的產品線，以免造成損失。

4. 共用資訊平臺之建置

它將可發掘顧客的潛在需求、設計客製化的財務工程商品外，更可有利於決策運作的效率與效果，以充分達到金控最根本的目的——整合行銷。

金控公司價值創造的作法

1. 事業之規劃與檢討應集中於創造價值

金控公司的執行者應成立工作小組，探討金控公司本身與其競爭者的核心能力與資產分析，並規劃未來可能進入的事業，而這背後均以價值創造作為依據。

2. 發展價值導向的目標

未來金控公司應以經濟利潤作為價值導向的目標，而不應再採用過去的投資報酬率為依據，因為投資報酬率可能忽略價值創造的成長。在價值導向目標下，建立一具有獎勵的績效衡量制度，如此金控公司內部才可能勇於進行長期改革，並獲取長期利潤。

3. 重視股東價值

未來金控公司應以經濟利潤作為價值導向的目標，而不應再採用過去的投資報酬率為依據，因為投資報酬率可能忽略價值創造的成長。在價值導向目標下，建立一具有獎勵的績效衡量制度，如此金控公司內部才可能勇於進行長期改革，並獲取長期利潤。

4. 以價值創造作為擴充之考量

金控公司可能不斷以併購方式達成營運成長，但是在收購時的決策考量，則應以被併購者是否能真正對金控創造價值作為考量，否則無須在乎外表規模的擴大。

5. 與關係人進行有效溝通

由於股價高低關係對關係人（如投資人與分析師）之信心可能產生重大影響，因此如何有效與這些關係人進行溝通，實乃金控公司必須重視的。尤其應在年報中多討論公司創造價值的策略，以增加關係人的信心。

6. 重塑財務長的地位

金控公司財務長應是扮演策略與營運主管的角色，以作為滿足公司財務需求及公司與投資人間的溝通橋梁。因此金控公司財務長與一般公司財務有所不同，他（她）應是負責金控整體策略與財務的「副執行長」，如此才能發揮真正的財務長角色。

Unit **1-19**
金控公司之公司治理——作法

公司治理制度近年來頗受重視，且落實在很多大公司。由於金控公司經營風險更大，若能善加運用該制度，相信對金控之營運與風險管理將有更大助益。

一、公司治理的基本概念

要論及公司治理的基本概念，可簡單說成下列四個概念，一是公司治理應由企業的內部負責；二是公司治理與公司決策效率之間存在某種矛盾；三是公司治理必須依賴正確的企業價值觀的建立；四是公司治理最重視的是資訊的透明。

二、金控公司之公司治理的作法

公司治理制度可能因國內內部環境的不同有所差異，但至少有些作法值得參考，尤其金控公司更可進一步探討。

(一)執行長應扮演溝通橋梁的角色：執行長應是董事會與經營團隊的溝通橋梁，同時應掌握與股東與公司利害關係人的關係。執行長應了解政府政策的發展方向，並建議董事會盡速討論公司治理機制之建構。

(二)不必擔心獨立董監事會衝擊企業：雖然獨立董監事可能會對決策效率與企業文化有所衝擊，但是獨立董監事存在之價值便在於其獨立性、中立性，因此若能善加運用獨立董監事的功能，將對公司更有助益。

(三)避免公司主要關係人出任非執行業務董事。

(四)非執行董事可試行定期召開會議：非執行董事定期召開會議時，執行長及其經營團隊無須參與，而他們以非正式的方式進行，並對經營團隊的表現、公司策略、經營團隊所提供之資訊是否充足等議題充分討論。

(五)董事會並不一定採無異議方式通過討論議案：董事會可在有異議情況下通過議案，但必須加註建設性的反對意見。尤其獨立董事加入後，更應如此。這樣才能使不同意見在較和諧的情況下被接受，且可降低經營團隊及企業之衝擊。

(六)執行長應展現對公司資訊的即時充分揭露的態度。

(七)董事會應定期評核本身與執行長的績效表現。

(八)公司應加強資訊的提供：公司應在網站及年報上加強其內容的廣度與深度，同時應對公司治理之資訊予以說明。處理機構投資人已是企業未來募集資金的重要課題，因此資訊應更為透明化。

(九)加強風險管理：許多企業失敗的原因均在於缺乏有效的風險管理，尤其金控公司之風險管理決策的錯誤判斷更是嚴重。因此執行長應主動向董事會報告現有公司風險的情況及可能承受的能力。當董監事能對公司風險承受度有所了解及予以適當回應時，這便是公司治理機制品質的關鍵因素。

公司治理的基本概念

1. 應由企業內部負責

公司治理關係公司的管理與控制,因此法律的規範只是作為公司治理的推動力,真正的責任仍應由董事會與執行長負責。

2. 應與公司決策效率間存在某種矛盾

公司治理制度係在追求公司長期發展,因此有時可能影響公司決策效率。不過董事會與執行長應體認兩者雖存在矛盾,但是基於長期發展所需,更應使公司關係人能有所了解。

3. 必須依賴正確的企業價值觀的建立

執行長在公司治理上仍應以正確的企業價值觀作為依據,並將它落實於企業日常運作中。

4. 最重視的是資訊的透明

雖然公司的資訊完全透明化是不容易的,但是主動提高公司的資訊透明度將能迅速獲得股東信賴,這將相對增加股東等關係人的信心。

金控公司之公司治理的作法

1 執行長應扮演溝通橋梁的角色

2 不必擔心獨立董監事會衝擊企業

3 公司主要股東家族成員或曾任公司高階主管,避免出任公司非執行業務董事(係指未在公司擔任管理職)

執行長應多參考非執行業務董事的客觀建設性意見,同時也應盡早討論與董監事利益有關的顧問契約與業務往來準則,並及早避免利益衝突的情事發生。

4 非執行董事可試行定期召開會議

5 董事會並不一定採無異議方式通過討論議題

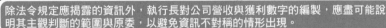

6 執行長應展現對公司資訊的即時充分揭露的態度

除法令規定應揭露的資訊外,執行長對公司營收與獲利數字的編製,應盡可能說明其主觀判斷的範圍與原委,以避免資訊不對稱的情形出現。

7 董事會應定期評核本身與執行長的績效表現

董事會與執行長若能定期自我評鑑,相信有利於互信之建立。

8 公司應加強資訊的提供

9 加強風險管理

Unit 1-20
金控公司之公司治理——評估

　　金控公司是否能有效落實公司治理，對金控公司未來發展深具影響，僅以學理常提及相關指標作為觀察參考依據。觀察作法係以資訊是否有效揭露為主。而資訊揭露則由董事會特性及股權結構加以觀察，可再細分為下列八項評估指標。

一、評估指標

　　(一)董事會規模：董事會是股東與經理人的橋梁，其功能為公司經營策略擬訂及控制。當董事會規模較多時，有利於政策制定；但過多時反而無法達到目的。

　　(二)董監事質押比率。　　　　　　　　**(三)獨立董監事席次。**

　　(四)董事長兼任總經理：由於董事會負責聘解任及決定總經理之薪資及績效，若此時總經理為自身利益操縱董事會，將使董事會功能不彰，所以無法達到監督的目的。相對來說，董事長兼任總經理較易產生公司資訊揭露不足的現象。

　　(五)最終控制者掌握之董監事席次：實務上發現企業運作若常違反一般會計原則及盈餘揭露訊息偏向較樂觀時，存在董事會中最終控制者常掌握董事會多數席次。也就是最終控制股東所掌握董監事席次愈高，則公司資訊揭露程度愈低。

　　(六)股權集中度：當大股東掌握公司經營及監督權，常會基於自身利益，而故意不揭露部分不利公司的訊息。即是當股權集中度愈高，則資訊揭露程度愈低。

　　(七)股份盈餘偏離差：控制股東擁有的權利常超過其現金流量權，此已偏離一股一權的概念，由於它是存在金字塔式參與公司管理，將造成控制股東怠惰，無法有效監督經理人。也就是股權盈餘偏離差愈大，公司資訊揭露程度相對較少。

　　(八)法人投資人持股：由於機構投資人監督成本較低且具效率，再加上它可能與管理者有共同目標時，可能令公司合作，而公司將更有效率執行其政策。惟亦可能兩者基於自身利益，而共同通過不利於股東的經營計畫或策略。不過實務上，法人投資人持股愈高，其資訊揭露程度愈高確實是較常見的情形。

二、影響經理人資訊揭露的因素

　　由於金控公司所有權與經營權之分開，將造成代理問題，為避免經理人做出影響股東權益之自利行為，故需支付激勵、監督、預防等成本。經理人在自利考量下，可能避免揭露全部資訊或提供不實資訊，例如2008年金融海嘯即是許多華爾街經理人未揭露全部資訊，甚至提出不實資訊所致。

　　此項資訊揭露主要係指透過可靠、即時及真實地公開揭露公司的重大訊息，包括股權結構、董事會運作情形與決策過程、財務報表品質及其他關係投資者權利等。影響經理人資訊揭露因素有許多，一般包括公司控制權競賽、提高股價薪酬、資本市場交易需求、財產成本、降低訴訟成本及經理人才能之展示等六項。

金控公司之公司治理的評估指標

1. 董事會規模

當董事會席次規模較多時，因成員專業知識較廣，有利於政策制定之完善性；且董事會較不易受經理人控制，因此資訊揭露程度可能較高；但董事會規模過大時，則因溝通效率差，反而可能無法達到防止公司謊報盈餘及監督經理人之目的。

2. 董監事質押比率

通常企業董監事質押行為會增加公司風險，尤其在公司股價下跌或出現財務危機時，常會控制股東會盈餘管理方式，揭露較高盈餘訊息，而損及其他股東權利。尤其在公司虧損時，常會採取降低公司資訊揭露的手段。因此，金控公司若董監事質押比率過高，公司資訊揭露可能相對較低。

3. 獨立董監事席次

由於獨立董監事可達到監督及控制執行董事行為，防止自利行為產生，且其具獨立性不畏執行長的權勢，再加上具專業性及接觸面廣，有助於監督工作之執行，故獨立董監事席次通常相對較多時，對於資訊揭露有所助益。但獨立董監事若是專業不足、缺乏實務經驗，反而無法達到有效監督目的。

4. 董事長兼任總經理

7. 股份盈餘偏離差

5. 最終控制者掌控之董監事席次

8. 法人投資人持股

6. 股權集中度

影響經理人資訊揭露的因素

1. 公司控制權競賽

經理人透過資訊揭露，防止股價被低估或澄清績效不佳等，以避免工作不保的情形。

2. 提高股價薪酬

經理人可能操作訊息揭露時點，達到薪酬獎勵的目的。

3. 資本市場交易需求

即可使其資金募集更容易且成本更低。

4. 財產成本

避免揭露公司機密訊息（如研發成果等），而選擇不揭露可能會產生額外成本的事項。

5. 降低訴訟成本

對於不利公司之訊息會更即時及謹慎，避免產生訴訟成本。

6. 經理人才能之展示

準確揭露正確訊息，有利於提升經理人之聲譽。

Unit 1-21
金融業之風險管理——種類與觀念

　　金融業隨著產業環境之變遷，市場競爭激烈與金融商品不斷的創新推出，使得金融業之經營風險面臨更大的挑戰。從1995年霸菱銀行的案件後，各國政府大多參考國際清算銀行巴塞爾協議（Basel Accord）與相關公報為原則，將風險管控列入金融相關法規內。由於金融機構經營之本質便是由風險承擔中獲得報酬，因此近年之整合性風險管理架構受到明顯重視。

一、風險管理的定義與其種類

　　風險管理是決策者在風險與報酬中，做出適當取捨的過程。其目標有三，一是認定與衡量公司所承受之風險與所預期報酬；二是隨時衡量與監控所承受之風險，並分析是否與原有預期風險相符；三是控制風險，並迅速採取改善措施，使風險不致擴大。而金融業之風險種類大致包括下列數項：

　　(一)信用風險：這在金融業最常見，係指交易對手無法如期償還債務之風險。

　　(二)流動性風險：係指金融業因其他事項（如破產、重大損失等），導致極端無流動性可能性。這可由發生大量異常提領等事項觀察到。

　　(三)市場風險：係指清算期間以市價結算對投資組合價值產生負面影響的風險評估。主要係衡量市場主要變故（如利率、匯率、股價指數等）之變動性。

　　(四)利率風險：係指因利率波動導致盈餘下降之風險。

　　(五)營運風險：係指資訊系統或內部控管不當，而造成非預期性風險。

　　(六)作業風險：作業風險可分成技術性風險與組織風險兩種。

　　(七)法律風險：係指契約不具法律強制性或契約未依法簽訂而產生之風險。

二、風險管理在金融業之功能

　　風險管理在金融業上扮演重要角色，常見功能包括發展競爭優勢、評估風險與償債能力、策略規劃之利器（較能掌握未來獲利可能變化）、管理投資組合、成為決策輔助依據、建立良好風險控管制度，以及協助定價決策制定等七個項目。

三、金融業風險管理之錯誤觀念

　　雖目前金融業了解風險管理的重要性，但常受限新巴塞爾協定中繁雜條文或複雜公式，以為金融業風險管理僅限於此，但實際並非那樣簡單。本文從實務上提出金融業在風險管理上常見的錯誤觀念，包括風險管理是在金融業業務執行後才會發生、風險管理只會提高經營成本、風險管理只須滿足新巴塞爾協定、風險管理最重要的是購置或選擇一套最先進的系統，以及風險管理人員最重要的是具有風險管理專業知識等。

金融業風險管理的種類

1.信用風險

包括違約、信用額度下降、債信等級下降等。

2.流動性風險　　　　　　　**3.市場風險**

4.利率風險

造成的原因包括參考指標利率波動幅度不一等。

5.營運風險

6.作業風險

(1)技術性風險： 包括交易過程記錄錯誤、資訊系統不足、
缺乏衡量風險的適當工具、交割清算風險與運送風險。
(2)組織風險： 包括決策過程中未包括風險管理原則、產生
風險部門未設定風險監控、限額等。

7.法律風險

金融業在風險管理上常見的錯誤觀念

金融業常見的錯誤觀念

風險管理　→

1.在金融業業務執行後才會發生
2.只會提高經營成本
3.只須滿足新巴塞爾協定
4.最重要的是購置或選擇一套最先進的系統
5.風險管理人員最重要的是具風險管理專業知識

知識補充站

金融業在風險管理上常見的錯誤觀念（上）

1.風險管理是在金融業業務執行後才會發生： 風險管理正確的作法是業務執行開始之前便必須列入考量，而且與業務執行是整合在一起而非單獨存在。例如，新金融商品之開發必須業務單位先自行評估風險，再由風險管理部門評估其合理性；尤其衍生性金融商品與資產證券化等之風險管理更應事先評估。

2.風險管理只會提高經營成本： 雖然風險管理之執行在初期確實會提高經營成本，但根據過去經驗卻能因此而獲得更佳的利益。

3.風險管理只須滿足新巴塞爾協定： 新巴塞爾協定確實是金融業風險管理最重要的依據，但是新協定之規範仍偏重在技術層次，而且許多細節仍具相當的彈性。然而監理審查程序、公司治理與內部控制機制等均是風險管理中重要的一環，金融業者不可加以忽視。

Unit **1-22**
金融業之風險管理——整合性風險管理

　　金融業風險管理之影響因素包括外在因素與內在因素，對內外在因素進行了解之後，才能將風險管理從點到面、從過去到現在，擬定一個有效的整合性風險管理制度。

一、金融業風險管理之影響因素

　　(一)外在因素：在外在方面有三個影響因素，一是經濟因素的改變，即任何金融機構在面對經濟情勢變化時，其所採之風險管理的作法也必須進行某些調整。二是競爭因素，即因競爭因素造成獲利狀況改變，則可能會調整對顧客的期待與選擇。例如，競爭者降低貸款利率，必會引起業者採取某些措施，此時風險管理可能也會隨之調整。三是法律／監理上之改變，即政府金融相關法律修正或新訂，金融業者必須因業務方式之調整而修正其風險管理的作法，例如，跨業經營政策的開放，業者在風險上所面臨的問題將會更為複雜，因此風險管理作法也會有所修正。

　　(二)內在因素：在內在方面有四個影響因素，一是新金融商品之創造或舊金融商品之修正；二是新技術、新通路及新作業流程之使用；三是經由組織再造、產業間或產業內併購等所引起的組織或領導權的改變；四是維持公司現有市場地位與發動攻勢進入新市場的新策略。

二、整合性風險管理

　　所謂整合性風險管理即是將風險管理涵蓋至企業各部門的所有業務與職務區域。也就是此種架構係將風險認定、衡量、限額設定、監督與控制整合在企業的經營目標之內。總之，整合性風險管理架構係指找出過去風險管理之缺點，進而促使溝通方式、分析方法及方法論等之改良，提供經營者更客觀的決策資訊，以提高企業競爭力。

　　(一)關鍵因素：包括1.企業應建立正確的風險文化；2.建立共同的風險定義，即是每個人了解的風險語言是一致的；3.建置標準化的風險評估方式；4.將風險管理整合至主要業務流程；5.策略訂定、績效衡量、激勵獎金與資本管理架構存在合理、健全的聯繫關係，以及6.建立跨部門風險討論的組織架構。

　　(二)有效執行之條件：包括1.必須具備正確與一致性的資料來源；2.業務部門應認知到風險管理是本身的責任；3.運用適當的分析工具與方法論；4.整合企業內部各項資訊系統，並加以分析與揭露所需資訊；5.必須全員參與；6.實施設計完善的教育訓練計畫，以及7.即時由上而下傳達風險容忍度，並且由下而上揭露可能風險。

金融業風險管理之影響因素

1. 外在因素
(1)經濟因素
(2)競爭因素
(3)法律／監理因素

2. 內在因素

(1)金融商品創新
(2)新技術等之使用
(3)組織改造等引起之組織或領導權的改變
(4)進入新市場的新策略

整合性風險管理

1. 關鍵因素
(1)正確風險文化
(2)建立共同風險意義
(3)標準化風險評估方式
(4)整合至主要業務流程
(5)策略訂定等與資本管理架構存在健全的關係
(6)建立跨部門風險討論

2. 有效執行之條件
(1)具一致性與正確的資料來源
(2)業務部門應正確認知
(3)運用適當工具及方法
(4)整合企業各項資訊系統
(5)全民參與
(6)完善的訓練計畫
(7)即時性傳達與揭露

知識補充站

金融業在風險管理上常見的錯誤觀念（下）

4.風險管理最重要的是購置或選擇一套最先進的系統：風險管理系統之建置是非常重要的工作，但是如何將過去書面資料與數字轉為文件、分析哪些文件是必要資料，進而建立一套有用的資料庫，這才是最根本的工作，其中牽涉許多專業人才，他們並不易找到。另外，例如ABC成本分析法之運用、風險管理制度之建置均是最關鍵的工作，系統建置必須有前述的工作才能真正發揮功效。

5.風險管理人員最重要的是具有風險管理專業知識：風險管理人員不僅必須具備風險管理知識，也必須能真正在內部進行有效溝通，例如，與前臺人員的歧見折衝、內控人員替代互補、經營階層與最高領導人之間資訊之傳遞、與主管機關之互動等。所以其溝通協調能力的重要性不應低於專業知識。

Unit **1-23**
新巴塞爾協定（Basel II）

　　新巴塞爾協定是金融業在風險管理上必須遵循的國際規範，該協定預定2006年底正式實施。其規範金融機構信用風險之資本計提，可依風險管理能力，選擇採用標準法或內部評等法。

　　目前金融業者大部分以資本計提多寡之變化作為考量，而忽略內部評等法的主要內涵是風險管理。

一、新巴塞爾協定之精神

　　金融業者的所有營運活動均與風險有關，如何辨識風險、衡量風險、管理風險，並透過風險管理系統之評估計提適足資本，維持安全穩健的經營，這是新巴塞爾協定的基本精神。其內容係在透過不同風險權數之指定或計算，使金融機構各種信用活動或資產風險產生連結，進而依風險權數調整為風險性資產，再以最低資本適足比率（8%），計提最低資本。

二、資本計提之種類

　　(一)標準法：標準法係以交易對手之外部信用評等結果區分風險等級，再依等級對應所適用之風險權數。例如，企業型授信之評等與對應之風險權數區分為AAA至AA–為20%、A＋至A–為50%、BBB＋至BB–為100%、BBB–以下為150%等四類。對未評等之交易對手則適用統一風險權數，如企業為100%、零售型授信為75%、自用住宅貸款為35%等。不過，標準法對信用風險之區隔與認定仍顯不足。

　　(二)內部評等法：內部評等法風險權數之計算，須依據借款戶之違約機率與該項交易於違約後可能之違約損失率而定，將兩者數值代入內部評等法規定之公式計算；最後，將風險權數再乘上違約時可能之暴險額，即可計算出風險性資產。內部評等法係在鼓勵金融業建立健全之信用風險評估系統，並將該系統落實於授信准駁、風險訂價、額度控管等授信業務，並加強公司治理與監督，最後才會反應在適足資本的計提。

　　(三)兩者之比較：若以資本計提角度來看，內部評等法計算之風險權數與標準法相較，風險較低之客戶其風險權數較低（即是較有利於客戶）。相對而言，採標準法之金融業，其承作高風險業務相對可享有資本計提之優勢；但可能因此增加金融業者之資產品質惡化。因此在風險管理上，內部評等法更具優勢。

　　(四)採用內部評等法之優勢：內部評等法之風險管理系統導入金融業經營後，將有利於強化本身之競爭力，包括反應市場變化、風險評估與定位、績效管理、穩健安全的經營，以及銀行評等與形象等。

新巴塞爾協定之基本精神

1.
辨識風險

2.
衡量風險

3.
管理風險

4.
計提適足資本

5.
維持安全穩健經營

資本計提種類

1. 標準法

2. 內部評等法

內部評等法之優點

(1)反應市場變化：透過風險控管流程產生之決策資訊，將有助於決策者迅速及全面了解各部門所承受之風險與其績效，精確調整營運方向與目標。

(2)風險評估與定位：評估經營之損益與效益時，若能加入風險因素之考量，將有助於提高資本效能。

(3)績效管理：內部評等法將促使金融業更重視長期性風險基礎報酬。

(4)穩健安全的經營：較佳的風險管理較能因應外在環境之變遷及突發性的衝擊。

(5)銀行評等與形象：內部評等法有助於提升金融業之信用評等，且可降低資金成本，有利於吸收債信品質較佳的企業。

Unit 1-24
金融業之風險管理實務──架構

　　金融業在進行風險管理時，其實務面在運作的方式與其他產業並沒有太大的不同，主要應注意的是金融業之產業特性與其他產業有很大不同，故在進行風險管理時，應依其特性選擇不同之風險因子。至於上級長官對風險管理之承諾、各級同仁對風險管理之敏感度等風險管理之成功要素則與其他產業相同。

　　金融業之風險管理架構，基本上之概念仍是運用 PDCA（Plan→Do→Check →Action）管理循環模式。

一、風險管理架構

　　(一)風險管理內外在環境之分析：包括建立內外在環境影響因素、風險管理架構、發展風險評量標準，以及定義風險分析對象等四種作法。

　　(二)風險辨識：運用什麼、為何、何處、何時、何人等概念進行風險辨識。

　　(三)風險分析：包括確認既有控制機制、找出可能之發生機率、評估風險等級，以及找出事件的影響等四種作法。

　　(四)風險評量：進行風險評量後，與風險評量標準比較，進行排定風險之優先順序。

　　(五)風險處理：風險管理係在於事前找到風險來源，並設法加以防範，避免事件發生時，造成無可挽救的機會，金融業在此部分更應加小心防範。在事件發生後如何加以處理，當然亦是必須面對的問題。

　　(六)監督與審查：金融業進行風險管理時，在每階段均須進行監督與審查，即使是完成風險處理後，亦須再次確認相關作法，並作為未來防範相同錯誤發生。

　　(七)溝通與協調：金融業的風險管理活動，不論哪一個階層均須多加溝通與協調，使得每一個人在風險管理的作為，轉化成為公司內所有人的習慣。

二、風險管理目標之設定

　　金融業者在面對各種內外在風險因子時，應以公司中長期營運計畫為基礎，建立內部各單位及各階層一致性的風險管理目標，且盡可能予以量化。金融業者訂定目標時係為了有效預防及處理各項風險，並藉此找到業者對風險容忍的程度，並排定應改善之高風險作為，以達到降低業者營運風險之目的。

　　金融業者管理階層應定期開會制定目標，並排定優先順序。在建立及審查風險管理目標時，業者應有一定之考量。

　　從過去經驗中，無法達成目標的影響因素包括風險管理未明訂評估工具、員工未了解風險管理基本職責、風險管理執行團隊解散或延宕、員工無多餘時間投入相關工作、風險管理目標設定錯誤等。

金融業風險管理架構

金融業風險
管理架構

1. 風險管理內外在環境之分析
2. 風險辨識
3. 風險分析
4. 風險評量
5. 風險處理
6. 監督與審查
7. 溝通與協調

在事件發生後如何加以處理，當然亦是必須面對的問題，包括列出可行風險對象、評估風險對策、選擇風險對策、準備處理計畫，以及執行處理計畫等五種作法。

風險管理目標盡可能量化

常見量化指標

1. 突發事件的件數
2. 危機事件的件數
3. 用於風險管理的預算金額
4. 風險等級的降低
5. 作業不符合之比率

管理階層定期開會所制定之目標

常見目標種類

1. 降低風險等級
2. 增加業者風險管理之能力
3. 消除或降低危機事件發生之頻率
4. 改善公司治理之成效

業者在建立及審查風險管理目標之考量

1. 法令及金融業經營上特性
2. 營運計畫之可能風險、財務、業務、作業等之要求
3. 甚至有時也必須考慮利害關係人的看法

影響風險管理目標達成之因素

1. 未明訂評估工具
2. 員工未了解風險管理基本職責
3. 風險管理團隊解散或延宕
4. 員工無多餘時間投入相關工作
5. 風險管理目標設定錯誤

049

Unit 1-25
金融業之風險管理實務──規劃

金融業在金融海嘯後，對風險管理規劃的工作更加重視，下列步驟可參考。

一、風險管理規劃之原則

風險管理規劃原則，一般包括1.應先了解內部需求與控制可能產生之風險；2.客觀採取分析並進行決策；3.正確分辨威脅與機會；4.有效運用及分配風險管理的資源；5.應確認風險之不確定性；6.依影響程度決定風險處理優先順序；7.預防危機事件發生；8.應有回饋及持續改善之風險管理機制，以及9.風險管理應量化。

二、風險管理之內外在環境之分析

金融業應就本身風險管理所處之內外在環境找出金融業之機會、威脅、優點、缺點。其目的在於使業者能在企業目標與策略下執行風險管理；並透過企業的營運策略或目標找到關鍵因素，以協助決定風險被接受的程度及風險對策之選擇。

三、風險管理步驟之建立

金融業者執行風險管理步驟時，應將本身之需求與資源加以考量，才能依右圖所列六道步驟推動，以求得成本、利益與機會三者之平衡。

四、風險評估標準之訂定

風險評估標準可依據法律、社會、技術、道德、財務及其他的標準，決定風險的可接受度及風險對策。金融業者在訂定風險管理之標準時，至少須考量下列因素：1.如何界定風險標準之可能性；2.如何判定風險等級；3.哪些等級之風險是可以接受；4.可能性及後果的時間序列如何排定；5.哪些等級之風險需要加以處理，以及6.多重風險之組合及非例行性業務之風險是否應列入考量之範圍。

五、風險分析對象之定義

哪些風險對象必須加以分析，這是風險辨識及分析風險的基本工作之一，因此金融業者必須根據風險本質及活動或計畫的範圍來選擇對象。例如風險管理目標與營運策略之關聯性如何、與營運計畫之關聯性又為何等。

六、溝通與協調

金融業之風險管理工作應非常重視溝通與協調，尤其初期與內外部利害關係人的溝通與協調更值得注意。此項工作包括風險本身（如發行信用卡）、後果（如信用卡無法繳款）及其相關處理方法（如追償信用卡債權）。當然金融業風險管理工作在每個風險管理步驟中均相當重要，在雙方訊息交流下，可獲得很多利益。

金融業風險管理之規劃

⒈ 了解風險管理規劃之原則

⒉ 進行風險管理之內外在環境分析

⒊ 建立風險管理步驟

(1)針對活動或計畫加以定義,並訂定其目標。

(2)應界定活動或計畫的時間與空間範圍。

(3)明確訂定必要的分析及其範圍、目標與所需之資源。

> 例如風險的來源可能包括經濟環境、人員行為、政治環境、自然環境、科技、法律、管理活動及控制能力等。

(4)界定風險管理活動的範圍及內容。

(5)確認各單位在風險管理中之角色與責任。

(6)找出風險管理與企業各項計畫的關聯性。

⒋ 訂定風險評估標準

⒌ 明確定義風險分析對象

⒍ 進行溝通與協調

(1)可發展出內部溝通計畫。

(2)能帶來不同方面的風險評估的專業知識。

(3)可考量運用多種不同的風險評估方法和工具。

(4)有利於利害關係人的利益被加以考量與接受。

(5)有助於風險內外在環境之分析。

(6)可使風險能充分辨識。

Unit **1-26**
金融業之風險管理實務──執行 I

　　金融業在執行風險管理工作上，實務上計有下列六道程序，從最初的風險辨識、風險分析、風險評量、風險處理、風險管理監督，到最後的風險管理改善，最主要的目的都是在降低並進一步避免風險的發生。

一、風險辨識

　　風險辨識之目的在於找到必須管理的風險。在擬定風險情境時，應具系統性，先從事件背景著手，並以結構化的方法執行辨識程序，以避免重大問題未被發掘。在思考時必須提出可能會發生什麼事？如何發生？為何會發生？在何處發生？何時會發生？所以金融業者應將可能發生之原因與發生之順序加以考量。

　　(一)風險辨識程序：包括1.每項政策、計畫、活動或服務之風險來源為何；2.可能導致達成目標效率之增加或減少；3.可能對目標產生何種影響；4.可能涉及之利害關係人為何；5.風險發生的可能時機、原因、地點及方式為何；6.目前控制風險的方法為何；7.分析現有控制方法無法產生功能的原因，並提出改善作法。一般去辨識風險時，可分成常見風險來源與潛在風險影響兩種，兩者以矩陣方式表示，即可作為風險辨識的初步作法。

　　(二)風險辨識工具：一般用來作為風險辨識的工具包括風險清單、SWOT分析、經驗法、流程法、腦力激盪法、系統分析、系統工程等。實務上操作手法可能是多樣工具交叉使用。

　　(三)風險辨識資料來源：潛在風險必須利用可靠資料作為判斷依據。在執行風險辨識時，應從金融業過去的歷史資料著手，並廣泛與各利害關係針對過去、現在與未來可能衍生之問題進行討論。其作法如其他國家或臺灣在金融風險上之經驗、SWOT分析、個人或公司過去經驗等。

二、風險分析

　　風險分析的目的係將可接受風險與主要風險加以區分，並提供風險評量與風險對策所需之資料。風險分析至少包括風險的結果，以及這些結果發生的機率為何。

　　(一)列出現有的控制方法：將現有控制風險的方法、技術及程序加以探討，分析是否符合可能發生風險分析的需要。

　　(二)影響程度與發生機率：金融業者應在現有之控制方法下，評估事件的影響程度與事件發生的機率，將兩者結合即是風險等級。

　　(三)分析的種類：風險分析會隨著得到之資訊與數據而有所不同，一般包括定性分析、定量分析、半定量分析或綜合三者的分析。

金融業風險管理之執行

1. 風險辨識

(1)風險辨識程序

①**常見之風險來源**：包括天然災害、員工道德、契約及法令規定、景氣狀況、資產損失、科技應用、執行人力的能力、財務能力、第三者的行為等。

②**潛在的風險影響**：包括財務、資產、服務、聲譽、法律責任與義務、人力資源、營運環境等。

(2)風險辨識工具

(3)風險辨識資料來源

2. 風險分析

(1)列出現有控制方法

(2)影響程度與發生機率

(3)分析的種類

①**定性分析**：係使用文字形式或敘述性的分類等級來描述可能的影響程度及發生的機率；影響程序的表現方式例如非常嚴重、嚴重、輕微，而發生機率的表達方式例如確定、可能、不可能等。

②**定量分析**：係以實際的數據來描述影響及機率，而其使用之數據來自不同來源，如過去的經濟數據、金融數據、產業資訊、文獻、市場研究資料等。

③**半定量分析**：係以數據表示定性分析等級，但其數據並不代表實際的影響程度及機率，例如在大部分的情況下會發生者係可能界定其發生機率為 60～100%（可依各風險事件規範）；半定量分析使用時應注意數據之使用可能無法適用當地表達與風險之間的關聯性，而造成不一致的結果。

3.風險評量

4.風險處理

5.風險管理監督

6.風險管理改善

Unit 1-27
金融業之風險管理實務──執行 II

金融業從風險辨識找到必須管理的風險，然後將這些辨識出來的風險予以分析、評量並思考如何處理、監督及改善。

三、風險評量

風險評量之作法在於將風險分析中所決定之風險等級與先前所訂定的風險標準進行比較（必須具有相同基準）。風險評量最終則為挑選出一些必須進一步優先處理的風險。一般金融業者決策時應以較寬廣範圍思考風險。

四、風險處理

風險處理係指找出處理風險的可能方法，評估這些方法，進而準備風險對策計畫，最後執行各項風險對策。

(一)列出可行的風險對策：常用之對策包括避免風險、降低發生的機率、降低影響與衝擊、風險轉嫁，以及保有風險。降低風險的影響及發生機率即是風險控制，它包括找出較現行更為有效的控制方法，且可帶來相對利益。

(二)評估風險對策：風險對策之評估係先列出可行的風險對策，接下來進行評估並選擇風險對策，第三步驟則為準備處理計畫（包括降低發生機率、降低影響、全部或部分轉嫁、規避），最後將採取執行處理計畫。

(三)準備處理計畫：業者應明定風險處理計畫，以執行所選擇的對策，其內容包括責任、工作表、資源分配、預算分配、預期結果、績效評量及檢討工作。另外，在風險處理計畫也須包括績效標準、個人責任及其他相關目標，以作為評估執行的依據。

(四)執行處理計畫：通常風險處理計畫之執行係由最能掌控風險的人來負責最為合宜，且必須確定責任之分配。若執行計畫後仍有風險殘留，則應決定保有該風險或重複風險對策之步驟，再次進行評估。

五、風險管理監督

業者在進行監督風險及控制方法時，必須將環境不斷變遷的因素加以考量，以確保風險管理能有效執行，至少包括右列四種作法。

六、風險管理改善

金融業者必須依據風險管理審查結果、情勢改變及持續改善之承諾，修正原有風險管理政策、計畫、目標等之需求。改善作法至少召開管理審查會議、確定應改善事項、評估不符原因、決定應採取之措施，以及應用控管機制。此外還要有如右圖所示的進一步預防作法。

金融業風險管理之執行

1.風險辨識　　　　2.風險分析

③. 風險評量

一般金融業者在決策時應以較寬廣範圍去思考風險，甚至有時必須將業者外圍企業或組織所可能造成之風險均列入考量。

④. 風險處理

(1)列出可行風險對策

① 避免風險
② 降低發生的機率➡如稽查及遵守計畫、管理及標準化、測試、監督等。
③ 降低影響與衝擊➡如合約的要求、控制人為舞弊、公眾關係等。
④ 風險轉嫁➡如契約的簽訂、保險、共同投資等。
⑤ 保有風險➡如處理風險時所需之經費來源與支應方式。

(2)評估風險對策

① 列出可行的風險對策➡如降低發生機率、降低影響、全部或部分轉嫁、規避。
② 進行評估並選擇風險對策➡思考的問題包括考慮可行性、成本及利益；列出可行的風險對策、選擇風險對策、準備處理計畫。
③ 為準備處理計畫➡包括降低發生機率、降低影響、全部或部分轉嫁、規避。
④ 採取執行處理計畫。

通常一個風險對策不一定可以完全解決一個特定問題，實務上，業者可能必須結合數個對策，才能達到降低風險等等之目標，例如發行現金卡時所面對之風險，所採用之風險對策可能包括加強申請人之道德及償債能力之評估、提高貸款利率，甚至加強提高償債能力等。

(3)準備處理計畫　　　(4)執行處理計畫

⑤. 風險管理監督

(1)定期評估風險管理計畫的執行進度。
(2)定期評估風險管理架構、計畫等是否符合業者內外在環境之需要。
(3)風險報告須包括管理計畫之進度。
(4)應確保風險控管的有效性。

⑥. 風險管理改善

進一步預防作法包括使用適當資訊來源（如稽核結果、消費者抱怨處理等）、決定執行預防措施的步驟、應用各項管制工具、記錄預防措施的執行情形、將改善作法及預防作法的相關資訊提供高層主管審查之用。

Unit 1-28
未來全球面對的重大議題

　　當全球放眼中國市場而其經濟卻開始出現衰退的現象時，未來還有哪些重大議題要面對？

一、中國經濟成長是否能持續？

　　2008年中國大陸出口首次出現2001年以來第一次的下降情形。由於中國大陸成長模式係進口零組件，加工後出口；因此進口數據是中國大陸出口與經濟成長之先行指標，而2008年之進口衰退10%以上。

　　中國大陸為避免經濟成長遲緩而影響內部安定，故不斷釋放出擴張性金融及財政政策，甚至在2009年3月提出2兆人民幣之振興計畫。未來中國大陸經濟成長是否會低於8%，主要除必須觀察美國市場的復甦力道外，更重要必須看中國大陸內需力量能否因政策刺激而適度擴張。2013年以後中國大陸的經濟成長已降至6%左右。

二、亞洲國家可能成為全球經濟最後一道防線？

　　亞洲國家現有狀況是具高額外匯存底、受傷較輕之金融體系、金融槓桿有限等條件，因此許多國家在金融或經濟發展之相對受傷較輕。

　　由於亞洲地區內之相互貿易雖高達50%以上，惟大都以進口零組件或原材料為之，但最主要的最終市場如美國、歐盟受創嚴重時，則其經濟成長亦受到影響。因此亞洲國家在這一波經濟風暴中，能否成為支撐全球經濟的力量，仍須觀察亞洲國家各國內需市場的擴張與能量外，另外亦應進一步觀察歐美日等國受創的情形。2013年美國經濟快速回復，但歐盟經濟卻因歐債而嚴重受挫，亞洲國家則有一定程度的經濟成長。

三、全球通貨緊縮是否會發生？

　　由於企業面臨通貨緊縮時，其營收勢必下降，同時也會運用削減成本之方式，以維持獲利率，進而對勞工帶來所得降低的衝擊，甚至出現失業情形。

　　截至目前為止，美國聯準會認為美國發生通貨緊縮機率不高；而信用評等公司Moody's卻認為臺灣、日本、中國最可能發生通貨緊縮。另OECD認為金融市場若持續惡化，可能會出現通貨緊縮的現象。

　　全球通貨緊縮未來期間發生機率應相對較低，因為各國政府均大量以擴張性財政政策在維持其國內內需市場，除非是更嚴重的經濟風暴發生，如美國信用卡負債問題突然大增，再次衝擊金融業，甚至降低製造業之生產。

四、石油價格走向？

2008年預測油價上漲至每桶200美元的高盛分析師Arjun Muti預估2009年上半年每桶油價平均為35美元。而OPEC則認為國際油價在70～80美元間為合理價格。2014年底因美國有頁岩油大量生產及其他因素，已降至每桶70美元左右。

油價之高低與預期心理因素、外在政治因素（如中東問題、蘇俄、委內瑞拉等）、各國能源政策（如美國未來數年將主推綠能產業政策）、未來能源技術等密切相關，未來受不同因素影響之下，隨時可能會上下波動，難以精準推估。

五、突破性替代能源是否出現？

京都議定書即將在2012年到期，因此各國必須在2009年底前達成2012年至2016年全球溫室效應氣體排放之規範。這是全球各國政府不得不面對之難題。

國際能源總署認為2030年，地球氣溫不上升超過攝氏3度，則低碳能源（含水力、風力等再生能源與可儲存碳的新發電技術）占全球能源比率必須提高至26%，這代表全球將投入4.1兆美元在低碳能源和替代能源技術之發展。

美國總統歐巴馬最重要政策之一係其能源政策，即是代表未來將全力發展替代能源。從歐巴馬任命朱棣文（諾貝爾獎得主）擔任能源部長，與賀準（全球研究能源與氣候變遷首屈一指的科學家）擔任總統科技助理、白宮科技政策辦公室主任、美國總統科技顧問會議共同主席等。兩項人事安排，便可推估未來數年內美國政府將投入龐大的資源在綠能技術的發展。

相對來說，過去由於世界主要產油國及石油公司的作法，加上美國石油政策，使得突破性能源技術相對少見，未來若在美國等先進國家之帶領下，突破性能源的產生應是可能的。

六、貿易保護主義是否再度興起？

由於各國出口一再受挫，日本在2009年1月之出口降至近年來新低。其實各國為了國內的經濟問題，均提出相類似的貿易保護作法，例如美國總統歐巴馬曾在經濟振興方案中要求投資者購買美國國貨，而歐盟報告中直指美國已有30個州制定「購買美國貨」法案；在目前經濟困境與牽涉各國內政（如就業等）問題時，要求各國政府放棄貿易保護，而持續維護全球貿易自由化是一項高難度的作為。

續下頁

Unit **1-28**
未來全球面對的重大議題（續）

六、貿易保護主義是否再度興起？（續）

　　貿易自由化雖是近年來全球力推的工作，從GATT到WTO的作為可看出，但是由於各國複雜的內政問題下，再加上金融風暴所引發的經濟衰退，更造成各國政府的退縮，所以未來幾年最可能的趨勢是一步一步推動，而且是緩慢的。

七、大政府時代是否再度出現？

　　此波金融風暴及經濟衰退，影響各國人民生計，故各國政府幾乎無不盡全力投入挽救該國金融制度與運作，甚至受傷嚴重的產業也由政府直接介入接收。以美國為例，例如AIG被美國收購80%的股權，而花旗銀行亦已逐步由美國政府介入其中，甚至美國股市曾一再疑慮花旗銀行可能國有化而重挫。美國三大車廠因涉及就業人數達到200萬人以上，亦由美國政府予以資金之援助；另外包括大多數的先進國家與新興工業國家均全力以赴，以各種貨幣政策（如降低利率及匯率貶值）與財政政策（如擴大政府公共建設支出及減稅等），設法降低此次衰退的衝擊。

　　未來大政府時代是否真的會全面來臨呢？可能短期之內，由於民眾想要過較好的生活，可能會容許各國政府所謂大政府的作為存在，但是經濟回復至一定程度後，民主制度的國家中，又會有一股勢力要求政府不應過度干預市場機制。甚至原有國有化之企業也會在營運績效的要求下，再度走向民營化的方向，這可能因各國國情不同而會有不同的影響。不過政府加強對金融業與企業的管理可能會更趨於嚴格，例如衍生性金融商品的出售可能會受較嚴格的規範；另外如公司治理的部分，各國政府亦將更為重視，也就是相對要求企業在經營上重視社會責任與經營道德，以減少因企業不當營運作為而損及民眾的權益。

八、私營企業是否大量成為國營化？

　　1980年代以來，全球各國陸續推動國營事業民營化，然而2008年之金融海嘯下，許多大型金融機構及企業出現重大經營危機，尤其美國一些世界著名的金融機構在大量負債下，為防止金融業風險持續上升，並重建民眾對金融體制之信心，美國政府不得不介入其中，而成為企業的大股東，甚至將該企業國營化。未來這些資金之退場機制為何？其營運是否由國家主導？此項趨勢將持續多久？對國際金融市場又有哪些影響，均待進一步觀察。

九、政府是否更進一步介入自由市場經濟？

在金融海嘯來襲時，各國政府採取各種違背自由市場經濟的作法，例如禁止股市放空、停止股市交易等。而匯率、利率等政策亦非依市場機制在運作，而常為達成某種政策目的而加以控制，例如各國利率幾乎已處於流動性陷阱的狀況下，各國政府仍企圖調降利率以達到促進投資或促使存款戶加大對股市、房市等投資之目的；此皆不符合人性，最終最大受害者仍是一般民眾；甚至各國政府大量印製紙鈔，以購買發行過多之公債。各國皆出現各種不利於資本市場、金融市場的作法，未來可能必須花費更多的時間修正這段時間所造成之錯誤。

十、各國是否加強管制金融業及企業？

由於此波金融海嘯確實是源自美國政府對金融體制之管制過於鬆散，以致「華爾街」在貪婪與缺乏紀律下，運用高度財務槓桿操作，使得全球金融市場瀕臨破產的狀況。因此各國都希望全球金融業者應發展出一套全球統一的規範與管制。不過此種違反自由市場及資本主義的作法是否應適當的節制？否則反不利於自由市場經濟的發展。當然公司治理及金融道德與規範亦必須加強，以修正過去20年偏失的作為。

十一、公平分配之重要性是否應高於成長？

美國總統歐巴馬提出富人增稅，窮人減稅之政策；另歐巴馬亦提案終止2010年撤銷遺產稅的法律及對列舉扣除額加以設限，如房貸利息、投資支出的扣抵比率、慈善捐贈等，也就是一場財富重分配將正式展開。同時各國政府開始嚴格查緝避稅天堂，甚至美國政府迫使瑞士銀行在2009年2月與美國達成延遲訴訟協議，並支付7.8億美元罰金，且披露約250個帳戶的客戶資料。

2009年4月2日G20會議中，亦將提出「避稅天堂」黑名單問題，而法、德等國也主張懲罰避稅天堂。從這些國家之作法，可看出許多國家在思索資本主義之弊端，進而注意社會公平；即是未來有一段期間在各國將會呈現出社會公平所具之重要性，將在全球各國超越經濟成長。

Unit **1-28**
未來全球面對的重大議題（續）

圖解金融行銷

十二、難以預測之年代？

雷曼兄弟投資銀行倒閉，而房利美（Fannie Mae）、房地美（Freddie Mac）、美林、花旗及AIG等公司受到重大危機；這些企業在過去從來沒有人認為它們在經營上會面臨可能倒閉的危機，而今卻被民眾擔心存款或保單不保，均須依賴政府出面協助解決債務問題。

美國經濟衰退，為何美元卻升值？從2002年起美元持續貶值，至2008年3月初，美元與各主要貨幣之匯率已創下35年來新低。外界認為美元會持續探底，但2008年3月中卻開始反彈，至2008年11月7日美元兌換各主要貨幣之加權匯價指數已創下2006年4月以來之最高水準，八個月升值15%。其因主要為美國發行許多政府公債，為中國大陸、日本等國家持有；再加上外匯存底高的國家如中國大陸、日本、臺灣等大都以美元型態持有，因此一旦美元持續重挫，這些國家受傷將更為嚴重，甚至會影響其國內經濟發展。包括上述因素在內的複雜世界政經局勢，使得美元在美國經濟惡化之下，竟會止跌回升，甚至短期間達到15%。

黑天鵝效應（The Black Swan）由塔雷伯（Nassin Nicholas Taleb）提出：即是過去人們認為天鵝只有白色，不可能出現黑天鵝，但現實中卻突然冒出一隻黑天鵝。此效應係指人們經常會依照過去經驗，對於影響力大但卻極少見的事件視而不見；因其發生機率很低，因此通常人們常認為不可能發生。而黑天鵝效應之存在，則充分顛覆人們習慣性的思維模式。因為人們只會以過去發生多次之事件，認為某事件確實存在；而未發生事件，則是不可能產生。例如2008年油價走勢上下變化極大，就像一隻黑天鵝，幾乎全面否定專家依據過去經驗（白天鵝）推測未來現象的方法或作法。

黑天鵝重大事件之來臨，事前幾乎無人可以察覺到。因此塔雷伯認為既然黑天鵝事件無法預測，我們則必須適應這事件的存在，而無須過度天真運用各種手法企圖進行相關預測。而且他認為世界既然無法預測，一般人的作法應是不要受到過去慣性思考模式的限制，而是採取開放心胸的方式去看待各種其他可能性。從鐵達尼號沉沒、金融海嘯、油價漲跌、歐巴馬的勝選、美元升貶等許多的事件看出，黑天鵝效應普遍存在於世界上。

全球未來面對的重大議題

 1 中國經濟成長是否持續？

 7 大政府時代是否再度出現？

 2 亞洲國家可能成為全球經濟最後一道防線？

 8 私營企業是否大量成為國營化？

 3 全球通貨緊縮是否會發生？

 9 政府是否更進一步介入自由市場經濟？

 4 石油價格走向？

 10 各國是否加強管制金融業及企業？

 5 突破性替代能源是否出現？

 11 公平分配之重要性是否應高於成長？

 6 貿易保護主義是否再度興起？

 12 難以預測之年代？

Unit 1-29
〈個案1〉超星趕港金融二十六項大解禁

　　金管會針對新加坡、香港金融市場進行法規比對後，發現臺灣金融市場仍有很大改善空間，在成為亞洲區域金融中心的前提下，為達到超星趕港的目標，在2014年1月9日宣布開放二十六項新措施。

一、個案情境說明

　　金管會主委曾銘宗表示，逐一檢視這些項目，內部也召開多次會議，是在穩健評估後進行開放；在鼓勵金融創新之時，依金融業建議的五十二項政策，目前可立即開放有二十六項。其餘計十三項涉風險控管或個人投資保護者外，另十三項因涉及稅法或必須與其他主管機關協商，故仍待進一步研商。

　　2013年底已發函通知各銀行，將開放銀行可對一般投資人銷售100%保本人民幣結構型商品，可用人民幣交割且可連結中國大陸地區標的；至於多幣別基金、RQFII的基金、人民幣傳統保單、信託商品連結中國大陸有價證券等，都在已開放或近期要開放之列。金管會指出，未來除金融機構可承作的商品會更多元，國人投資標的也能更多樣化、多幣別化及多資產化。

　　此外，除了一卡兩岸通，金管會也決定開放雙幣別金融卡及信用卡，將有利國內商務人士、經常出國者節省海外刷卡的匯兌費用，此項措施較新加坡及香港更為開放，臺灣預計用八個月調整系統，2014年內可望上路。

　　至於金管會明確認為目前暫不考慮放寬者共有八大項，一是提高銀行對中國大陸總暴險額，目前為淨值一倍，約新臺幣2.4兆元，國銀已用55％，現距離仍大，暫不宜馬上開放，以免景氣反轉，造成國銀虧損。二是暫不考慮放寬OBU及海外分行對中國大陸授信上限，目前最高可達決算淨值50%。三是暫不放寬銀行對單一客戶授信上限。四是不調整對不動產貸款的限制。五是不限縮券商承銷案詢價圈購的不得配售對象。六是暫不開放對一般投資人銷售具槓桿或放空效果的ETF。七是暫不開放市價委託下單。八是投信基金部門主管仍不得兼全委帳戶經理人。

二、問題重點提要

　　問題一：當政府部門試圖針對更多金融措施進行檢討，且進一步加以開放之際，請問身為金控公司或相關金融業的企劃人員，您會對公司提出哪些策略走向？請以開放雙幣別金融卡及信用卡為例，提出可能作法。

　　問題二：目前已開放銀行可對一般投資人銷售100%保本人民幣結構型商品，可用人民幣交割且可連結中國大陸地區標的，再加上上海自由貿易試驗區對金融業業務大幅開放，請問若您是相關業務的承辦人，您會採取哪些作法？是否推動相關人民幣業務？理由為何？

超星趕港金融26項大解禁

個案情境說明

金管會政策52項

目前金管會確定包括對一般投資人銷售涉及中國大陸有價證券的多元計價商品、黃金及外幣組合衍生性商品、雙幣信用卡、RQFII的ETF、T股來臺掛牌等措施，都將列在可開放清單。

例如香港的雙幣別提款卡在中國大陸可透過人民幣帳戶扣款，新加坡則尚未開放此業務。

| 開放銀行可對一般投資人銷售100％保本人民幣結構型商品等26項政策 | 13項涉風險控管或個人投資保護等政策不開放 | 13項政策涉及稅法及必須與其他主管機關協商，待進一步研商 |

問題重點提要

問題 ①

金管會開放政策

金控公司或相關業者應採哪些因應策略？

↓

以開放雙幣別金融卡及信用卡為例？金融業者應有哪些作法？

問題 ②

開放人民幣商品

開放銀行可對一般投資人銷售100％保本人民幣結構商品，加上上海自貿區的金融開放，金融業者應有何作法？

↓

是否推動人民幣業務？理由為何？

063

資料來源：彭禎伶、張中昌，＜超星趕港金融26項大解禁＞，中時電子報，2014年1月10日。

Unit **1-30**
〈個案2〉央行：人民幣三年後超越日英

中央銀行表示，人民幣地位三年後將超越日圓及英鎊，因此我國外匯存底納入人民幣資產是一項必要的作法。

一、個案情境說明

中央銀行 2014年5月21日表示，我國外匯存底將納入人民幣資產，這是基於中國大陸目前為世界第二大經濟體、中國大陸是僅次於美國的二大貿易國、中國大陸國際收支情況佳、中國大陸政府債務負擔較低，以及人民幣國際化進程穩定推動等五大理由；同時也援引《經濟學人》報告，認為按中國人民銀行持續推展人民幣國際化進程，人民幣地位三年後將超越日圓及英鎊，因此外匯存底納入人民幣資產是一項必要的作法。

央行表示，人民幣從周邊化、區域化走向國際化，全球已有四十個國家央行持有人民幣資產。目前香港是最重要的人民幣離岸中心，而臺灣、新加坡、英國、德國及法國等，都陸續與中國人民銀行簽訂清算協議或備忘錄，積極爭取設置離岸人民幣中心。

目前國內現有七十七家金融機構與中國人民銀行臺北分行簽署「人民幣業務清算及結算協議」，其中十一家為境外銀行，而央行也希望早日簽署兩岸貨幣互換協議。央行認為臺灣具備兩岸經貿關係密切、人民幣清算行和外幣結算平臺等基礎，加上國銀在全球有分支機構、境外金融優惠稅制和法制完整健全，有助於推動人民幣業務。

二、問題重點提要

問題一：在央行將外匯存底納入人民幣資產之際，您認為銀行業者如何可在此政策下，進行其策略思考？請從外匯業務擴展的角度上進行研究。

問題二：假設貴公司在上海自由貿易試驗區已設立分行，在面對央行將外匯存底納入人民幣資產時，您會採取哪些相關措施？理由何在。

小博士解說

人民幣已成為全球化貨幣

人民幣近年來已成為國際交易使用之貨幣，在中國大陸當局主導下，其國際交易量已成為全球前五名，可見的未來，人民幣勢必超過日英，尤其俄羅斯在2014年的烏克蘭事件中受到歐美抵制，因此與中國大陸有許多之合作計畫，而其商業交易亦由人民幣與盧布直接清算，不再經由美金換匯。因此隨著中國大陸經濟勢力的擴大，人民幣可能會成為僅次於美金的國際貨幣。

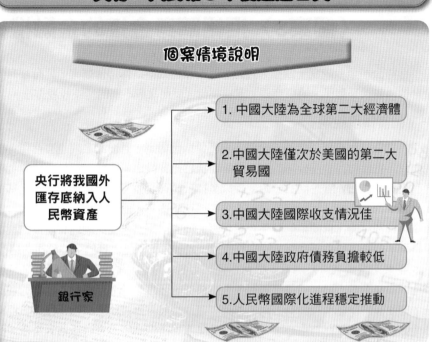

央行：人民幣3年後超越日英

個案情境說明

央行將我國外匯存底納入人民幣資產

銀行家

1. 中國大陸為全球第二大經濟體

2. 中國大陸僅次於美國的第二大貿易國

3. 中國大陸國際收支情況佳

4. 中國大陸政府債務負擔較低

5. 人民幣國際化進程穩定推動

問題重點提要

問題 ①

金融業者之外匯業務策略

NEWS

從外匯業務推展的角度進行分析

如何因應金管會開放政策？採取哪些策略？

問題 ②

上海自貿區分行之策略

上海自貿區分行在人民幣資產納入外匯存底時，將採取哪些措施？理由為何？

資料來源：黃琮淵，〈央行：人民幣3年後超日英〉，中時電子報，2014年5月22日。

Unit **1-31**
〈個案3〉拒絕躋身金控的金融機構

　　金控公司至今成立十四家，短短一、二年期間不斷傳出併購案，此時卻有部分金融機構包括臺壽保、遠東商銀、安泰銀行，反而採取不同的產業控股作法。

一、個案情境說明

　　安泰銀行因自認目前關係企業各自經營狀況穩定，且彼此之間也有合作，再加上財政部也針對非金控公司的交叉銷售辦法已正式推出；因此，基於不組成金控亦能有交叉銷售的好處，何必一定要組成金控公司，反而將問題更加複雜。尤其董事長林培璘認為金控公司設立的目的主要在於交叉銷售，而安泰銀行與宏泰人壽的合作便可達到目的。目前整個關係企業集團的高層已認為宏泰集團已有虛擬的產業控股雛型，集團內的共同合作若能順利進行，則其成效不見得低於金控公司的運作。

　　亞東集團產業體系綿密，橫跨水泥、百貨、電信、紡織、金融等專業領域，以金融事業而言，已包括遠東銀行、大中票券、亞東證券。目前從其集團的發展策略，應是偏向以產業控股為方向。其集團總裁徐旭東係將遠東銀行定位為「亞東集團金融業以遠東銀行為重心」，同時提供集團周邊廠商所需金融服務的角色，即是產業控股模式的建構。遠東銀行發言人陳國聯表示，遠東銀行為兩岸三地集團周邊廠商所需之金融服務。徐旭東以遠東New Century信用卡為例，即是集團資源整合的最佳例證。尤其遠東集團中下游周邊廠商甚多，透過遠東銀行的金融服務，將可達成更高的金融服務效率，例如，遠東銀行投入C計畫（電子化金融系統），即是在提供更廣大的服務。

　　另外臺灣人壽亦是走向產業控股的型態，包括金融、營造、科技產業。可見上述三家業者在金控公司趨勢之下，開闢另一種經營型態。

二、問題重點提要

　　問題一：在未轉型成為金控公司的企業集團中，最大特色均是以轉型為產業控股公司為發展方向，然而集團內的企業之依存性相對加大。請您以一位財務長的身分提出，產業控股公司之推動時，企業集團應注意哪些風險存在？在風險管理上除了金融業應注意的風險管理外，亦須注意集團內產業間的風險管理，請問您會提醒企業集團的CEO注意哪些問題？

　　問題二：遠東集團以遠東銀行作為其上中下游周邊業者為服務對象，而不以遠東集團內部的其他企業為服務主軸；同時只在信用卡之服務上與企業集團的其他成員有更多的合作而已。請問您認為遠東集團之產業控股公司的成功可能性如何？請說明其理由。

拒絕躋身金控的金融機構

個案情境說明

安泰銀行關係企業彼此間合作良好

亞東集團產業體系綿密，以偏向產業控股為方向

拒絕躋身金控公司的金融機構

臺灣人壽走向產業控股型態

問題重點提要

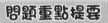

問題①

產業控股公司

集團內企業之依存性相對大

↓

應注意哪些金融風險存在

↓

產業間風險管理應注意哪些問題

問題②

遠東集團控股公司

以遠東銀行作為上中下游周邊業者為服務對象

↓

在信用卡服務上提供更多的合作

↓

遠東控股公司的成功可能性？理由為何？

資料來源：張慧雯、彭禎伶，〈拒絕躋身金控的金融機構〉，工商時報，2003年12月6日。

Unit **1-32**
〈個案4〉金控發展保險，合作取代併購

玉山金控董事長黃永仁在2004年2月指出，玉山金控將與英商保誠集團共同研發投資型保單，作為雙方第一階段銀行保險合作品項。同時，玉山金控已籌組團隊至英國學習網路銀行、衍生性金融商品專業知識，以搶攻財富管理龐大商機。

一、個案情境說明

臺灣地區金控公司陸續成立後，銀行、保險、證券儼然成為各金控公司欲備齊的業務板塊，玉山金控則以銀行為主體，在相對弱勢的保險領域上則與外商保險集團聯盟，以取代自組保險公司的可能風險，兆豐金控亦採此模式。玉山金控未來亦可能透過投資銀行，與外商知名證券集團接觸，著手選擇權、受益憑證等面向的證券研發。黃永仁指出，玉山與保誠為長期合作關係，第一階段將以拓展國內銀行保險業務為主， 第二階段則攜手布局中國大陸市場。

玉山金控與英商保誠集團締結策略聯盟，在引進保誠資金同時，因部分持股來自ECB與EB的轉換，連帶化解玉山子母公司交叉持股嚴重的問題。由於玉山股權結構相當分散，面對國內金融整併風潮，玉山金控成為被敵意併購的對象，尤其是國泰金控對玉山金控的持股比例相當高，不過國泰金控在玉山金控不斷表示反對被併購的情形下，也表示將逐步釋出玉山金控股權。但最大原因可能是玉山金控的經理人、員工、眷屬握有二至三成的股票，成為最穩定而踏實的力量。

兆豐金控其實與玉山金控的作法有雷同之處，兆豐金控總經理林宗勇指出，兆豐金控不會輕易併購壽險公司，未來會透過保代公司，提供銀行的通路，擴大與保險業者的合作。兆豐金控目前旗下有中銀保代與國際通家保代公司，單單在 2003年，透過保代公司銷售保險公司設計之保單，高達1.2億元，例如，旗下的中國商銀與統一安聯人壽的合作。

林宗勇表示，保險公司獲利的關鍵是在於是否能有效運用所吸收的資金，得到比較高的效益；因此只是併購一家規模較小的保險公司，但無法培養經營專業，併購壽險公司仍有風險存在。

二、問題重點提要

問題一：兆豐金控與玉山金控均以合作方式來發展保險業務，在這兩家公司的想法中，認為直接併購保險公司所可能帶來之風險可能遠大於其所獲得之利益。請您以一位財務顧問的立場，針對此項決策之選擇予以評論並詳述理由。

問題二：國泰金控、富邦金控均以保險業為主軸向外擴充的發展模式，與兆豐金控以銀行為主的發展策略，在未來競爭策略可能產生哪些不同的作法，請您以一位顧問的角度予以評論。

金控發展保險，合併取代併購

個案情境說明

金控公司以合作取代併購方式發展保險

玉山金控以銀行為主體，相對弱勢的保險與外商保險集團聯盟，且與外商知名證券集團接觸

兆豐只會透過保代公司，擴大保險業者合作

問題重點提要

問題 ①

兆豐金控與玉山金控以合作方式發展保險業務

認為併購保險之風險可能大於利益

對此項決策選擇的評論為何？

問題 ②

以保險業為主軸的發展模式與以銀行為主的策略有何不同？

評論不同策略的看法並提出理由

資料來源：陳怡燕、張慧雯，〈金控發展保險；合作取代併購〉，工商時報，2004 年 2 月 14 日。

Unit **1-33**
〈個案5〉金融併購，大象不見得會跳舞

　　金融時報2004年1月6日報導，金融業成立「金融服務超級市場」，提供金融商品一次購足的經營模式，不保證一定成功，目前金融業的併購趨勢是堅守自己專長的領域。

一、個案情境說明

　　二十一世紀初，美國通過金融服務現代化法案，為業者成立「金融服務超級市場」掃除障礙，然而短短數年期間，銀行併購的情形雖仍不斷發生，但是金融業者卻在想跨入的領域中擴大規模，而放棄表現不佳的業務，也力拒多角化。

　　2003年全球金融業者併購的情形明顯增加，但業者卻只跨足本身專長的領域。例如，稱霸信用卡和次級貸款的花旗集團買下施樂百百貨的信用卡部門和華盛頓互惠銀行的消費金融部門。美國銀行跨洋併購英國巴克萊公司似已胎死腹中，董事長兼執行長路易斯表示，美國銀行併購券商和投資銀行沒興趣。

　　為何金融業多角化逐漸退潮，首先是「數大就是美」的立論未必成立。而且摩根史坦利公司分析研究發現，銀行業者的資產規模和報酬率之間並不存在統計上的關聯。其次，1990年代盛行的多角化策略並未為投資人帶來太多效益。尤其，許多狀況下，多種產品的交叉行銷成果並不令人滿意。在歐洲，多角化的結果，產生更多問題，尤其是跨足保險領域的銀行業者，例如，英國勞伊士保險組織2000年收購壽險業者Scottish-Widows，投資基金的損失和該組織2001年、2002年的呆帳損失大致相同。最令人注意的是，首先脫離金融業多角化經營路線的案例，正是最容易讓人與「金融超市」概念產生聯想的花旗集團（Citigroup）。促成1998年旅行家集團（Travelers）和花旗銀行（Citicorp）合併成花旗集團的最大原因是更容易進行交叉行銷。但至2003年，花旗讓旅行家產險公司自立門戶，花旗董事長魏爾（Sandy Weill）在當時表示，合在一起的表現並不理想。

　　撤回既定策略已蔚成風潮，美林公司在2001年決定縮小在日本等國建立證券公司網的計畫，震驚華爾街。收購別家公司意味著自己必須為交易負起全責，但契約卻委託別人談判，在安隆（Enron）案發生後，更使得華爾街的公司更為謹慎。

二、問題重點提要

　　問題一：全球著名的金融集團已放棄過去數年推動的「金融超市」的政策，而逐步走向堅守專長領域的作法，請問臺灣目前金控公司的多角化併購是否在未來數年內面臨失敗的挑戰？請說明您的看法。

　　問題二：在金融超市策略逐步褪去下，臺灣地區之金控公司為避免過去數年國際知名金融業者所面臨的問題，您認為應採取哪些策略，以克服未來障礙？

金融併購，大象不見得會跳舞

個案情境說明

金融服務超級市場
不一定保證成功

1. 美國銀行透過併購擴大規模，但力拒多角化

2. 金融併購增加，但只跨足本身專業領域

3. 多角化策略並未為投資人帶來太多利益

4. 許多金融業併購其他領域，績效並不理想

例如，保險界的宏利（Manalife）與恆康（John Hancock）合併、旅行家保險與聖保險（St Paul）結盟。

問題重點提要

問題 ①

全球金融集團逐步改善金融超市作法

↓

臺灣金控則進行多角化併購

↓

成功或失敗？理由何在？

問題 ②

金融超市策略逐步褪去

↓

臺灣金控公司如何避免國際知名金融業者所發生的問題？

↓

應採取哪些策略？

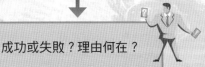

資料來源：官如玉、湯淑君編譯，〈金融併購，大象不見得會跳舞〉，經濟日報，2004年1月7日。

Unit 1-34
〈個案6〉中信金率先構築風險管理系統

2004年6月新巴塞爾協定正式通過，且國際上將於2006年實施。中信金控公司在董事長辜仲諒領軍下，早已在2002年設立風險管理委員會，投入大量資金與人力，建置風險管理機制，這是臺灣金融業者因應國際標準最快的一家金融業者。

一、個案情境說明

中信金控在2002年下半年起，決定採用最高階的內部評等法（IRB）計算信用風險，成立信用風險小組。中信金控執行副總兼授信長許建基是此項工作的主導者，他表示這是風險衡量與管理，衡量風險後，最重要是如何運用到業務上。

許建基表示中信銀在舊巴塞爾協定以來，就一直放進風險管理中，根據Risk雜誌的調查，銀行在新協定中投入IRB的成本，每一千億元資產就需要五十億的投入成本，而且這還是在初期。而中信銀過去已有內部評等法的作法，只是程度上差異，未形成符合新巴塞爾協定的規範，這次只是將過去作法模型化。新協定精神並不在客戶風險評等，而是希望在經營上扮演更積極的角色，如在四、五年前，公司已利用資料倉儲，將客戶資料進行分析，以了解哪些交易行為是賺錢，哪些是不賺錢。

許建基針對組織在回應新巴塞爾協定的看法，表示風險管理單位及業務製造等風險產生單位間須獨立，而中信金控已有風險管理委員會，因此在組織上不需要重新調整。

中信金控認為資訊技術主要目的在資料蒐集、產生報表，因目前已有儲存架構，未來如何走向模型化的風險評估，則是中信金控所不足的。未來第一線同仁運用到業務時，如何適用系統、評分評等方法，則須透過教育訓練達成；例如，設定一些可能遇到的問題及如何解決問題的方法。

許建基表示，IT系統建置一開始便必須全盤考量，不僅可節省費用，而且在管理客戶時因有完整資料，將更有助於找到最賺錢的客戶來源，因此未來這是內部重要的管理工具。

二、問題重點提要

問題一：中信金控在臺灣地區最先設置風險管理委員會，以作為未來能符合2006年新巴塞爾協定之協定，您認為該公司所提到資訊技術之導入在最初便必須全盤考量，以求系統建置完整的作法是否正確？請評論。

問題二：新巴塞爾協定主要只是針對金融業之風險管理，做出最基本的規範，然而更重要的是風險管理並不只是運用內部評等法即可，請簡單說明金融業之整合性風險管理的基本概念。

中信金率先構築風險管理系統

個案情境說明

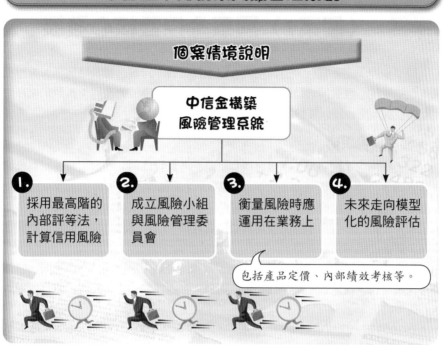

中信金構築風險管理系統

1. 採用最高階的內部評等法，計算信用風險

2. 成立風險小組與風險管理委員會

3. 衡量風險時應運用在業務上

4. 未來走向模型化的風險評估

包括產品定價、內部績效考核等。

問題重點提要

問題 ①

中信金控風險管理

↓

資訊技術之導入應全面考量各項風險因素

↓

評論此作法的正確性

問題 ②

新巴塞爾協定是最基本的金融業風險管理規範

↓

敘述金融業之整合性風險管理的基本概念

資料來源：邱金蘭，〈中信金率先構築金控防火牆〉，經濟日報，2003年11月24日。

Unit 1-35

〈個案7〉國泰金控雙核心發展

國泰金控決定朝銀行、壽險雙核心的金控發展。國泰金控策略長李長庚指出，國泰金控雙核心發展模式是臺灣其他十三家金控無法模仿的優勢；甚至未來在中國大陸的發展策略也將以雙核心發展。

一、個案情境說明

李長庚指出，國泰金控採取雙核心策略是考量目前內外在環境後，認為此策略最適合國泰金控，原因是國泰人壽擁有2.8萬名壽險業務員，再加上世華銀行及國泰銀行，使國泰金控擁有龐大的行銷通路。例如，信用卡發卡量中除六十餘萬者為聯名卡外，其餘一百八十餘萬張均為業務員貢獻。而國泰世華銀行也將協助國泰人壽保單貸款及相關保險商品。

國外大型金控係以銀行為核心業務，而國內金融市場與國外有所不同，例如，國外保險業務以保險經紀人、代理人公司為主，因此國外不可能發展銀行與壽險雙核心的策略。

在2003年，世華與國泰銀行之整合行銷是國泰金控的重點工作，例如，第二代信用卡所牽涉之IT資訊平臺整合，另外ATM自動提款機，可以提供國泰人壽保單貸款業務。

國泰金控的組織體系非常龐大，必須做到下情上達，上意下傳；因此內部極力塑造一個容易溝通環境，在非正式溝通管道包括董事長信箱、網路員工討論區、董事長座談會等，而正式溝通管道則有業務策進會、工作會報、CSN衛星頻道等。一切作為都在於設法使上下之間的管道暢通。

國泰金控董事長蔡宏圖指出，國泰金控未來四大願景是整合在臺領導地位、提供整合性金融服務、跨足中國大陸市場及成為亞洲金融業界領導者。

二、問題重點提要

問題一：國泰金控自認為其銀行、保險雙核心發展策略對其本身之發展有極大助益，您是否同意其說法？請說明您的理由。

問題二：近年來，國際上的金控發展走向金融百貨化的作法似有逐步衰退的趨勢，國泰金控認為銀行、保險在國外雙方整合發展並不具條件，原因是國外保險業的制度。請您評估上述說明，並述明理由。

問題三：2014年國泰金控已走向銀行、保險、財富管理三核心策略，請問您如何看待此策略的改變？試評論之。

國泰金控雙核心發展

個案情境說明

國泰金控雙核心發展策略

國泰人壽28,000名壽險業務員

世華銀行及國泰銀行的行銷通路（整合行銷）

例如，信用卡發卡量中除六十餘萬者為聯名卡外，其餘一百八十餘萬張均為業務員貢獻。而國泰世華銀行也將協助國泰人壽保單貸款及相關保險商品。

問題重點提要

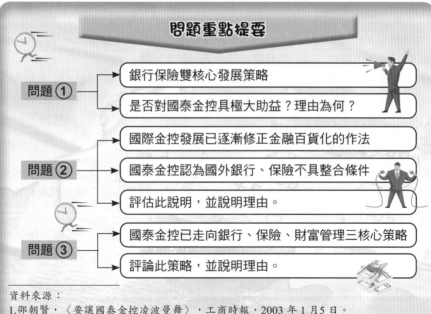

問題①　→ 銀行保險雙核心發展策略
　　　　→ 是否對國泰金控具極大助益？理由為何？

問題②　→ 國際金控發展已逐漸修正金融百貨化的作法
　　　　→ 國泰金控認為國外銀行、保險不具整合條件
　　　　→ 評估此說明，並說明理由。

問題③　→ 國泰金控已走向銀行、保險、財富管理三核心策略
　　　　→ 評論此策略，並說明理由。

資料來源：
1.邵朝賢，〈要讓國泰金控凌波曼舞〉，工商時報，2003 年 1 月 5 日。
2.彭慧蕙、邵朝賢，〈整合世華銀與國泰銀、國泰金控元年第一要務〉，工商時報，2003 年 2 月 7 日。
3.彭禎伶，〈雙核心發展、國泰金獨家優勢〉，工商時報，2003 年 5 月 10 日。

Unit **1-36**
〈個案8〉富邦金加速內部整合

　　富邦金控在2002年收購臺北銀行後，已成為臺灣最具競爭力的金融集團之一。由於為加強內部整合，故雙方已成立執行委員會，協調跨售及整合業務，除尊重客戶選擇外，也以客戶作為業績計算基礎。

一、個案情境說明

　　由於臺北銀行與富邦銀行係採雙品牌，但行銷策略及金融商品即將逐步整合，金融商品一齊賣。然而富邦金控的子公司間仍不斷傳出爭取同一客戶的現象，不過，人們試圖透過制度建立，規避或減少互挖客戶的情形。事實是，除富邦金控有上述情形外，其他金控多少也傳出銀行與證券、銀行與保險互搶客戶或搶做同一業務的情形。

　　富邦金控為加速整合內部作業，雙方已在整合執行委員會上共同討論，並達成共識；未來富邦證券或富邦銀行的營業員，如果銷售其他銀行產品給北銀轉介過去的客戶，業績將掛在臺北銀行名下，反之亦然。不過有關旗下人員對轉介名單以外的客戶進行行銷，基於臺灣民眾普遍都和多家銀行往來的情形，有時很難認定是子公司之間互挖客戶，應否禁止仍待商討；若有必要，未來才會進一步討論研商。例如，未來信用卡之發行，雙方都會先行協商，由其中一家銀行主導。

　　事實上，在2002年8月，富邦金控與臺北銀行談論合併時，決定雙方共同組成執行委員會，下轄七個營運委員會，進行各項整合規劃。

　　臺北銀行總經理丁予康表示，臺北銀行與富邦銀行的客戶層免不了有重複的部分，目前兩家銀行最重要的工作是在同一作業平臺之下，各自集中火力好好衝刺業務；對於重疊的客戶群，並不傾向過度銷售，但將提供更完整的金融服務。

二、問題重點提要

　　問題一：富邦金控旗下的各子公司基於業務拓展的需要，可能會相互爭奪對方客戶，因此成立一個執行委員會作為協調平臺，然而實務上仍不易全部劃分清楚。請您就此問題提出一個更佳的解決方案。

　　問題二：金控公司旗下子公司互搶客戶的情形，若是發生在旗下兩家銀行間，請問您是否會主張盡速將兩家合併為一家銀行（例如，兆豐金控下之交銀與中國商銀）？請詳述理由（討論層面應採全方位觀點）。

　　問題三：富邦金控在併購上有所成果，但它與外商花旗銀行則採策略聯盟方式，除了增加國際能見度、培訓國際化人才、引進風險管理外，其實也在避免增加金控內部整合的問題，然而2004年6月雙方卻又因理念不同而宣告分家。請您就此事件之發展予以評論。

富邦金加速內部整合

個案情境說明

富邦金加速內部整合

1.
臺北銀行與富邦銀行持雙品牌

2.
行銷策略與金融商品逐步整合

3.
子公司間互控客戶

↓
富邦金控與臺北銀行進行合併討論

例如，富邦銀行與臺北銀行共同推出指數型信用貸款，而且也將共同販售結合保險及信託的「小富翁理財套餐 II」。對於子公司間因跨售發生的業績計算方式，都由子公司將問題提報到上層委員會，以協調方式解決。

問題重點提要

問題①

富邦金子公司相互爭奪客戶
↓
成立一個執行委員會作為協調平臺
↓
仍不易劃分清楚業務
↓
解決方案為何？

問題②

金控子公司互搶客戶
↓
是否主張盡速合併為一家銀行？
↓
請詳述理由

問題③

富邦金與花旗銀行採策略聯盟
↓
增加金控內部整合問題
↓
雙家公司因理念而宣告分手
↓
請予以評論

資料來源：
1. 李玉玲，〈金控子公司等搶客戶挖牆角〉，工商時報，2003 年 1 月 13 日。
2. 彭禎伶、洪川詠，〈雙品牌行銷出擊、交叉營運創新機〉，工商時報，2003 年 1 月 13 日。
3. 彭禎伶，〈富邦金融發展成最健全的金控〉，工商時報，2003 年 2 月 13 日。

Unit 1-37
〈個案9〉臺灣各銀行爭先登陸

　　兩岸金融MOU的簽訂，將使得臺灣金融業者早已等待多時的赴中國大陸設立分行的夢想即將成立。兆豐金甚至利用入股華一銀行的作法，提前展開登陸的攻勢。

一、個案情境說明

　　華一銀行原有臺資背景，主要經營團隊都來自臺灣，其業務亦以服務臺商業務為主；尤其目前的經營班底如行長謝泓源、副行長林大毅均來自兆豐體系。

　　目前最新消息是華一銀行將以增資方式，使得最有可能的兆豐金一次取得經營主導權。原本上海華一銀行結束永豐金旗下子公司遠東國民銀行代管契約關係後，爭取入股的公司相當多，如國泰金、永豐金、中信金、富邦金均表達意願，但因華一銀行的最大股東寶成集團較偏向由兆豐金入股，所以目前是兆豐金入股之希望最大。

　　永豐金除有意投資華一銀行外，亦已鎖定寧波、揚州兩地的城市銀行。法人機構目前相對看好永豐金登陸潛力，主要是永豐金的登陸策略已相當明顯，且結合永豐餘集團整體布局前進，效果應較佳。

　　兆豐金一方面利用集團對當地工商業的了解，避免踩到「地雷」，另一方面又經由集團與其上中下游衛星廠商往來，直接掌握客源。

　　上海商銀近年來積極擴展海外據點，搶占臺商商機，繼香港、越南後，董事會已通過於蘇州設立據點。

　　中信銀個人金融總經理尚瑞強表示將請顧問公司評估未來中信金直接在中國大陸設立據點、參股或合作的可能性。目前是鎖定在中國大陸的個人金融、零售業務較高的大型銀行。目前中信金的海外布局將是整頓期，與土地開發、建築融資相關的企金保守以對，而三角貿易的企金業務則朝多元化發展。

二、問題重點提要

　　問題一：臺灣各金融業在兩岸簽訂金融MOU之際，已紛紛展開各種登陸之布局，有的採取入股方式，有的則採合作方式，在此時刻，若您是一位顧問，您會對這些金融機構在此風潮下，提出哪些注意事項？

　　問題二：您認為兆豐金的入股模式，或是永豐金運用集團力量較易成功呢？請予以評論。

　　問題三：臺灣金融業者進入中國大陸金融市場，是否應採取目標市場方式呢？（如採區域考量、是否以臺商為主的策略），試予以評論。

臺灣各銀行爭先登陸

個案情境說明

臺灣各銀行
爭先登陸

1 兆豐利用入股華一銀行的方式

2 永豐金鎖定寧波、揚州的城市銀行

3 上海銀行在蘇州設立據點

4 中信銀正評估在中國大陸設立據點

銀行家

問題重點提要

問題 ①

臺灣金融業者進入中國大陸市場

↓

採入股方式或合作方式

↓

應注意哪些事項？

問題 ②

兆豐銀行的入股方式或永豐金的方式較易成功？

↓

請予以評量

問題 ③

臺灣金融業者進入中國大陸是否應採取目標市場方式？

↓

請予以評論

資料來源：
1.朱漢崙、陳碧芬，〈兆豐金入股華一，好事近〉，工商時報，2009年4月8日。
2.朱漢崙，〈永豐金參股陸股，鎖定寧波揚州〉，工商時報，2009年4月6日。
3.盧麗玉，〈上海商銀，蘇州設點〉，工商時報，2009年4月6日。
4.孫彬訓，〈中信金西進布局，5月啟動〉，工商時報，2009年3月20日。

Unit **1-38**
〈個案10〉保險法修正對保險業的影響

　　103年6月6日保險法修正案已經總統公布、生效，新的保險法除保險業投資上市櫃股票將不再具有董監投票權，另外如投資海外保險相關事業得申請不計入國外投資限額、投資在臺發行的外幣債券也不計入國外投資額度、也將強化保險退場及相關監理措施。

一、個案情境說明

　　由於保險法修正案103年6月6日生效後，保險公司投資的上市櫃股票即日起不再具有董監投票權，加上當天是6月超級股東會日之一，共有三十七家上市公司要進行董、監事改選，首批適用新的保險法，即保險公司投資的股權在董監投票時要扣除計算。

　　保險局表示，保險法生效後，保險局及相關單位將配合修正五項辦法或規定，如右圖所示。

　　同時保險業布局亞洲的行動開始啟動，擁有新臺幣15兆資金的壽險業未來將可進行亞洲併購或參股，其投資海外保險相關事業加計國內、中國大陸部分，以股東權益為限，即最高有6,000多億元的投資動能。

　　國泰金控6月6日股東會通過10億股、籌資上限500億元的長期資金募集案，由於目前金控營運資金充裕，除非有大型併購案才會啟動籌資，目前以國外、東南亞併購機會最多。

　　新光金控股東會也通過9億股的長期資金募集案，授權董事會以增資發行普通股或參與發行海外存託憑證的方式籌措長期資金。新光金控表示，包括去年增資的65億元，目前都還在規劃運用方式，籌措長期資金主要是為了因應金融業「亞洲盃」的挑戰，未來將朝東南亞尋找壽險或銀行標的。

　　金管會推動國內金融機構布局亞洲計畫，各金控在今年股東會紛紛提出長期資金募集案，其中國泰金控及新光金控都是銀行、壽險雙核心的金控，金管會在保險法修法完成後，也同意壽險公司可申請投資海外保險相關事業，額度可不計入國外投資45%的限額，代表壽險子公司也可協助「插旗」亞洲。

二、問題重點提要

　　問題一：面對保險法中規定保險業投資上市櫃股票將不再具有董監投票權，若您是公司政策的制定者，將會以何種態度看待此法律的改變？試論之。

　　問題二：投資海外保險相關事業得申請不計入國外投資限額、投資在臺發行的外幣債券也不計入國外投資額度等法規開放後，金融業應如何制定其行銷策略，以因應企業之發展？試論之。您對國泰金與新光金的作法有何評論？

保險法修正對保險業的影響

個案情境說明

保險法修正通過

保險局表示，保險法生效後，保險局及相關單位將配合修正五項辦法或規定，如安定基金組織及管理辦法、安定基金動用範圍及限額規定、保險業辦理國外投資管理辦法、安定基金內部相關作業規範等。

1. 保險業投資上市櫃股票將不再具有董監投票權。

2. 投資海外保險相關專業得申請不計入國外投資額、投資在臺發行的外幣債券也不計入國外投資額度。

2-1. **國泰金** 與新光金募集長期資金，預作未來插旗亞洲之用。

> 未來國泰金在海外積極擴點並拓展業務，但目前中國大陸銀行有外資持股20%上限，不太可能啟動併購，因此國泰世華銀行將先以子行模式發展，待中國大陸市場逐步放寬股權限制，再進一步拓展規模。
> 至於東南亞，國泰世華銀在越南有合資的世越銀行及茱萊分行，在東埔寨也收購SBC銀行100%股權，並更名國泰世華銀行（東埔寨）；在印尼雅加達申請辦事處已獲籌設許可，申請泰國永珍分行也已進入最後階段，近期傳出緬甸下半年可能開放外資投資金融市場，國泰金將保持彈性，以多元模式布局。

問題重點提要

問題①

保險業投資上市櫃股票不再具董監投票權

↓

如何看待此法律的改變？

問題②

投資海外保險相關事業得申請不計入國外投資額等法規的開放

↓

如何制定行銷策略以因應企業之發展？

↓

您對國泰金與新光金的作法有何評論？

資料來源：
1.彭禎伶、張中昌，〈壽險不再具董監投票權〉，中時電子報，2014年6月6日。
2.彭禎伶、陳欣文，〈打亞洲盃，國泰金、新光金籌資併購〉，中時電子報，2014年6月7日。

第 ② 章
金融行銷

●●●●●●●●●●●●●●●●●●●●●●●● 章節體系架構 ▼

Unit **2-1**
金融業行銷策略——商品策略基本原則

　　金融業行銷策略包括商品策略、價格策略、通路策略、促銷策略、公共關係策略、政府政策處理策略、交叉行銷策略、服務策略等。而金融業之商品策略規劃時，須注意下列基本考慮原則。

一、商品種類方面

　　金融業對個人或企業體應設計不同商品，以符合不同顧客的需要；尤其現今環境變遷激烈，更應不斷推出新商品，以達到服務顧客之目的。

二、品質方面

　　不論業者之服務對象為何，顧客最直接感受到的是商品品質。如果一項產品品質不良，則失敗之可能性較高。

三、形象方面

　　金融業者如何創造一個良好形象是相當重要的事，良好形象常可扭轉經營劣勢，例如，日本Tomato銀行經日本形象設計大師重新設計「企業識別」（corporate identity），而使其衰退的業績大幅提升。形象的塑造最好採市場定位或產品定位，使消費者了解公司與其他業者的差異，以達到突顯公司形象目的，進而提高經營業績。Tomato銀行以親和力為代表，吸引許多新顧客，大幅改善營業狀況。

四、服務方面

　　服務不應侷限於被動，更應主動進行。除事前服務外，另需進行事後服務。金融業係為服務業的一環，可見服務功能在銀行業中占相當重的分量。

五、名稱方面

　　商品名稱若不能有效引起顧客興趣，則不易讓顧客成為公司真正客戶；故業者在商品名稱決定時須多留意，以免因商品名稱不當或不吸引而喪失大好機會。

六、信用條件方面

　　金融業徵信工作大都運用所謂的4C（資本、品德、能力、擔保品），目前國內業者以擔保品為最主要徵信標準，難免過於保守，以致影響業務推展；因擔保品在不景氣時，可能增加銀行債務。若能對企業界（尤其中小企業）重視其經營能力及品德或對消費者重視其品德，以期真正建立徵信目的，進而利於業務推展。

七、庫存現金及第二準備金方面

　　這項因素影響業者之安全性及獲利性，所以應針對客戶產業特性、經營業務、存放款性質、經濟狀況等，決定庫存現金及第二準備金，以免發生損失或危機。

商品策略基本原則

1. 商品種類

不同商品
➔不同顧客需求

2. 品質

顧客直接感受 ➔ 商品品質

例如，信用卡的發行，如該卡可使用的特約店太少或有太多條件限制，則不易引起客戶之興趣，甚至破壞業者的聲譽。

3. 形象

形象塑造➔市場或產品定位➔差異化

4. 服務

被動服務➔主動服務
服務項目➔事前與事後

(1)事前服務包括塑造營業場所之微笑及友善的氣氛、傳送正確有效的訊息，為顧客提供理財、投資建議等。
(2)事後服務包含各種抱怨處理，更多且有益於顧客的服務。

5. 名稱

商品名稱➔吸引
　　　　顧客興趣

6. 信用標準

以資本、品德、能力、擔保品為標準➔不可過於保守

7. 庫存現金及第二準備金

重視產業特定存放款性質
➔決定庫存現金及第二準備金

Unit **2-2**
金融業行銷策略——金融業商品策略

金融業商品策略可包括下列六種，金融業者可視本身狀況加以靈活運用。

一、金融商品設計策略

金融商品設計策略為因應環境快速變遷，需依狀況採取不同選擇策略，包括右列個人化商品策略、標準化金融商品策略及修正的標準化金融商品策略三種。

二、金融商品定位策略

金融商品定位應是市場區隔化分析及目標市場選擇之後所須推動的工作。欲了解商品定位最佳的方式，須徹底了解各競爭品牌的定位分析，然後選擇其差異化的空間，使該金融商品能定位於最具競爭力及市場潛力的市場區隔。

三、金融商品重定位策略

金融商品重定位策略可用於原有顧客，亦可用於新顧客，因原顧客可能由於商品缺乏新鮮感而逐漸喪失興趣，經商品重定位後，可讓原顧客重拾意願；至於新顧客也可能因商品重新定位而提高購買或使用的興趣。這項策略通常是出現在目標市場發生較大變化時，顧客的需求或偏好因而改變，致使公司不能不配合進行此商品的重定位，以使該金融商品能重新恢復原有市場占有率或銷售量。

四、金融商品品牌擴張策略

金融業者可能在某一商品或金融商品之商品線在市場具競爭力，若為擴展其公司市場占有率，可將此品牌擴張策略，以現有市場具競爭力的商品品牌推出衍生性商品，利用原有聲譽促使總銷量擴大，且可節省促銷支出，惟此策略有一缺點。

五、金融商品多品牌策略

多品牌策略係利用推出相類似產品，使原有公司在此商品線之總銷售額大於現有銷售額；雖然原有金融商品可能因另一品牌產品而減少其銷售額，但因總銷售額增加，公司利潤提高，將有益於公司。

六、新金融商品策略

金融商品由於商品特性的緣故，其推出速度遠不及工業性產品，但因世界經濟變化迅速，觀念更不斷更迭，故先進國家不斷推出衍生性金融商品。國內金融業者在外商銀行衝擊下，也不斷配合推出金融商品。

一般所謂新金融商品係指創新性、模仿其他公司的新金融商品、改良型的新金融商品等。對於大多數金融業而言，模仿性及改良型商品較容易達到，風險性較低，利潤亦較少。最好的方式，應依公司本身資源及市場現況、未來展望等因素考量，將三種新金融商品交互運用，使其利益達到公司預期目標。

金融業商品策略

1. 設計策略

(1)個人化商品策略
金融商品採個人化商品策略者逐漸受到重視，在社會多元化強烈的需求下，此策略成為金融業重要的作法。

(2)標準化金融商品策略
因為金融商品須為社會大眾所共同接受，以使其成為貨幣或貨幣代用品，故標準化可行性最高，而且最易流通。

(3)修正的標準化金融商品策略
優點是標準化金融商品早已為人熟知及接受，業務推展較為容易，而且在適度修正後之商品對競爭者而言，又能產生差異化的功效，故修正的標準化商品策略應值得業者多方採用。

2. 定位策略

(1)金融商品定位 ➜ (2)差異化 ➜ (3)具市場潛力

例如，銀行推出房屋貸款業務，業者對房貸應如何定位始具競爭力；或許業者能定位於貸款利息較低、貸款成數較高的市場區隔，以提高競爭力。

3. 重定位策略

(1)原有顧客與新顧客 ➜ (2)金融商品重定位 ➜ (3)提高購買意願

例如，消費性信用貸款，原先係以具有一定所得以上者為對象，商品定位於風險性較低的市場區隔內；若能將消費性信用貸款擴大至青年人階層，雖風險性加大，但卻能使此貸款業務市場空間擴大，或許有益於公司經營。

4. 品牌擴張策略

(1)具競爭力的金融商品 ➜ (2)推出衍生性商品 ➜ (3)擴大銷售量與節省或商品線 促銷成本

惟此策略有一缺點，當延伸推出之商品在市場上反應不佳，可能影響現在商品的聲譽。例如，定期存款可從現有的商品線延伸具綜合存款性質的存款。

5. 多品牌策略

(1)運用推出相類似產品 ➜ (2)提高此商品線的總銷售額 ➜ (3)公司利潤提高

例如，業者可推出一種附帶條款之定期存款，即顧客以此定期存單可辦理短期性無息抵押貸款，如一年期定期存單可辦理兩次半個月無息貸款。

6. 新金融商品策略

(1)創新性 ➜ (2)模仿性 ➜ (3)改良型

最好的方式，應考量公司本身資源（研發人才的素質、公司財務資金調度、各部門配合可行性等）及市場現況、未來展望等因素，予以交互運用。

Unit 2-3 金融業行銷策略——價格策略基本原則

圖解金融行銷

金融商品價格策略有下列四種基本原則，但因行業特性不同，亦有所差異。

一、定價方面

金融業之定價包括存放款利率、匯率、各種手續費等。目前臺灣金融市場已大致走向自由化，中央銀行對業者之存放款利率、匯率及各項手續費已不再嚴格管制，故業者可依市場行情的變動，自行制定價格。雖然處於一個總體環境中，單一業者不易完全影響市場價格（利率、匯率）的波動，但有限度的操作或運用，仍會有助於公司營運空間的擴大或利潤的增加。至於如何善加運用，仍值得金融業者企劃人員及業務人員之努力。

金融商品定價（即手續費、存放款利率等）之決定因素包括較廣，其中以成本因素、市場競爭因素、需求因素為三大主軸。正確金融商品定價方式係先估算公司內部經營該項商品的各項成本及合理利潤，並參考現存市場競爭狀況及顧客需求強度，作為最後金融商品的定價。雖然成本因素的考量完全性並不容易，但畢竟屬於內部控制範圍的因素，遠較市場競爭及顧客需求強度兩項因素單純。當市場競爭者以低價格等策略進行攻擊時，此時定價策略之考量偏重於市場競爭因素。而顧客對該商品需求殷切時，則可以顧客需求強度為主要考慮因素。

二、貸款期間

一般說來，金融業者對顧客貸放期間須依顧客的信用、擔保品的性質或價值、業者資金運用狀況、個人交情、市場資金供需等因素決定。目前臺灣之金融業者仍相當保守，若不突破現狀，業務不易擴張，因此金融業唯有更積極的進行徵信工作，始能突破此項瓶頸。

三、折扣方面

金融業者經常對顧客採用折扣策略，例如，在資金緊縮時之大額存款者，往來關係良好的借款者或匯款者等均給予折扣。雖然此項策略受成本因素影響而有所限制，但如能適度的運用，對不同對象採取差異性折扣，仍會有頗佳之效果。

四、信用條件

金融業徵信工作目前大多應用資本、品德、能力、擔保品等為考量因素，但不可過於保守，若僅以擔保品或資本決定其信用程度，將不利於業務之推動。金融業者對企業界等組織團體應重視經營者之經營能力及品德；對於個人顧客則應重視其品德。如此始能達到徵信目的，進而推展公司業務。

088

金融商品價格策略的基本原則

1. 定價

(1)有限度操作或運用有助營運空間擴大

(2)定價項目
包括手續費、存放款利率等

(3)決定因素
包括成本、市場銷售需求等因素

2. 貸款期間

顧客貸款期間

依顧客信用、擔保品的價值、業者資金運用狀況、市場資金供需等因素

3. 折扣

(1)折扣受成本因素影響而有限制→(2)可針對不同對象採取差異化作法

4. 信用條件

徵信工作應用資本、品德、
能力、擔保品等因素

銀行家

☞ 不可過於保守

知識補充站

金融業商品設計策略舉例

前面單元的設計策略,為使讀者能有更深入的了解,茲舉例說明如下:

1.個人化商品策略:例如,財富管理的服務。

2.標準化金融商品策略:例如,定期存款、代銷公債、基金等,此策略在商品促銷方面(廣告、宣傳、人員銷售、銷售促進等)相當簡單且容易使用,因此金融商品早已廣為採用,惟在環境變遷之下,此策略須依商品需要,在適當時機加以調整。

3.修正的標準化金融商品策略:例如,房屋貸款每一期付款可與信用卡合併使用,或房屋貸款可先繳利息後,以繳本息的方式辦理或附贈火災保險等。

Unit **2-4**
金融業行銷策略——金融業價格策略

金融業價格策略可包括下列五種，金融業者可視本身狀況加以靈活運用。

一、新金融商品定價策略

新金融商品定價策略係指金融商品在第一次上市時所採用之定價策略。由於金融商品之價格、種類甚多，例如，手續費、利率、匯率等，而其影響因素包括市場狀況、銀行的企圖等。

(一)市場滲透策略：業者企圖以低價格方式迅速進入目標市場，俟逐漸擴大其市場占有率時，再以調整價格賺取公司利潤。例如，代理經銷某一基金，可以較低廉手續費快速發行而進入市場。

(二)吸脂定價策略：吸脂定價策略係在市場上缺乏此項商品，且能具有相當程度吸引力時採用。當該商品在市場短期間獲得足夠利潤後，業者即退出此競爭市場或迅速降低價格，以減少競爭者進入市場。

二、提高市場占有率策略

金融業者提高市場占有率的最佳方法是以低價格方式進入或降低價格方式達到目的。由於價格低，使競爭者因入不敷出或缺乏利潤而放棄該市場，而讓業者無形擴大該商品市場占有率。不過業者在採用此策略時，應考慮本身資源、策略採用期間長短、競爭者反應等因素，以期策略之實施更為周延。

三、金融商品價格調整策略

金融商品價格在受到相關條件改變時，可能面臨調整的狀況，為提高或保有市場占有率，則以降價方式為之；為調節成本因素或增加利潤，則採調高價格策略。例如，代銷公債、基金，亦可降低管理費的收取。

四、價格領導策略

價格領導策略為市場領導者所採用之策略，供其他競爭者依循，此情形常見於金融業，最大利益是避免業者間衝突之提高。不過業者無須完全模仿之，以免無法與其他競爭者產生差異化，也就不利於其市場發展機會。

五、差異性價格策略

差異性價格策略對金融商品而言，由於顧客個別性較大，故可充分利用。其差異化的依據條件可包括時間、地點、行業別、與顧客關係、對象等因素。例如，年終資金緊縮時間，貸款利率可採高標準；鄉村地區民風純樸，可採較低貸款利率；與關係良好之顧客給予優惠貸款利率；對組織團體則採低利率。這項差異化策略普遍存在金融業，如何能巧妙運用，則有賴業者就實際市場狀況適度發揮。

金融業價格策略

1. 新金融商品定價策略

(1)市場滲透策略
以低價格迅速進入目標市場,達到擴大市場占有率的目的。

(2)吸脂定價策略
在市場缺乏此項商品,且能具有相當程度吸引力時採用。

由於金融商品與社會大眾關係密切,而且其價格是人們日常生活必須之事物(除部分衍生性金融商品外),故其價格策略的效果對顧客反應甚為明顯,一旦業者能有效推動其定價策略,通常能得到甚大利益,尤其金融商品的品質及服務差異不大的情形下,顧客為本身的利益,對金融商品價格敏感性甚高。業者若能提高相關價格資訊給顧客,相信能在定價策略上獲得更多效益。

2. 提高市場占有率策略

以低價格方式進入或降低價格達成目的
例如,房屋貸款可依銀行法規定採三十年貸款,使本息因償還時間拉長,無形中可減輕負擔,表面上具有降價意味;或者減少貸款利率,使顧客明瞭業者貸款利率遠低於競爭者,促使潛在顧客的貸款對象移轉至公司,以提高公司在房屋貸款之市場占有率。

應考量因素
本身資源、策略採用期間長短、競爭者反應等。

3. 調整策略金融商品價格

(1)為提高或保有市場占有率 ➡ 採降價策略
例如,為增加外匯業務的營業量,業者則以降低服務手續費吸引顧客。

(2)為調節成本或增加利潤 ➡ 採提高價格策略

4. 價格領導策略

為市場領導者所採取之策略 ➡ 避免業者間衝突之提高
例如,臺灣在存放款利率的調降常以臺銀或三商銀為參考指標,採取方式不可違反公平交易法。

5. 差異化價格策略

差異化依時間、地點、行業者別、與顧客關係、對象等因素決定 ➡ 業者依實際市場狀況適度發揮

Unit **2-5**
金融業行銷策略──通路策略

　　金融業者通路策略的基本原則包括區域問題、位置問題、運輸問題、資訊傳遞問題等，業者務必確實依循此基本原則，才能貼近顧客需求。

一、基本原則

　　(一)區域方面：應考慮通路對象以何者為主，例如，加工出口區的銀行以區內業者或附近工商業者及員工為主，其他如商業區、農業區，亦有不同的對象。由於不同區域或區位的資金供需情況有所差異，甚至存在季節性變化，故通路規劃時，應注意此類情形。

　　(二)位置方面：位置的選擇，關係客戶的方便性、選擇性，位置選擇不當，不利於業務之擴展。選擇位置時，須考慮成本因素，以免造成過於沉重的租金或資金積壓的情形。

　　(三)運輸方面：係指現金的輸送應多注意，避免發生搶案，這不僅造成公司損失，亦破壞公司形象。

　　(四)資訊傳遞方面：金融業者如何將公司商品之相關訊息，有效傳遞至顧客，係屬重要政策之一。其方式係透過廣告媒體或口頭通路等，須視金融商品性質差異性而定。若訊息不能有效到達目標顧客，一切規劃努力實等於零。

二、通路策略

　　通路策略包括通路結構策略、通路調整策略等，茲說明如下：

　　(一)通路結構策略：金融業通路結構係指金融業將金融商品傳遞至消費者過程，所歷經的中間商數量。由於金融業之商品特性、成本、通路控制的程度等因素，其通路結構為零階通路，即業者之營業人員直接面對顧客，並將金融商品交至顧客。金融業者除上述影響因素外，業者亦須在技術因素、社會文化因素、地理規模、人口型態、內部員工態度等進一步考量，以使通路結構在業者的掌握下，順利推動業務。例如，目前臺灣中小型壽險公司的通路策略係與保險經紀代理公司合作；而大型壽險公司則與銀行共同開發銀行保險業務，這兩者趨勢均是近來臺灣金融業在通路結構上的改變。

　　(二)通路調整策略：金融業在面臨內外環境改變時，為維持市場競爭力，有必要調整其通路系統，以使通路系統之效益能進一步改善。例如，在鄉村地區增設分支機構，促使通路系統普及化，並透過銷售據點的增加，擴充市場競爭力。

金融業通路策略的基本原則與方式

1.區域方面
不同區位資金供需有所差異

3.運輸方面
現金運送應注意安全性

基本原則

2.位置方面
考量方便性、選擇性與成本因素

4.資訊傳遞方面
商品訊息應有效傳遞至顧客

通路策略

1. 通路結構策略

將金融商品傳遞至顧客過程所歷經的中間商數量之策略

影響因素

包括商品特性、成本、通路控制、技術因素、社會文化因素、人口型態、內部員工態度等

2. 通路調整策略

依內外在環境改變，進行必要性通路調整

Unit **2-6**
金融業行銷策略──促銷策略

金融業者在促銷規劃所用的策略與一般企業相同，惟運用的技巧有所差異。

一、原則

金融業者在促銷規劃方面所使用之原則有四，一是國內金融業者利用廣告策略逐漸增加，除建立形象外，亦增強對新金融商品之介紹。二是已受到金融業重視的人員銷售，業者若能重視此策略，尤其透過口頭通路作用，將產生不小效果。三是金融業者不妨參考企業界的銷售促進方式，例如，採取贈獎、抽獎等，以使業務擴展趨於多角化，同時有助於吸引顧客對業者的興趣。四是金融業者可透過大眾傳播媒體力量，擴展業務或建立良好形象，此種低成本策略，應善加利用。

二、促銷策略

(一)促銷組合配置策略：所謂金融業促銷組合配置策略係指業者在進行促銷策略時，如何配置廣告、人員銷售、宣傳、銷售促進等四項重要工具，使其組合之效率能達到公司所預期目的。通常影響四項工具搭配使用的考慮因素包括商品因素、市場因素、預算因素、顧客因素、環境因素等。理論上，以周全考量上述因素為最妥當方式；但實務上，限於人、時、地、物，可依經驗擇其重要者為之。

(二)廣告策略：金融業者採取廣告策略者日益增多，其作法包括增加品牌信心、建立商品知名度等，部分業者亦以較正式的CIS系統推出吉祥物等方式增加顧客和社會大眾的認知性。對於個別金融商品的推展也在增加中，現金卡之推廣，即是一著名例子，若是業者能以差異化產品加上此差異化促銷方式，將對市場競爭力能有所助益。另廣告費用通常不小，應於廣告推出之前多加分析並評估。

(三)人員銷售策略：金融業所謂的銷售人員，因行業別而有所差異，例如，銀行之部分營業人員事實上即是另一種形式的銷售人員，銷售信用卡、現金美元、美金旅行支票、公債、基金等人員均可屬之。不論是專職或兼職，重要的是，其工作性質具銷售人員性質，所以金融業在人員銷售策略方面亦相當重要。此工具在銷售上具有靈活性、立即回饋、親切性等優點，但亦有高成本的缺點。人員銷售策略在運用上的最大考量，在於如何留住原有顧客及吸引新顧客。

(四)銷售促進策略：金融業者現常輔以銷售促進策略作為業務推廣之外。其實顧客心理除希望從其理財方式獲利外，意外之財或獎品提供的誘因仍具相當大誘惑力。所以，業者不妨多加運用，以使市場開拓更為順暢。

(五)宣傳策略：金融業者與社會大眾生活最為密切，所以宣傳策略之運用除一般常使用的方式（與傳播媒體合作）外，事實上亦可透過口頭通路來達成宣傳的目的，而且其效果更是較媒體力量來得有效。

金融業促銷策略的基本原則與方式

基本原則

1. 廣告方面→建立形象與對新金融商品之介紹

一般而言，廣告可傳達訊息、提高公司聲譽、建立良好形象等，若能適度運用，必有所收穫；惟制定廣告策略時，需考慮廣告成本，以免產生成本大於效益的情形。

2. 人員銷售方面→口頭通路作用甚大

例如，理財專員大幅的培訓，即是欲透過人員銷售達到行銷的目的。

3. 銷售促進方面→運用贈獎、抽獎擴大業務，且有助於吸引顧客注意力

4. 宣傳方面→協助拓展業務與建立良好形象

例如，定期召開記者會，發布業者營業狀況，增加顧客的信心及滿足，另此作法亦有傳遞訊息的功能。

促銷策略

1. 促銷組合配置策略

將廣告、人員銷售、宣傳、銷售促進整合運用之策略。例如，經銷公債或基金，以廣告及人員銷售為主，再搭配銷售促進及宣傳。

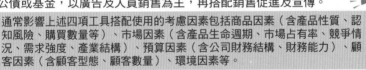

通常影響上述四項工具搭配使用的考慮因素包括商品因素（含產品性質、認知風險、購買數量等）、市場因素（含產品生命週期、市場占有率、競爭情況、需求強度、產業結構）、預算因素（含公司財務結構、財務能力）、顧客因素（含顧客型態、顧客數量）、環境因素等。

2. 廣告策略→增加品牌信心與商品知名度之建立等

由於廣告費用常是業者管銷費用的一大項目，為能充分了解廣告是否能達到公司的廣告目的，推出廣告之前，有必要針對廣告目標、廣告目的、廣告訴求、廣告預算等問題多所分析、並須評估其效果。另外因廣告費用龐大，故在編列預算須審慎為之，一般分為銷售百分比法、量能支出法、投資報酬法、市場競爭法等四種，各有其優缺點，在使用時，可根據公司狀況選擇之。

3. 人員銷售策略→最大考量在於留住原有顧客與吸引新顧客

4. 銷售促進策略

例如，購買一定數額之旅行支票者，給予旅遊折扣券等。

5. 宣傳策略→包括與媒體合作及口頭通路等

前提是業者平日有必要與傳播媒體建立通暢的溝通管道，並可藉事件行銷達到業者之宣傳效果。

Unit 2-7
金融業行銷策略──公共關係與政府政策處理策略

　　金融業與社會大眾生活、企業運作密切相關，尤其在當今強調顧客至上的環境下，公共關係策略之操作有其實質上的意涵；惟公共關係與促銷策略中之宣傳有所不同，兩者之間有相互性關聯，但卻又不完全相同。

　　而當金融業者面臨外在環境的改變，例如影響最大的金融政策，政治、治安、外交等政策推動時，均可能對其造成刺激或抑制，這時金融業者有何因應策略？

一、公共關係策略

　　金融業者在現今多元化顧客至上的環境下，公共關係策略之運作對公司業務發展有極重要的意義；一方面可促進公司與顧客之間的互動性、友誼性關係的增長，進而透過口頭通路，加速業務之推動；另一方面，可使公司所面臨之危機轉化為轉機，即當公司在業務上發生重大事故時，可在誠信原則下經由正確的公共關係策略的推動，將使損失降低至最低點，甚至建立起更佳的優良形象。

　　業者在進行公共關係的工作時，必須先行決定公共關係目標，其餘依序為決定執行者、公關預算確定、選擇公關方式、選擇宣傳媒體、決定推動時機、評估效果。

　　金融業者在推動公共關係策略時，須注意與內在公共關係相關人員（如員工、股東）及外在公共關係相關人員（顧客、傳播媒體、其他金融機構、社會大眾）建立一關係密切、互動、互信的關係與溝通管道。例如，發生公司危機事件時，以誠意迅速解決問題，使大眾傷害、損失達最小，並公開透過媒體向社會大眾說明事件真相。除此之外，業者應主動成立一個專責的危機處理小組，以求盡速解決問題。

　　金融業者在公關策略上常須運用促銷組合策略，協助建立與顧客、社會大眾、其他相關單位之良好人際關係，以使公共關係效果更能發揮到最大。

二、政府政策處理策略

　　金融業的生產總值占國民總產值有相當大的分量，而且與社會大眾生活、企業運作密切相關，故各國政府對金融業均有相當程度的管制，所以任何影響有關金融運作的金融政策，將對金融業的發展產生巨大影響。另外，政治、治安、外交等政策的推動均可能對銀行造成刺激或抑制。

　　業者對政府政策反應的策略應是先行預測各項政策對業者可能的衝擊程度、接著是分析哪些政策可以施行，公司本身如何因應及採行策略。不過業者在態度上應化被動為主動，以集團力量支援某政策；但亦可反制某政策，以使政策能更為妥適，以利全民之需。不過務必避免違反法律，以免反不利於公司經營。

金融業的公共關係與政府政策處理策略

公共關係策略

1.公共關係策略vs.促銷策略

兩者宣傳有所不同，但具關聯性。

2.公共關係策略的作用

除可促進公司與顧客增加互動外，常作為化危機為轉機的工具。

3.推動公共關係工作的步驟

 (1)決定公共關係目標 → (2)決定執行者 → (3)公關預算確定 → (4)選擇公關方式

(7)評估效果 ← (6)決定推動時機 ← (5)選擇宣傳媒體

4.常運用公關策略

金融業者在公關策略上常運用促銷組合，以使公共關係效果更佳。

政府政策處理策略

當金融政策改變時 → 對金融業將產生巨大影響

金融業者對政府政策之反應策略
1.應事先預測各項政策對業者可能衝擊程度
2.接著分析哪些政策可以施行
3.公司如何因應及持續策略

097

知識補充站

金融業促銷策略之人員銷售策略

前面單元提到人員銷售策略最大考量在於留住原有顧客與吸引新顧客。問題是要如何才能做到呢？除日常接觸和善、熱忱的服務態度外，利用電子通訊設備以節省時間、成本的電話行銷亦值得參考。金融業進行人員銷售策略時，應依顧客特性分別有不相同的作法，例如，對組織顧客可能較偏重理性訴求，而對個人顧客則強調感性訴求。

由於金融業在人員銷售方面不同於其他行業，無法以佣金制作為銷售人員之管理，但似可參考佣金制的優點，例如，對於業績達一定比例者，可提撥多少獎勵金等方式，另亦可以考績、升遷作為鼓勵。

Unit **2-8**
金融業行銷策略——交叉行銷策略

　　交叉行銷的作法是在近幾年金控公司成立後，才出現的一種作法。原則上，它是金控公司對旗下子公司資源交叉運用的重要策略，但對於非金控公司的金融業者亦可透過策略聯盟的方式達到某種程度的效果。

一、作法

　　交叉行銷除可共用專業人員、營業設備場所外，亦可共用集團內客戶資料，促使各子公司資訊相互流通，達到降低共同作業成本的目的，大致可區分下列三種作法：

　　(一)客戶資料交互運用：金控業者應在金控法的規範下，充分運用客戶資料；並透過客戶關係管理系統，提供客製化的專屬服務。

　　(二)共同業務推廣作業：金控公司可結合銀行、保險、證券等多樣化的金融業務，架構一個功能完整的經營平臺，藉由所有經營據點與專業銷售人員，發展共同行銷策略，提供客戶「一站購足」的服務。

　　(三)共同營業設備或場所：利用共同營業設備或場所可大幅降低營運成本，同時也可達到一次服務到家的目的。例如，國泰金控在2003年1月起，將基隆等六家壽險分公司轉型為金融服務共同營業據點；另利用國泰世華銀行的自動櫃員機作為金流通路（例如，壽險保戶辦理保單貸款可經由ATM的通路領款）。

二、交叉行銷績效評估

　　在國際上，交叉行銷的績效評估最常使用的指標包括跨售比率與雙重槓桿比率等。

　　(一)跨售比率：係指每一客戶購買金控公司產品數目，比率愈高代表金控公司交叉行銷之績效愈佳。

　　(二)雙重槓桿比率：係指金控公司的子公司股權投資除以淨值，若數值過大，則反映舉債經營情況偏高；例如，數值超過120%，則代表舉債經營偏高。

　　(三)加入金控前後之成本收入比率：係指比較加入金控前與納入金控後，成本收入比率是否下降；比率下降愈大，則績效愈高。

三、總結——金融業行銷策略彙整

　　前面幾個單元提到金融業行銷策略包括商品策略、價格策略、通路策略、促銷策略、公共關係策略、政府政策處理策略、交叉行銷策略、服務策略等。根據上述分析，可將金融業行銷策略歸納如右圖所示，方便讀者參考。

金融業交叉行銷策略

作法

1. **客戶資料交互運用**
透過客戶關係管理系統，提供客製化的專屬服務。

2. **共同業務推廣作業**
可結合銀行、保險、證券等多樣化的金融業務，架構一個經營平臺，提供客戶「一站購足」的服務。

3. **共同營業設備或場所**
可大幅降低營運成本，同時也可達到一次服務到家的目的。

績效評估

1. **銷售比率→**客戶購買產品數目之比率愈高，代表金控公司交叉行銷之績效愈佳。

2. **雙重槓桿比率→**例如，數值超過120%，則代表舉債經營偏高。

3. **加入金控前後之成本收入比率→**比率下降愈大，績效愈高。

金融業行銷策略架構圖

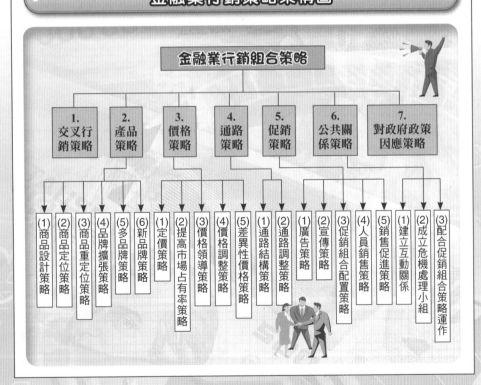

金融業行銷組合策略

1. 交叉行銷策略
2. 產品策略
3. 價格策略
4. 通路策略
5. 促銷策略
6. 公共關係策略
7. 對政府政策因應策略

(1) 商品設計策略
(2) 商品定位策略
(3) 商品重定位策略
(4) 品牌擴張策略
(5) 多品牌策略
(6) 新品牌策略
(1) 定價策略
(2) 提高市場占有率策略
(3) 價格領導策略
(4) 價格調整策略
(5) 差異性價格策略
(1) 通路結構策略
(2) 通路調整策略
(1) 廣告策略
(2) 宣傳策略
(3) 促銷組合配置策略
(4) 人員銷售策略
(5) 銷售促進策略
(1) 建立互動關係
(2) 成立危機處理小組
(3) 配合促銷組合策略運作

Unit **2-9**
金融業目標行銷策略——步驟與市場區隔化 I

　　金融業目標行銷係業者將所面對之市場，依市場特性與區隔變數達到區隔的目的，並選擇其中一個或多個市場區隔，最後依選出之目標市場，設計及推出最符合公司利益的商品與行銷組合。

一、步驟

　　金融業者進行目標行銷的步驟分別如下，第一個步驟，應先進行市場區隔化，包括確認金融業市場區隔化的區隔變數，並描述及說明金融業市場之概況與特性。第二個步驟，選擇金融業者之目標市場，包括先行衡量不同銀行市場區隔之潛力，接著挑選銀行業者真正之目標市場。第三個步驟，發展產品定位，包括為公司每一個目標市場設計其特有之銀行產品定位，進而發展符合業者目標市場之行銷組合。其步驟詳見右圖所示。

二、金融業之市場區隔化

　　(一)個人市場區隔化：對個人市場而言，金融業者市場區隔化變數與行銷理論中消費者市場之區隔變數相仿，分述如後：

　　1.地理變數：金融業者在個人顧客方面之地理變數包括地理位置、人口密度等。例如，因城鄉之間有不同特性，故可依鄉村及都市劃分為不同之市場區；城市的大額存提款者，可提供派人到戶辦理存提款業務之服務；另外人口密度高之商業區更可提供無人銀行服務客戶或存款時間延長等作法。

　　2.人口變數：人口變數為金融業者最常使用之區隔變數，包括性別、年齡、所得、職業、教育、社會階層、家庭生命週期等。例如，所得高且存款多者，對其存放款提供較優惠之條件，所得低且存款少者，則適用一般的條件。另外，如職業為公教人員者，因其收入較穩定且不易發生違約事件，在消費性貸款可給予較佳之優惠條件，尤其是透過單位辦理之集體大量簽約方式更應接受。年齡為中壯年者，其所得較高且穩定，其放款條件可採優惠條件。教育條件高者，可多提供多樣化的衍生性金融商品供其選擇。

　　3.心理變數：包括生活型態、人格特質等。金融業者可以人格特質為區隔變數。例如，針對愛冒險、刺激的人士，提供期貨外匯、選擇權等衍生性金融商品作為其理財工具；而為個性保守的客戶提供公債、基金、定期存款等理財工具。

　　4.行為變數：包括購買時機、利益追求、購買率、忠誠性、對購買金融商品之態度、購買金融產品之準備階段等。例如，為追求高利潤的客戶提供風險性高、利潤高的期貨、交換權、選擇權的金融商品；對購買金融商品頻率高且忠誠度高之客戶，提供較優惠條件，如較低手續費等。

金融業目標行銷步驟

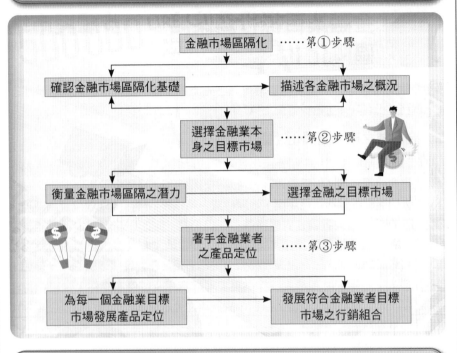

金融市場區隔化　……第①步驟

確認金融市場區隔化基礎　→　描述各金融市場之概況

選擇金融業本身之目標市場　……第②步驟

衡量金融市場區隔之潛力　→　選擇金融之目標市場

著手金融業者之產品定位　……第③步驟

為每一個金融業目標市場發展產品定位　→　發展符合金融業者目標市場之行銷組合

金融業目標行銷市場區隔化之變數

1. 個人市場區隔化

(1)地理變數
包括地理位置、人口密度等。

(2)人口變數 → 金融業者最常使用之區隔變數
包括性別、年齡、所得、職業、教育、社會階層、家庭生命週期等。

(3)心理變數
包括生活型態、人格特質等。

> 金融業者可以人格特質為區隔變數。

(4)行為變數
包括購買時機、利益追求、購買率、忠誠性、對購買金融商品之態度、購買金融產品之準備階段等。

2.組織市場區隔化

Unit **2-10**
金融業目標行銷策略──步驟與市場區隔化 II

　　金融業者在進行市場區隔化時，除應先充分了解各區隔變數之意義及相關性外，實務上仍有其一定過程需要加以了解。

二、金融業之市場區隔化（續）

　　(二)組織市場區隔化：組織市場區隔化的對象包括一般企業、財團法人及其他相關金融機構等。其區隔變數與行銷理論中組織市場之區隔變數相似。

　　1.人口變數：包括組織規模、地理位置、組織特性等。以地理位置為區隔變數的目的，在於金融業者雖分支機構甚多，但仍有一定的服務範圍，不可能無限擴大；例如，對較偏遠地區無任何金融機構，而當地又有其服務空間，則設立辦事處，是可考慮的方式之一。組織規模對金融業者是最佳之區隔變數之一，例如，業者對規模大之企業或財團法人，提供更多理財資訊及較優惠條件。以組織特性為例，財團法人之理財應以穩健為原則，故推銷之金融商品以公債、績優股票、可轉讓定期存單等為主。

　　2.作業性變數：包括購買者狀況、購買者能力。金融業者對於經常透過該公司購買或出售股票、公債、定期存單等之組織，應給予較低費率或較多理財資訊或更簡便手續，尤其購買能力強大者，更應如此；這種方式極有利於金融業者營運管理及作業人力之調度。企業財務狀況優良者，給予更大信度之優惠條件或較大額度之放款。

　　3.購買方式：包括購買部門、購買決策權、整體投資策略、購買金融商品之標準等。金融業者應了解其顧客組織在理財上之運作單位，並針對具決策權之人士進行遊說；例如，可將擁有決策權的人士分為穩健型及冒險型，根據其行為型態分別與對方建立良好關係，進而成為業者之忠誠顧客。又如業者之目標顧客的整體投資策略影響該企業或財團法人之運作，故可以正確方式提供適當理財資訊。

　　4.組織文化特性：包括組織風險態度、組織忠誠性。經常與業者往來之組織，係表示其忠誠度較高，對其申請貸款，可給予更簡便的申請手續及更低之手續費。又如部分企業組織之風險態度偏向高風險金融商品，則金融業者得多提供相關資訊，但亦應注意其操作狀況，以免屆時發生違約交割或違法交易情形，甚至連帶嚴重破壞公司經營能力。

　　5.購買情境：包括購買金融商品之種類、購買金融商品之次數、購買金額等。金融業者對購買不同金融商品之組織可採不同方式處理，例如，專買高風險、高利潤之衍生性金融商品組織，應多提供資訊，服務更為迅速，但亦須注意其是否能依約的完成交易。另購買金融商品次數多、購買金額龐大者，則給予具便利性、高優惠條件、低手續費。

金融業目標行銷市場區隔化之變數

1.個人市場區隔化

(1)地理變數 (2)人口變數 (3)心理變數 (4)行為變數

2. 組織市場區隔化

(1)人口變數
包括組織規模、地理位置、組織特性等。

(2)作業性變數
包括購買者狀況、購買者能力。

(3)購買方式
包括購買部門、購買決策權、整體投資策略、購買金融商品之標準等。

當目標顧客的整體投資策略影響該企業或財團法人的運作方式，金融業者可以正確方式提供適當理財資訊，例如，整體投資策略以公司資金調度為主者，應以穩健的方式為之；若整體投資策略以賺取利潤為主，則以高風險高利潤之商品為推銷主體。

(4)組織文化特性
包括組織風險態度、組織忠誠性。

(5)購買情境
包括購買金融商品之種類、購買金融商品之次數、購買金額等。

103

 知識補充站

金融業者進行市場區隔化須知

金融業者在進行市場區隔化時，首先應充分了解各區隔變數之意義及相關性；實務上，區隔化過程，在人力、物力、時間上之考量，業者只須選擇少數幾個適合業者本身需求之區隔變數。其次，因不同區隔變數區隔出之市場區隔可能是相同的對象，選擇上，應綜合性考慮，以免造成重複，反而浪費公司資源；同時業者應依環境改變而適度修正其區隔變數。最後，業者在進行市場區隔化時，應以公司穩健經營為最高指導原則，切勿急於追求高利潤，而造成顧客及業者本身損失或本身運作錯誤而迫使公司結束營業，甚至嚴重損失社會大眾權益。

Unit **2-11**
金融業目標行銷策略——目標市場選擇

金融業者著手目標市場選擇時，首先須依據市場區隔化後之市場區隔進行評估；再根據評估結果選擇市場區隔。

一、金融業目標市場選擇

金融業者在評估市場區隔時，須分析銀行市場大小及成長可行性、銀行市場區隔結構性吸引力、公司營運目標及資源等。

(一)市場大小及成長可行性：金融業區隔市場之經營空間不夠大，由於不敷成本，不值得投入；然而可能初期具足夠的市場空間，但區隔市場不易成長，則評估的結果顯示市場經營空間頗大卻不值得投入。

(二)市場區隔結構性吸引力：金融業市場區隔結構性係表示市場區隔中之構成分子是否擁有足夠的經營空間。例如，當業者欲針對高風險群建立一個區隔市場，則此區隔市場中成員所欲購買金融商品是否能符合業者的效益；若此區隔市場之外匯買賣人數較多，但卻不足支撐公司之需要，則此市場結構仍不具吸引力。

(三)公司營運目標及資源：上述兩項重要因素均能符合業者之條件，但因限於公司營運目標，可能仍須放棄，例如，高風險區隔市場雖伴隨高利潤，但公司營運目標可能以穩健為原則，而放棄此一市場。另公司資源是否足以推動此區隔市場之業務，更是業者最後考慮的因素。例如，高風險之衍生性金融商品操作，可能帶給公司高利潤，但是若缺乏此方面人才，則業者勢必放棄此市場區隔。當業者評估各不同金融區隔市場後，可能發現適合投入之區隔市場甚多，但因公司資源有限，故須依實際能力，以單一區隔市場集中化等策略為主，並視環境改變情形及公司資源增加速度，逐步加以擴充。

二、金融業之商品定位

金融業之商品定位是業者欲找出一個符合消費者心中特有地位的商品，所採用商品設計及行銷組合之活動。整個活動係從確認各種可行的競爭優勢所在點開始，從中選擇最適合業者的實際狀況，最後向市場傳達定位形象。

(一)確認各種可行的競爭優勢所在點：金融業者在進行產品定位時，應就各種不同方案，尋求其競爭優勢。

(二)選擇最適合公司現況：可符合業者進行產品設計的商品種類及行銷組合可能不止一種，但須依公司人力、資金等實際狀況選擇最適合的商品及其行銷組合。

(三)向目標市場傳遞公司產品定位之形象：當業者選出最適合公司發展之商品及其行銷組合時，業者應將其相關訊息告知目標市場，使目標顧客能因了解產品設計，進而塑造其定位形象。

金融業目標市場之選擇

目標市場選擇

1.市場大小及成長可行性

(1)經營空間不夠大

✗ 不值得投入

(2) 初期市場空間足夠，但區隔市場不易成長

✗ 不值得投入

2.市場區隔結構性吸引力

金融業市場區隔結構性係表示市場區隔中之構成分子是否擁有足夠的經營空間。

3.公司營運目標及資源

上述兩項重要因素均能符合業者之條件，但因限於公司營運目標，可能仍須放棄，例如，高風險區隔市場雖伴隨高利潤，但公司營運目標可能以穩健為原則，而放棄此一市場。

產品定位

1 確認各種可行的競爭優勢所在點

例如，財團法人對公債買賣需求較大，其競爭優勢可能以公債等穩定性及兌現性高的商品為主，此為目標市場之競爭優勢。

2 選擇最適合公司之實際狀況

3 向目標市場傳遞公司產品定位之形象

例如，金融業者可利用高服務品質作為競爭優勢，配合公司資源考量，並以各種促銷方法逐步建立其產品定位。

Unit **2-12**
金融業競爭策略──原則與方式 I

　　Michael Porter教授曾提過三個基本競爭策略原則，依據此三項原則，得知金融業可利用降低成本、強化服務，或降低成本及提升服務兩者兼具等方式提高其競爭力。

一、Michael Porter的競爭策略原則

　　(一)全面性成本原則、獨特性原則及集中原則：全面性成本係強調成本降低的考量在於全面性進行；獨特性原則在於強調產品應具獨特性；集中原則在於認為業者應投入公司全部資源進攻或占取某一特定市場。

　　(二)透過低價、大量銷售、高市場占有率，創造大量利潤：此原則係建議業者應以市場滲透策略方式，快速攻擊競爭者，藉以提高市場占有率，俟競爭者逐漸退出市場後，即可獲得較大利潤。

　　(三)結合低成本與某些差異特質，集中火力向特定市場利基訴求：此原則係要求業者能降低成本同時加入某些產品或服務之差異特質，並集中公司資源，針對某特定利基市場發動攻擊，藉以占有更多市場經營空間。

二、金融業競爭策略

　　(一)降低成本策略：

　　1.尋找低成本的顧客：由於業者對不同顧客均須提供相同服務，因此當對顧客提供同一種服務時，可獲得較大利潤，則此種顧客係屬於低成本顧客。

　　2.服務方式的標準化：係指業者對顧客所提供之服務以標準化方式降低成本，因為標準化服務方式，可減少業者人力資源使用，進而節省公司經營成本。

　　3.減少服務作業中之人力：業者可利用語音或網路方式提供顧客對金融業相關問題之詢問，以減少作業人力；又如金融業者派遣專業人員前往企業說明有關業務申請手續或處理方式，使企業組織能不必事事向金融業查詢，進而減少許多服務作業人力。

　　(二)強化服務策略：

　　1.將金融商品由無形轉為有形：金融業者當利用視覺識別系統提高外界對業者的認識，使公司所提供之商品在業者信譽保證下，成為有形的事物。

　　2.以標準化作業來迎合顧客需要：顧客至金融機構辦事時，希望能簡單迅速達成其目的，故將各種表格填寫以標準化模式為之，可節省顧客時間，相形之下，也就是提升公司的服務品質。例如，外匯部門在L/C通知時，應採隨到隨辦方式處理，使顧客盡速將L/C轉換成所需之資金。

金融業競爭策略之原則

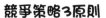

競爭策略3原則

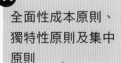

1. 全面性成本原則、獨特性原則及集中原則

2. 透過低價、大量銷售、高市場占有率、創造大量利潤

3. 結合低成本與某些差異特質,集中火力向特定市場利基訴求

競爭策略3方式

1. 降低成本策略

(1)尋找低成本的顧客

例如,對於貸款額度大之客戶給予較低利率;對於信用良好顧客因節省徵信及調查成本,可給予較優惠放款利率;對於外匯來往較大數額之客戶,給予較低手續費。

(2)服務方式的標準化

例如,業者應利用各種通路方式,如宣傳品、電話行銷、網路行銷、布告欄等,將公司對顧客的服務內容事先告知並使其了解,當顧客能事先知曉業者所提供之服務,業者將可降低人力成本。

(3)減少服務作業中的人力

例如,業者可利用語音或網路方式提供顧客對金融業相關問題之詢問,或者派遣專業人員前往企業說明有關業務申請手續或處理方式。

2.強化服務策略

3.降低成本及提升服務之策略

Unit 2-13
金融業競爭策略——原則與方式 II

金融業競爭策略有三，除了降低成本、強化服務外，也可以採取降低成本及提升服務兩者兼具的方式，以提高競爭力。

二、金融業競爭策略（續）

(二)強化服務策略（續）：

3.加強員工訓練，以提高產品附加價值：員工服務品質高低除決定在服務態度外，服務能力強弱亦是另一個重要因素。不論服務態度、服務能力之提升，均有賴對員工訓練，故提高服務品質後，將使金融商品在銷售上更為容易，也就是相對提高了產品附加價值，有利於業者競爭能力之提升。

4.控制工作品質：欲維護良好服務品質，須將工作品質控制在容許範圍內，例如，櫃臺前服務，若無法以一元化服務方式為之，不易控制工作品質。

5.影響顧客對品質的期望：通常顧客在購買產品時，常有購後失調現象，金融商品亦難免有此情形產生；尤其對高風險、高利潤之衍生性金融商品，顧客容易只看高利潤之利益，卻忽略它屬於高風險性質；所以，業者為顧客提供服務時，若能事先告知衍生性金融商品之高風險性質，將降低顧客對業者服務品質之高期望，以避顧客對業者服務的高標準；相對而言，這是提高服務的方法。

(三)降低成本及提升服務之策略：

1.金融業內部作業之標準化：利用金融業內部作業之標準化，達成控制品質之目標，以使金融業者因服務品質之提升，改善其經營績效及增加公司利潤。

2.降低作業過程中個人判斷的現象：許多金融作業在標準化後，服務單純化，效率因而提高；但仍無法使所有作業達成標準化之目的，此時降低作業過程中個人判斷機會，將避免業者提供服務時因個人判斷所產生之錯誤。錯誤產生除增加營運成本外，亦降低服務品質；若能降低個人判斷的次數，也可相對減少錯誤發生；所以降低金融作業（例如，外匯買賣操作、授信審查等）過程中個人判斷機會，相對可降低業者成本及提升服務品質。

3.充分了解供給與需求：供需法則是市場上不變之定律，若金融業者能充分了解市場需求，並適時、適當地提供顧客所需之金融商品，則在供需相符之情形下，公司可達到最大利潤的目的。例如，某企業對公債或可轉讓存單有所需求時，業者能迅速提供適當的商品；在供需均衡下，服務品質不僅能達到顧客要求，亦相形降低尋找客戶的成本。

4.適當搭配設備及人力資源：金融電子化係透過電腦與通訊技術的發展，為節省人力成本，晶片卡將可逐步增加更多功能，例如，安全功能等，如此不但節省成本，又可將多餘人力投入更多服務項目之提供，進而提升其服務品質。

競爭策略3方式

1.降低成本策略

(1)尋找低成本的顧客 (2)服務方式的標準化 (3)減少服務作業中的人力

② 強化服務策略

(1)將金融商品由無形轉為有形

利用視覺識別系統提高業者的信譽,使無形商品在保證下成為有形事物。

(2)以標準化作業迎合顧客需求

例如,外匯部門在L/C通知時,應採隨到隨辦方式處理,使顧客盡速將L/C轉換成所需之資金。

(3)加強員工訓練,以提高產品附加價值

提高服務品質後,將使金融商品在銷售上更為容易,有利於業者競爭能力之提升。

(4)控制工作品質

例如,櫃臺前服務,若無法以一元化服務方式,不易控制工作品質,可能使顧客對業者服務品質信心的降低。

(5)影響顧客對品質的期望

例如,顧客對衍生性金融商品容易只看高利潤,卻忽略高風險;業者若能事先告知,這是提高服務的方法。

③ 降低成本及提升服務之策略

(1)金融業內部作業之標準化

可達成控制品質之目標,以提升金融業者服務品質,進而增加績效。

(2)降低作業過程中個人判斷的現象

例如,降低外匯買賣操作、授信審查等過程中個人判斷機會,相對可降低業者成本及提升服務品質。

(3)充分了解供給與需求

例如,某企業對公債或可轉讓存單有所需求時,業者能迅速提供適當的商品;在供需均衡下,服務品質不僅能達到顧客要求,亦相形降低尋找客戶的成本。

(4)適當搭配設備與人力資源

例如,晶片卡的安全功能,不但節省成本,又可將多餘人力投入更多服務項目之提供,進而提升服務品質。

Unit **2-14**
金融業競爭策略──策略運用 I

圖解金融行銷

前述所提競爭策略之原則，僅是供金融業者在競爭激烈的市場中占有一席之地；但仍有所不足，因業者本身資源、所能提供之服務、市場中的影響力等方面均有所不同，業者有必要依所扮演角色，採取不同的競爭策略。

一、金融市場領導者競爭策略

市場領導者在保持領導地位的過程甚為不易，隨時可能受到競爭者（尤其是市場挑戰者）攻擊，稍有疏忽，即失去其市場領導地位。保持領先地位的方向有三，一是擴大整個金融市場需求；二是以良好的防禦或攻擊策略保有目前金融市場占有率；三是擴大本身之市場占有率。

臺灣銀行在臺灣銀行界具領導地位，除政府中央銀行外，其政策的改變常會影響其他業者之動向。金融業者若擬擴大整個金融市場需求，大致可透過下列方法進行。第一，吸引潛在顧客，使其透過銀行等通路從事買賣或消費活動，例如，擴大推廣晶片卡的使用，透過更多特約店的參加，將使此項多功能的晶片卡遍行臺灣地區。第二，利用金融商品的特性，提供新用途，例如，可轉讓定期存單，除供儲蓄及投資外，亦有資金周轉的功能；衍生性金融商品以避險為原先之目的，但可擴大為投資或投機目的。第三，可嘗試說服有能力、有意願者增加購買金融商品，例如，鼓勵企業購買績優股票、遠期外匯、利息交換權，以避免市場風險之發生；又可鼓勵個人將儲蓄分置於存款及購買基金、公債等。

保有市場占有率的方法有防守型及攻擊型，但欲求真正能掌握市場動態，最佳防禦方法是攻擊性或反擊性策略。一般而言，保有市場占有率的方法包括陣地防禦、側翼防禦、先發制人防禦、縮減防禦、機動性防禦、反擊防禦等。

市場領導者欲在金融市場中擴充其市場占有率，其方法包括推出品質較優良的金融商品（例如，貸款契約簡單、貸款申請手續簡便之貸款）；加強訓練員工，使行員在作業上有高水準的服務能力及服務態度；建立流暢的溝通管道及售後服務（例如，貸款利率調整及通知、外匯業務之通知等）；完整的金融商品線（例如，各種存款種類、各種外匯業務等），以增加顧客的選擇性。

二、金融市場挑戰者競爭策略

臺灣金融界的市場挑戰者，如國泰金控、中信金控等均是，其實力相當堅強，已足以對臺銀形成壓力；雖說臺銀受政府政策之保障，但上述業者仍對市場具有影響力。金融市場挑戰者的競爭策略包括前線正面攻擊、側翼攻擊、包圍攻擊、迂迴攻擊、游擊戰等，這些策略之採用須視市場狀況、公司資源等，適度運用，不可拘泥行事，以符合攻擊的原則。

企業競爭策略運用架構

金融業競爭策略

金融業策略
原則

1 降低成本

2 提升服務

3 降低成本及提高服務

1 金融業市場領導者競爭策略

(1)擴大市場需求
(2)採防備或攻擊策略保有現有市場占有率
(3)擴大市場占有率

詳見
下單元右圖

2 金融業市場挑戰者競爭策略

(1)正面攻擊策略　　(2)側翼攻擊策略
(3)包圍攻擊策略　　(4)迂迴攻擊策略
(5)游擊戰策略

3 金融業市場跟隨者競爭策略

(1)完全模仿策略　　(2)適度距離模仿策略　　(3)選擇性模仿策略

4 金融業市場利基者競爭策略

(1)地理區域專家　　(2)產品或產品線專家　　(3)最後使用專家

金融業市場挑戰者競爭策略

(1)正面攻擊策略：市場挑戰者為正面挑戰該金融商品市場領導者，可以高促銷、低價格（低手續費、低貸款利率等）的市場滲透方式，迅速進入市場，並使市場領導者受到打擊。不過採用此策略須注意該金融商品之普及性及知名度、公司促銷成本、公司價格容忍度等相關條件，否則可能因遭致領導者的強力反擊，反不利於挑戰者，故此為高風險、高機會之策略。

(2)側翼攻擊策略：市場挑戰者可針對主要競爭者較弱或缺乏的產品線，以迅雷不及掩耳之手法占有該區隔市場。

(3)包圍攻擊策略：市場挑戰者針對主要競爭者銷售點或產品線採取包圍策略，例如，當市場領導者在某地區僅有一銷售據點，挑戰者則可在四周地區設立數個據點，以減弱領導者在此地區的影響力，不過此策略應考慮該區隔市場是否具備值得開發的條件，否則將得不償失。

(4)迂迴攻擊策略：挑戰者除具相當程度的把握，否則少以直接攻擊挑戰市場領導者；此時可以另一種較和緩、較不受注意的方式設法達到目標。迂迴攻擊策略即是以不受領導者注意的方式，推出領導者不重視的金融商品或設立一些銷售據點，以漸進方式達到攻擊目的。

(5)游擊戰策略：游擊戰顧名思義可知是一種非常機動的攻擊策略，即挑戰者在充分了解市場動態後，以快速方式攻擊主要競爭對手，在賺取利潤後，迅速退出新金融商品市場；例如，以促銷手法推出低貸款利率的房貸（例如，規定參加貸款的貸款戶可參加抽獎活動，抽中者享有此優惠）。

Unit **2-15**
金融業競爭策略──策略運用 II

市場跟隨者在競爭策略上並非只是跟在領導者或挑戰者之後，其實本身仍有遵行的策略，包括完全模仿策略、適度距離的模仿策略、選擇性模仿策略。

二、金融市場挑戰者競爭策略（續）

若深入一層探討，可知金融業之市場挑戰者包括折扣策略、低手續費策略、金融商品多品牌策略（推出各種差異性不大的銀行商品，以供顧客有更多選擇機會，例如，更多種類的房屋貸款等）、金融新商品策略（推出目前市場上尚缺乏的金融商品）、優良的服務品質、降低勞務成本、降低促銷支出等。

三、金融市場跟隨者競爭策略

(一)完全模仿策略：市場跟隨者在金融領導者推出新商品或採取低手續費率或較多服務時，完全遵循並採行之。這是一種緊跟在後的作法，若是處理不妥當，可能遭到領導者反擊。

(二)適度距離的模仿策略：與上述策略雷同，但以不影響領導者為最高原則，即不要造成領導者以為跟隨者想攻擊的錯誤觀念。此策略以保有原有顧客為最主要目的，其安全性甚高，但不易獲得額外利益。

(三)選擇性模仿策略：為顧及安全性及更多營運空間，金融市場跟隨者可針對普及性較高的金融商品與市場領導者採一致步調，但亦可選擇推出部分具創新性之金融商品。

112

四、金融市場利基者競爭策略

金融市場中存在不少的市場利基者，例如，大多數的農會信用部、部分信用合作社等，由於其市場營運空間受法令之限制，無法以百貨方式或零售方式推展業務，但多年來仍能繼續維持，可見存在市場利基。一個市場利基者通常因具備下列五個特性始能合理運作，一是市場區隔具足夠利潤規模及購買力；二是市場區隔具成長潛力；三是主要競爭者對某市場區隔不感興趣；四是公司應具足夠技術及資源可充分有效提供此利基市場；五是可利用已建立之商譽保衛本身利益。

從實務作業來看，市場利基化在於專業化。最終使用專家是針對某一種金融商品提供服務。地理區域專家，僅對某一地區提供銀行商品。產品或產品線專家，只對某特定金融商品提供服務。根據未來金融業的趨勢，金融業已逐步走向百貨或零售運作方式，故以利基市場發展已逐漸失去其利益。金融業者若仍以市場利基者觀念發展，可能帶來經營上更多困難，除非採取多重利基策略，以避免單一利基喪失後，公司即無法經營，例如，臺灣土地開發公司應注意此項趨勢。

金融業市場領導者競爭策略

(1)擴大市場需求

①吸引潛在顧客
②提供新用途
③說服有意願、有能力顧客

(2)採防備或攻擊策略保有現有市場占有率

①陣地防禦策略　　　　　　②側翼防禦策略
③先發制人防禦策略　　　　④縮減防禦策略
⑤機動性防禦策略　　　　　⑥反擊防禦策略

(3)擴大市場占有率

①品質較優良產品　　　　　②服務良好營業人員
③優良售後服務　　　　　　④完整產品線
⑤高促銷低價格作法

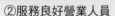 

採防備或攻擊策略保有現有市場占有率

①**陣地防禦策略**：係以金融商品促銷手法企圖保有目前市場占有率。

②**側翼防禦策略**：係領導者能對其主要市場挑戰者未注意的市場空間或金融商品，採取進攻策略，以試圖占有該金融區隔市場。

③**先發制人防禦策略**：係在競爭者未推出新金融商品或未開發之新市場區隔，先行提供改良式或創新性金融商品，或占有新市場區隔。

④**縮減防禦策略**：係由領導者縮減市場空間，而全力防禦金融商品線較強的區隔市場。

⑤**機動性防禦策略**：係由領導者降低其行銷經費之支出，以成本節省來降低價格，作為避免競爭者攻擊，尤其競爭者突然迅速降低價格時，更應如此。

⑥**反擊防禦策略**：係領導者面臨挑戰者正面攻擊時所須採取攻擊策略，例如，降低手續費、提供較高貸款成數等。

Unit **2-16**
金融業成長策略——架構與密集成長策略

金融業隨著金控公司的設立，其成長策略之運用逐漸受業者之重視。但運用的範圍，則視各公司之實際需要而定。

一、架構

一般而言，金融業成長策略分為密集成長、整合成長及多角化成長策略。密集成長策略係指金融業者在現有經營事業的範圍發展其成長機會，分為市場滲透、市場發展、產品發展等策略。整合成長策略係指金融業者在現有相關事業（如證券業、投資信託業、期貨業、票券業等）尋求成長機會，又分為後向整合、前向整合、水平整合成長。多角化成長策略則指金融業者試圖與現有事業無相關聯之業務中尋求其成長機會。

二、密集成長策略

(一)市場滲透：金融業市場滲透策略係指業者在現有市場、現有產品的情形下，為增加公司的市場占有率所使用之策略。此策略又可分為下列三種方法，一是鼓勵顧客使用公司金融商品，即業者可利用各種方法促使顧客在能力許可範圍內，增加使用或購買業者的金融商品。二是傳遞不利競爭者之訊息（係指真實事件而非捏造事件），即金融業者可將不利於競爭者之訊息及有利於公司的訊息告知顧客，以設法扭轉非公司顧客對競爭者的忠誠性，使消費者對競爭者產生不良印象，並改變其品牌偏好，業者可在宣傳策略或口頭通路達成部分效果。但此方式的動作不可過於明顯，以免樹立對手，並成為他人日後攻擊的目標。三是說服潛在顧客，使之成為公司真正顧客，即金融業者可以各種方式說服對金融商品有興趣之潛在顧客，使之成為公司的顧客。

(二)市場發展策略：金融業市場發展策略係指業者以公司現有產品吸引新市場區隔潛在顧客的作法。此策略又可分為下列三種方法，一是吸收現有銷售區域之潛在顧客，即金融業者在既有的銷售區域中存在部分非公司的潛在顧客，業者可利用促銷等相關手法，促使未購買業者金融商品之顧客購買或使用意願。二是在目前市場建立新據點或通路系統，即金融業因直接面對顧客，因此有必要隨業務增加逐步擴大據點及通路系統；尤其為增加公司營運量，可在目前市場中增加新的銷售據點或通路系統。三是在現有銷售區域外建立新銷售據點，即金融業者為爭取更多業務，可在現有銷售區域之外，擴展新銷售據點。

(三)產品發展策略：產品發展策略係指金融業者為吸引顧客，可提供改良式金融商品（包括用途、特性之改良等）或創新性商品。不論業者欲發展創新商品或推出改良式新商品，均須考慮各相關因素。

密集成長策略

1. 市場滲透

(1)鼓勵顧客使用公司金融商品

例如,以會員制方式吸引大額存款者或房屋貸款者,並給予較優惠條件;實施外匯或存放款等業務累積制度,當該金融商品業務量達一定金額時(依組織及個人分別訂定不同標準與不同優惠),則給予贈品或優惠條件等。

(2)傳遞不利競爭者之訊息 ➜ 係指真實事件而非捏造事件

(3)說服潛在顧客,使之成為公司真正顧客

例如,舉辦演講會,以理財為主題,進一步介紹各種金融投資管道,使有興趣的潛在消費者能透過資訊之取得,而增加使用或購買金融商品之意願。

2. 市場發展策略

(1)吸收現有銷售區域之潛在顧客

例如,金融業者可與公教機構合作,推動消費性信用貸款;與企業集團合作,以整批貸款方式推動員工房貸;與相關業者合作(例如,信用卡發卡公司、旅行社),增加更多顧客。

(2)在目前市場建立新據點或通路系統

例如,金融業者可以功能較強之自動櫃員機提供顧客使用各種目的,包括提款、轉帳等,甚至以無人銀行提供多種服務。

(3)在現有銷售區域外建立新銷售據點

例如,新設商業銀行之分支機構大多設於都市商業區,為增加業績應考慮在次都會區建立據點,如高雄的鳳山、岡山商業區,以吸收具潛力的中小企業、一般百姓成為公司顧客,並增加公司市場占有率。

3. 產品發展策略

為吸引顧客,可提供改良式金融商品或創新性商品

由於創新性金融商品的發展並不容易,在業者人才資源限制的情況下,不妨引進國外較新且功能不錯之金融商品加以改良。不論業者欲發展創新商品或推出改良式新商品均須考慮各相關因素,包括市場對金融商品需求、公司資源、競爭者預期反應、公司內部人力資源培育。產品發展策略雖存在高風險,卻是業者不能不走的一條路,而且金融商品本身可能為公司帶來更多的利益。

Unit **2-17**
金融業成長策略——整合性與多角化成長策略

金融業成長策略分為密集成長、整合成長及多角化成長策略，前文已介紹前者，後兩者說明如下，並將金融業之成長策略歸納為如右圖之成長策略架構圖。

一、整合性成長策略

(一)向後整合成長策略：向後整合成長策略係指金融業者為增加其金融商品供應者之控制權。由於金融業與社會大眾關係太密切，故各國政府對於金融業的業務經營均有所限制；加上金融商品大多來自業者所創造，故金融業者在此方面可發揮的餘地不多；但亦非完全不能採用，例如，轉投資設立票券公司或投資證券公司，以對顧客提供票據貼現或發行各類基金，而這些金融商品又都是業者可提供的金融商品之一。

(二)向前整合成長策略：向前整合成長策略係指金融業者為增加對其通路系統之控制權所採用之策略。因為金融業者對顧客之服務係以營業人員直接面對客戶，為直接行銷方式，所以金融業者表面上似無須對其通路系統增加控制之必要。但是從金控公司成立後，業者對通路之爭取更是激烈。所以不論是合併或策略聯盟方式，此策略已成為重要工具。

(三)水平整合成長策略：水平整合成長策略係金融業者為增加對市場控制力，以購併方式將競爭者收歸為己有的一種成長策略。由於水平整合成長策略可能牽涉公平交易法之規定，故業者在採行時，務必注意不可違反法令，以免觸法而造成商譽及利益之損失。水平整合成長策略雖涉及法令問題，但在合法情形下，仍可為之。此策略能使業者在市場中迅速透過購併公司而進入新區隔市場，除減少原有市場的競爭之外，亦可將原競爭者的市場影響力化為己有，事實上是一個相當有效的策略。但執行水平整合成長策略時，須考慮被購併公司的條件是否均能符合公司需要。

二、多角化成長策略

所謂多角化成長策略係金融業以各種方式投資與目前金融業務毫無相關的行業，以獲得公司利益，但一切均須依法辦理，以免觸法。多角化成長方式如下：

(一)集中式多角化成長策略：金融業者可綜合現有人力、技術發展多方面的綜合性商品，它可能進入新市場，並銷售給新顧客。例如，金融業者投資顧問公司。

(二)水平多角化成長策略：金融業者可尋找吸引現有顧客的新金融商品，但其技術與現有業者之技術不同。

(三)複合式多角化成長策略：業者可再發展與現有技術、產品、市場無關之產業。例如，投資製造業的高科技產業。

116

金融業之整合性與成長策略

整合性成長策略

1. 向後整合成長策略
增加其金融商品供應者之控制權。

2. 向前整合成長策略
增加對其通路系統之控制權。

3. 水平整合成長策略
增加對市場控制力,以購併方式將競爭者收歸為己有的一種成長策略。

如何執行才能成功?

執行水平整合成長策略時,須考慮被購併公司的聲譽、經營狀況、員工反應、市場反應、適法性等,當上述條件均能符合公司需要,金融業者推動水平整合成長策略有其利益。

多角化成長策略

1 集中式多角化成長策略　運用現有人力、技術發展多方面的綜合性商品。

2 水平多角化成長策略

尋找吸引現有顧客的新金融商品,但其技術與現有業者的技術不同。

例如,金融業者可投資往來客戶所需要的原材料或零組件,供顧客使用,如投資製造印刷電路板供電子行業的往來客戶生產之用。

3 複合式多角化長成策略　可去發展與現有技術、產品、市場無關之產業。

金融業成長策略之架構

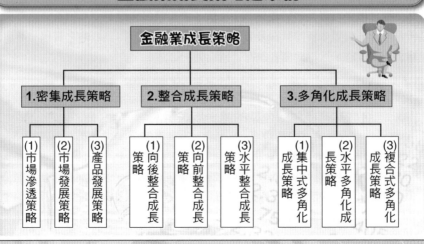

金融業成長策略

1.密集成長策略
- (1) 市場滲透策略
- (2) 市場發展策略
- (3) 產品發展策略

2.整合成長策略
- (1) 向後整合成長策略
- (2) 向前整合成長策略
- (3) 水平整合成長策略

3.多角化成長策略
- (1) 集中式多角化成長策略
- (2) 水平多角化成長策略
- (3) 複合式多角化成長策略

Unit **2-18**
金融業產品生命週期策略——架構

　　金融業產品生命週期係指金融商品或其產品線具有一生命週期，有起有落，而商品所處之生命週期位置的確認，可協助金融業者對金融商品取捨及行使各相關策略之參考。企業界早已大量使用此策略，不過金融業者因金融商品之特性及決策管理者未加重視，少有業者使用此策略。

一、產品生命週期易懂易使用

　　一般說來，產品生命週期理論因行銷活動會影響產品生命週期的發展、產品所處生命週期位置之確定不易、生命週期型態不明確、生命週期階段劃分不易等缺點，故受學術界批判，並提出市場演進理論補充之。

　　不過由於產品生命週期易懂易使用，且市場演進理論實務上並不易提供企業界更多實際運作之參考；同時業者若能向了解該產業或產品現況及發展方向的專家徵詢意見，似仍有利於企業界在策略規劃時之參考。

二、金融業產品生命週期之定義

　　金融業產品生命週期之定義為金融商品在銷售中，可依其銷售狀況、顧客特性、利潤高低等因素，將生命週期劃分為導入期、成長期、成熟期、衰退期等四個明確階段，每一個階段能顯示確定的行銷機會及問題、可使用之行銷策略。

　　產品生命週期非一定為標準形式之S型或鐘型，已在實證研究中獲得證實，部分產品出現階梯式，部分出現循環式，可能因產品特性而異，不能一概而論。

　　不過金融商品似未見相關研究，故實務上仍可以標準型為參考依據，並以金融商品特性為輔，自行推演該金融商品可能的位置為何？例如，定期存款係為金融商品之一，但因其產品特性為簡單易懂、穩健、風險低、兌現速度高，雖其存在時間甚為久遠，但仍可視為處於成熟期之後段，這也就是金融業者無須百分之百確定產品所處位置，只須依實際狀況及其特性進行推演，即可得到概略之資訊，進而利用相關之行銷策略，以協助業者進行營運活動。

小博士解說

金融業產品生命週期的進一步說明

金融商品具有不同於製造業產品的特性，許多金融商品已存在已久，例如存款已有數百年歷史，雖然多年來隨著科技進步及商業精緻化的因素，已產生了許多變型的金融商品，但其本質並未改變。但同時，也因科技進步及數學理論的精進，而推出許多金融衍生性商品，致使金融商品在生命週期策略上有所調整。業者必須依商品其性質及特性，進一步思考金融業產品生命週期策略。

金融業產品生命週期策略架構

金融業產品生命週期策略

1. 導入期行銷策略

| (1)產品單純化 | (2)定價以成本加成為依據 | (3)選擇性配銷通路 | (4)高促銷 |

2. 成長期行銷策略

| (1)提高銀行產品品質及服務 | (2)設法進入新市場區隔 | (3)進入新配銷系統 | (4)低價格滲透策略 | (5)加強說服性廣告 |

3. 成熟期行銷策略

(1)市場修正
①增加市場接觸機會
②主動宣傳
③掠奪競爭者原有顧客

(2)產品改良
①產品改良品質
②服務改良
③產品特性改良

(3)行銷組合改良

4. 衰退期行銷策略

| (1)確認衰退產品 | (2)擬訂行銷策略 | (3)執行放棄決策 |

Unit **2-19**
金融業產品生命週期策略——導入期與成長期策略

　　不論任何產品在導入初期，常不為人所知；使用者被稱為市場創新者（有意願、有能力採用新產品者），此時使用或購買者人數甚少，而業者之銷售量亦甚少。而當金融商品出現銷售量迅速上升、商品利潤增加、購買金融商品人數逐漸增加等多重現象時，代表該金融商品可能處於生命週期中之成長階段。

一、導入期行銷策略

　　金融業者在導入期最主要的目的，在於建立新金融商品的知名度，藉以吸收具購買潛力顧客的注意及興趣。導入期之行銷策略可分為四種，說明如下：

　　(一)產品單純化：由於產品之功能或特性過於複雜，易使顧客產生排斥心態，故金融業者應設計一個單純、簡單明瞭的金融商品，降低其專業化，以符合一般社會大眾之需求。

　　(二)定價策略以成本加成為依據：由於初期成本來源的項目包括範圍較廣，而且初期銷售量不大，若投入太多心力於定價決策，可能反延誤其他策略之推動，故以成本加成定價法最為簡單快速，節省其他相關成本，不但不會影響公司營運，甚至還有利於公司運作。

　　(三)採用選擇性配銷通路策略：在業者有限人力下無法完全推動新導入的金融商品，故導入期選擇特定之配銷通路更可發揮其效果。

　　(四)利用高促銷策略：業者利用大規模的銷售促進及廣告方式，以達到提高顧客對金融商品的認知，並進一步增加知名度。不過當業者為簡化作業，可利用促銷及價格兩個主要指標進行四個策略選擇，但使用時應多加注意其存在條件。

二、成長期行銷策略

　　業者在成長階段最主要目標在獲得最大市占率。金融商品可採用策略如下：

　　(一)提高金融商品的品質及服務：金融商品在成長期以此品質差異化、服務差異化來攻占市場占有率。

　　(二)設法進入新的市場區隔：業者可在現有銷售地區以外之區域擴展其業務，或是吸引原先未重視該金融商品之顧客。

　　(三)進入新的配銷系統：此策略即採密集性配銷，業者可利用公司更多的銷售通路或銷售據點，增加業者與顧客接觸的機會，並使其有更多選擇的據點。

　　(四)價格策略應採低手續費，以求市場滲透的目的：此策略可協助業者追求最大市占率的目標；同時低價策略可抑制競爭者提前進入此金融商品市場的空間。

　　(五)廣告策略應將認知性廣告移轉至說服性廣告：說服性廣告將促使更多潛在顧客進入市場購買金融商品，例如，新基金或新公債等。

金融業產品生命週期策略——導入期與成長期策略

導入期行銷策略

1 產品單純化

例如，衍生性金融商品推出時，若能以簡單方式使顧客不覺得專業性太高，較易吸引一般顧客投入購買行列。

2 定價策略以成本加成為依據

3 採用選擇性配銷通路策略

例如，透過理財專家之口頭通路（演講會等），將有利於吸引金融商品創新者使用此商品（如某型態的海外或國內基金）。

4 利用高促銷策略

例如，先以大量廣告使潛在顧客認識此新型金融商品，再輔以說明會中贈獎活動相互配合，如此對顧客更能產生興趣及購買意願。

簡化作業的策略選擇

業者可利用促銷及價格兩個主要指標進行策略選擇。
(1)快速掠奪策略：即在高價格、高促銷水準下推出新金融商品。
(2)緩慢掠奪策略：即在高價格、低促銷水準下推出新金融商品。
(3)快速滲透策略：即在低價格、高促銷水準下推出新金融商品。
(4)緩慢滲透策略：即以低價格、低促銷方式推出新金融商品。

上述四個策略各有其存在條件，業者在使用時應多加注意。例如，最為業者所使用的快速滲透策略，須在下列五個條件下始能有效運用，金融商品亦是如此：
①市場大　　　②市場不熟悉此金融商品　　　③大多數購買者重視價格取向
④激烈的潛在競爭情勢　　　⑤單位成本出現遞減狀態

121

成長期行銷策略

1 提高金融商品的 **品質** 及 **服務**

包括作業所產生之服務品質及營業人員的服務態度。

包括兌現性高、投資報酬率高、風險較低等。

2 設法進入新的市場區隔

這種進入新市場區隔的策略可為成長期產品擴展另一個經營空間。

3 進入新的配銷系統

4 價格策略應採低手續費，以求市場滲透的目的

此策略有助於業者吸引重視價格的顧客。

5 廣告策略應將認知性廣告移轉至說服性廣告

Unit **2-20**
金融業產品生命週期策略──成熟期與衰退期策略

　　金融商品在市場上銷售一段時間後，可能因顧客對該金融商品產生疲乏效果，其銷售量達一定數量後而漸趨平穩，成長率則出現下降現象；若金融業者發現此現象時，可能代表該金融商品已處於成熟階段。而當產品銷售一段期間以後，可能會進入衰退階段；然而金融商品是否亦然？目前尚無明確說法。

一、成熟期行銷策略

　　業者面對此情形，應先確定其最大目標在於獲得公司最大的利潤及保護該商品之市場占有率。在策略原則方面，金融商品種類應增多，以多樣化方式供顧客有更多選擇機會，進而吸引顧客繼續使用該商品，例如，增加定期存款種類。價格策略方面，應以較優惠條件攻擊競爭對手，例如，代售公債時，收取較低手續費。廣告策略則重視產品品牌差異化，以差別與競爭之不同，增強對顧客的吸引力，例如，發售基金時，可使顧客能清晰了解該基金所具備之優點有別於其他競爭者。除上述觀念外，業者可更應深入分析如下：

　　(一)市場修正：包括增加與市場接觸機會、主動赴團體機關舉辦說明會與講演會，以及設法掠奪市場競爭者原有之顧客。

　　(二)產品改良：金融商品改良包括品質改良、服務改良、特性改良等。

　　(三)行銷組合改良：金融商品位處於成熟階段末端時，可能因行銷策略的執行而重新恢復生機，甚至為業者帶來更多利潤。企業界得以擴展市場行銷機會、增加服務市場的機會及改善市場占有率等方法為其商品帶來第二春，金融業者值得部分採用。

二、衰退期行銷策略

　　金融商品是否可能會進入衰退階段？目前尚無明確說法，不過穩健性高、保值性高、兌現性快等之金融商品（如存款），或許在政治巨變之下可能被視為廢紙，但若在正常情形下，金融商品成為衰退性商品的機會不高；即使出現此狀況，將以基金、公債或部分衍生性金融商品可能性為最大。由於可能出現此機會，仍稍作說明。衰退期間的產品，其顧客人數將減少、公司利潤下降，銷售額降低。通常此階段的產品應盡量減少行銷支出，以期獲取更多之利益。其策略包括產品策略、價格策略、配銷策略及促銷策略。

　　業者應了解衰退期行銷策略的基本原則是盡量賺取最後的利潤，對毫無利潤的金融商品應斷然刪除，以免反增加公司營運成本，減少公司利潤。不過業者可先進行衰弱產品之確認、擬訂行銷策略，最後執行放棄決策，依此步驟將可避免業者誤刪尚稱良好的銀行商品，反不利公司利益。

金融業產品生命週期策略——成熟期與衰退期策略

成熟期產品策略

1 市場修正

(1)**增加與市場接觸機會**：業者可利用廣播訪問節目、新聞訪問、意見領袖訊息之傳遞等方式，增加與潛在顧客接觸的機會，使得潛在市場中之顧客有興趣於該金融商品，例如，房屋貸款。

(2)**主動赴團體機關舉辦說明會、講演會**：以理財為主題，將適當的成熟金融商品再次透過正確的理財方式，引發潛在顧客的興趣及意願。例如，對股票的購買。

(3)**設法掠奪市場競爭者原有之顧客**：業者可以高促銷、低手續費方式奪取證券市場顧客；亦可以較優惠條件爭取外匯買賣的顧客；或以競爭者本身不利事件作為攻擊目標或以訊息告知顧客（但須合法）。

2 產品改良

(1)**品質改良**：金融商品品質改良可從產品的內涵改良著手，例如，房貸方面之申請貸款手續的簡化、貸款條件更為合理化、貸款契約簡易化。

(2)**服務之改良**：金融服務之改善範圍很廣，營業人員對顧客的服務態度若能加以改善，則直接與營業人員接觸之顧客將建立對公司良好的印象，尤其對該營業人員所買賣的金融商品將有所助益。例如，買賣現金美鈔、美金旅行支票，若能主動協助顧客填寫申請單，則可為公司爭取不少利益。

(3)**特性改良**：金融商品特性改良係指將特性加以改良，以符合顧客需要。例如，一般定期存單加以改良為不記名的可轉讓定期存單，將之視為現金一般而迅速流通。

3 行銷組合改良

業者在行銷組合改良方面可發揮之空間甚大，例如，推出具吸引力的廣告、降低手續費、增加宣傳及銷售促進活動、增加通路系統或銷售據點、提高服務水準、提供專業性技術諮詢服務、增加一般諮詢管道、提高金融自動化服務、提高營業人員服務態度及服務品質等，均可視為行銷組合改良的推動項目。

(1)**擴展市場行銷機會**：可提供金融商品新用途（如外匯買賣成為投資性商品）、新使用者（如中小企業購買遠期外匯）、創新性產品差異化（如金融債券）、增加新產品線（如某些衍生性金融商品）、刺激非使用者、經常使用者（如鼓勵企業購買部分績優股）、提高購買量（如鼓勵組織團體等增加購買基金等）。

(2)**增加服務市場的機會**：可增加新的產品要素（如增強消費性信用放款）、擴展配銷層面（如增設分支機構、自動櫃員機、無人銀行）、擴展展露者（如增加廣告、宣傳）。

(3)**改善市場占有率**：如滲透替代品市場（如鼓勵購買公債、基金代替定期存款）、滲透入競爭者市場（如提高更多的投資諮詢服務，以掠奪競爭者原有顧客）、防禦公司現有市場空間（如降低手續費，避免顧客流失）。

衰退期的行銷策略

1.**產品策略**：應減少推出之金融商品種類，確認衰退中的產品，試圖將之刪除。

2.**價格策略**：降低手續費、利息等方式，以使部分金融商品可收回基本營運成本；甚至為公司獲取最後的利潤。例如，出售基金。

3.**配銷策略**：將已完全無利潤的銷售據點逐步放棄，例如，可放棄基金委託代銷的據點。

4.**促銷策略**：廣告上係以維持品牌忠誠者的標準；銷售促進則盡量減少到最低標準。

▶ （1）確認衰退產品　（2）擬訂行銷策略　（3）執行放棄決策

Unit **2-21**
金融業國際行銷策略——架構

　　由於國際貿易愈來愈頻繁，國際性區域組織逐漸擴大；金融業在未來從事國際行銷的機會相對增加，業者若僅限於國內市場，在有限的狹小市場空間內，可能無擴大經營的範圍。然而進行國際行銷活動因牽涉投資所在國的相關因素，業者須更加謹慎。

一、國際行銷環境的評估工作

　　業者從事國際行銷活動時，應先行確定公司經營方向與策略；當公司確有此意願及企圖時，才須展開第一個步驟，國際行銷環境的評估工作，其考量範圍包括國際貿易及金融環境、經濟環境、政治與法律環境、社會與文化環境、商業環境；若深入了解，業者須調查之項目細分為八項，一是投資國的政經及社會狀況（含政治穩定性、社會安定性、物價與匯率安定性、經濟政策一致性、財政及貿易赤字或盈餘變化、外匯累積及管理品質、外資政策）。二是目標市場的規模及消費特性，包括市場成長潛力、消費需求動向、相關金融商品市場占有率狀況、競爭者活動、行銷法規、金融法規等，另進入鄰近國家市場的便利性及競爭能力均應加以考慮。三是基本公共設施，包括水、電、電訊、郵政等設施，尤其電力、電訊對銀行業務推動影響最大。四是當地人員供需與薪資，包括一般行員及管理人員、專業人員之供需狀況和薪資標準，另外各類人員之資格、素質、供應穩定性、勞工法規、工會影響力、居留規定等。五是稅賦規定。六是資金調度和金融制度。七是審查外資的規定，是否將外資給予國民待遇，另外如投資計畫的法規依據、實際作業手續、符合獎勵優惠的條件、申請至核准的所需時間等。第八是其他事項，包括合資人的各影響因素、公司設立手續、人員簽證及居留方便性、子女教育設施、生活環境等。

二、進入國外市場決策之事先分析與探討

　　金融業實施國際行銷策略的第二個步驟是進入國外市場決策。在真正探討進入國外市場可行性分析之前，可先對當地環境進行SWOT分析，以協助業者之判斷更為準確。業者決定是否進入海外市場必須考慮包括市場可行性、技術可行性、經濟可行性、政治可行性、財務可行性及管理可行性等。第三個步驟是市場挑選決策，即從數個目標市場中擇一或數個目標。第四個步驟，進入國外市場決策。一般金融商品進入國外市場的方式包括間接出口、直接出口、技術授權、合資、直接投資等方式。第五個步驟，業者應執行國際行銷規劃決策，包括產品策略、價格策略、促銷策略、通路策略。第六個步驟，選擇行銷組織決策，即業者應由何種組織方式進入海外市場，包括設出口部門、國際分公司、多國籍企業等。

金融業國際行銷策略架構

公司經營方向與策略

⬇

金融業國際行銷策略

⬇

金融業國際行銷環境之評估 ……第①個步驟

- (1)國際貿易及金融環境
- (2)經濟環境
- (3)政治與法律環境
- (4)社會與文化環境
- (5)商業環境

1.投資國的政經及社會狀況　2.目標市場的規模及消費特性
3.基本公共設施　　　　　　4.當地人員供需與薪資

5.稅賦規定
當地對設立銀行業是否給予租稅優惠，包括營利事業所得稅、營業稅、駐外人員的所得稅、公司股利及利息匯出時之扣繳稅等。

6.資金調度和金融制度
當地金融制度、資本市場、銀行之特色、外匯管理、外匯市場動向等均須了解。

7.審查外資的規定　　　　　8.其他事項

⬇

SWOT分析

- (1)市場可行性
- (2)技術可行性
- (3)經濟可行性
- (4)政治可行性
- (5)財務可行性
- (6)管理可行性

金融業進入海外市場必須之考慮 ……第②個步驟

金融業市場挑戰決策 ……第③個步驟

⬇

金融業進入國外市場決策 ……第④個步驟

1.間接出口（委託當地業者代理）　2.直接出口（直接赴當地將銀行產品出售至組織團體）

3.技術授權　　4.合資　　5.直接投資

金融業國際行銷規劃決策 ……第⑤個步驟

1.產品策略　　2.價格策略　　3.促銷策略　　4.通路策略

⬇

金融業行銷組總決策 ……第⑥個步驟

125

Unit **2-22**
金融業國際行銷策略——評估與市場決策

　　金融業者可根據下列資料進行國際行銷環境的調查與評估，評估可行之後，再來衡量公司本身進入該海外市場的可能性。

一、國際行銷環境之評估

　　(一)政治安定性：包括安定程度、政治動向（企業活動的自由範圍、對外資基本態度）、對外關係。

　　(二)經濟情勢：包括國民所得、個人所得、經濟成長率、國際收支、對外負債狀況、產業結構、就業結構、財政收支狀況、經濟預測等。

　　(三)社會情勢：包括語言、教育水準。

　　(四)對外資的法規、制度、政策：包括投資範圍、出資比率限制、當地調度資金比率限制、融資的限制、不動產取得的限制、獲利匯出的限制、當地人就業保障問題、居留簽證問題。

　　(五)對外資優惠政策：包括投資額補助、教育訓練費補助、法人稅及其他稅之減免、本金獲利利息、專案獲利等匯出之保證、不動產的優先供給使用等。

　　(六)經濟、產業及貿易政策：包括重點輔導產業、國家在產業發展之政策。

　　(七)企業活動相關法令規定：包括公司法、商事法、工資法、各種稅制及稅法、證券交易法等。

　　(八)市場問題：包括市場成長性、市場特性、商業習慣、市場行銷法規與制度、競爭狀況等。

126

　　(九)人力資源：包括勞動力素質、供需狀況、中階及技術人員僱用難易度、勞動管理（工會法令、工會運作、勞動習慣、罷工發生可能性、福利、教育訓練等）。

　　(十)資金調度與金融制度：包括調度可能性、資本市場發達程度、民間資金儲蓄狀況、外匯等金融資訊情報的提供。

　　(十一)其他事項：包括公司設立手續及派遣人員的簽證、當地民情與氣候等。

二、進入國外市場決策

　　當業者經評估海外市場認為可行，接著必須衡量公司本身進入該海外市場的可能性，包括公司資源、公司企圖心等，若詳細進行可行性分析時，須包括市場可行性（市場潛力、市場成長性、進入市場容易性等）、技術可行性（設分支機構的能力、操作能力等）、經濟可行性（成本效益分析、經濟發展潛力等）、政治可行性（政治安定性、政府態度等）、財務可行性（資金來源、資金調度等）、管理可行性（管理人才及能力、員工工作態度等）。經由上述可行性分析後，再進入市場選擇決策。

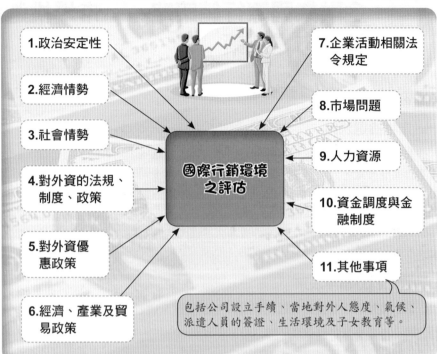

金融業國際行銷策略——評估與市場決策

1. 政治安定性
2. 經濟情勢
3. 社會情勢
4. 對外資的法規、制度、政策
5. 對外資優惠政策
6. 經濟、產業及貿易政策

國際行銷環境之評估

7. 企業活動相關法令規定
8. 市場問題
9. 人力資源
10. 資金調度與金融制度
11. 其他事項

包括公司設立手續、當地對外人態度、氣候、派遣人員的簽證、生活環境及子女教育等。

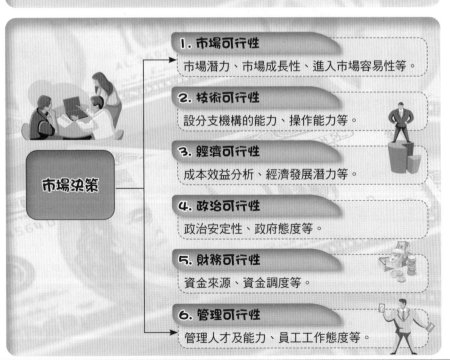

市場決策

1. 市場可行性
市場潛力、市場成長性、進入市場容易性等。

2. 技術可行性
設分支機構的能力、操作能力等。

3. 經濟可行性
成本效益分析、經濟發展潛力等。

4. 政治可行性
政治安定性、政府態度等。

5. 財務可行性
資金來源、資金調度等。

6. 管理可行性
管理人才及能力、員工工作態度等。

Unit **2-23**
金融業國際行銷策略——市場挑選與 進入市場決策

　　當金融業者經過各項決策確定後，最後必須考量公司係以何種組織型態在該海外市場進行營運活動。

一、市場挑選決策

　　金融業者經評估後，可獲得部分目標市場，而這些市場可能不止一個；由於業者基於風險考量、公司資源、人才尋覓等因素，無法同時設立許多海外據點，因此便會面臨選擇的狀況。業者可根據可能地點的不同方案考量公司在資金融通、業務拓展風險性大小、利潤高低等方面的情況加以分析，以挑選最適合業者進行海外業務的拓展，尤其是初次前往海外投資者。不過即使非第一次進行國際行銷活動，上述之選擇仍是業者可能面臨的狀況。

二、進入國外市場決策

　　進入國外市場的方式包括間接出口、直接出口、技術授權、合資、直接投資。此五種方式對業者各有其優缺點，對於業者而言，可從投資金額、風險程度、獲利狀況、控制程度等四項指標作為選擇基準。間接出口是一種投資金額最小、風險最輕、控制程度最少、獲利最低的決策，隨著四項指標程度的加重，直接投資則是投資金額最大、風險程度最高、獲利狀況最佳、控制程度最大的決策。所以，不論採用哪種進入國外市場決策，業者應先確認本身的企圖心及目標為何？如此將更有利於決策選擇。

三、國際行銷規劃決策

　　此階段可說是國際行銷活動中最直接與行銷策略有關的部分。事實上，在基本策略上的運用與在國內使用時並無不同，不過因市場特性的差異，在規劃及執行時，應配合當地環境，以使策略能因地制宜，進而達到公司業務拓展的目標。由於它仍包括產品策略、價格策略、促銷策略、通路策略等行銷組合配置的運作，故仍須依據上述四種策略的相關作法搭配運用。

四、行銷組織決策

　　當金融業者在上述決策確定後，應考量係以何種組織型態在該海外市場進行營運活動，一般包括設立出口部門、國際分支機構、多國籍企業。以金融業者作法，除非本身金融商品已建立良好信譽，否則只設立出口部門對業者的經營助益不大。以臺灣金融業之規模及能力，因為多國籍企業的需求條件更高，業者無須急於達到此境界，而單設出口部門又顯不足，故以設立國際分支機構最恰當。

金融業國際行銷策略——市場挑選與進入市場決策

市場挑選決策

1 海外市場選擇　基於風險考量、公司資源、人才尋覓等決定。

2 不同地點選擇　則在資金融通、業務拓展、風險大小等加以分析。

進入國外市場決策

1 進入國外市場的方式

包括間接出口（委託當地金融機構代銷金融產品）、直接出口（直接尋求客戶）、技術授權、合資、直接投資。

2 選擇基準

依投資金額、風險程度、獲利狀況、控制程度等指標決定。

國際行銷規劃決策

1 基本策略上之運用與國內使用時並無不同

2 規劃及執行時，應配合當地環境，使策略因地制宜

由於國際行銷規劃決策仍包括產品策略、價格策略、促銷策略、通路策略等行銷組合配置的運作，故仍須依據該策略的相關作法搭配運用。

當產品策略與促銷策略搭配考量時，可產生五種不同運作方式，包括直接溝通、產品調整、促銷調整、雙重調整及產品創新等，對金融業者而言，促銷方式因地區、社會、人文環境不同，故促銷策略須加以調整。金融商品在世界上有許多共通性，故產品調整、促銷調整或雙重調整均可採用。至於產品創新則須視市場接受性決定是否執行，對於在國際行銷經驗不豐富的業者，可不必急於採行。

若將價格與促銷策略合併使用時，可視其進入市場目的、當地競爭者反應等採取不同方式，例如，業者欲迅速進入國外市場，則以低價格（低手續費、低貸款利息等）、高促銷（大量廣告、銷售促進活動）方式快速滲透入該地市場，但切勿違反當地法令規定或金融業商業習慣，以免不利於公司經營。

行銷組織決策

1. 出口部門

2. 國際分支機構
包括分公司
或子公司

3. 多國籍企業

Unit **2-24**
金融業行銷基本原則

　　具現代型態之金融業已有數百年歷史，然而近數十年隨著科技進步、國際貿易的發達，已使得商品的類型、服務層面擴大。而臺灣金融業要如何面對呢？

一、業者朝區域金融營運中心發展須知

　　臺灣金融業正期朝向成為區域金融營運中心發展之時，業者若無法以正確的行銷管理觀念規劃本身經營策略，可能將受市場競爭激烈的影響而被逐出金融市場。以往金融業經營上因受政府嚴密保護，雖有業者逐漸重視行銷觀念，然而一般可能偏重在銷售面的管理，策略性規劃層面少為高層決策者使用，未來為因應環境變遷，業者不可再忽略行銷策略的規劃及此方面專業人員的訓練。

　　金融業在實施行銷管理時，除應重視上述所提競爭策略、成長策略、行銷策略，仍須考慮某些重要原則，茲說明之。

二、金融行銷之基本原則

　　(一)供需法則之遵守與運用：市場上任何因素的改變，最終將影響供需變化，進而改變市場價格與數量。因此供需法則可告訴業者何時應進入市場？何時退出市場，藉以確保公司正常營運，雖然此時供需狀況之預測並不容易，但概估式的預測仍不可缺乏；順勢發展，始不致因忽略市場供需狀況而不利於公司經營。

　　(二)公司內部應著手內部行銷的建立：內部行銷在於公司內部要先行建立互信觀念，進而以顧客導向為指導方針；不但能保有舊顧客，亦可開發更多新顧客。

　　(三)公司對外應建立互動性行銷觀念：所謂互動性行銷係指金融業者與顧客間在業務來往應存著一種互動性、互助性的觀念，使公司業務推動時不論遭遇危機事件或正常營運均可維繫雙方良好關係。

　　(四)風險管理的重現：除各種行銷管理的策略外，風險管理已成為目前業者不可或缺的經營重要因素之一。近年來，不少國內外金融業者常忽略風險管理的操作，致使公司遭遇空前危機，甚至引起全球金融界的風暴。

　　(五)提供差異性服務觀念：金融業是商品同質性頗高的產業，故如何將商品差異化，其關鍵因素在於差異性服務觀念的推動。為使公司與其競爭者有所不同，除商品創新外，創新性服務的建立，更有助於業者在市場中的競爭力。

　　(六)提升服務品質：服務品質在服務業而言，已是市場上競爭的必備條件而非影響要素。所以金融業者在提高競爭力之時，除有效地推動各種行銷管理策略外，更應重視顧客需求及顧客服務。缺乏水準的服務，將受顧客排斥，甚至抵制，故提升服務品質為業者最基本的工作。

　　(七)行銷策略執行之控制與監督。　　　**(八)策略運用的彈性化。**

金融行銷基本原則

1 供需法則之遵守與運用

順勢經營並非盲目追隨，而是掌握在最佳時機進入或退出市場，這有賴公司成立專案小組隨時注意市場動態，進而獲得較準確的預估，使公司不僅能保有原有顧客外，又能開發新的顧客。

2 公司內部應著手內部行銷的建立

3 公司對外應建立互動性行銷觀念

此種互動行銷觀念不僅只是出於表面作業，更重要的是，業者應在誠意原則下推動，始能達到真正企業社會責任的目的。

4 風險管理的重視

金融業的往來對象包括範圍幾無限制，再加上近年來全球金融界之金融性商品（尤其是衍生性金融商品）發展速度快；管理規範不足，更加深業者在經營上之困難度。若墨守成規或過於激進，均將為公司營運上帶來壓力。

5 提供差異性服務觀念

6 提升服務品質

7 行銷策略執行之控制與監督

金融業者任何行銷策略的推動均須依賴執行始能真正落實於公司的經營，所以執行過程必須能有效的加以控制，使之不致有所疏忽，同時為確保運作過程的正確性，亦不能不重視監督的工作。業者如何建立一套合理的執行監控系統並非易事，最重要除須在專責的監控單位外，亦須依環境變遷適時提出調整計畫，以使公司的營運能在滿足消費者需求及社會公平正義原則之餘，達到公司獲取利潤的目標。

8 策略運用的彈性化

任何行銷策略的運用不能拘泥形式，必須能符合適應內外在條件改變而能迅速調整，這種彈性化的作法已逐漸成為企業競爭的趨勢。當公司推出某一個行銷策略時，可能與各個策略均有所牽連，故如何合理掌控及注意其互動性，以使策略上之運用能具彈性化，並達公司策略施行的真正目的。

Unit 2-25
〈個案1〉金融業虛擬行銷個案(一)

A銀行是一家具經驗的公營銀行，國內外均設有分支機構近百家。

一、個案情境說明

A銀行因是公營機構，在人事、會計、預算等受制於政府各相關部門的情形下，許多政策的推動常緩不濟急；而且行員在公家機關保障的想法下，普遍存在缺乏積極爭取業績的心態。幸好該行為一家聲譽良好、信用保障的銀行，而且分支機構亦相當普遍，所以雖有許多新設銀行的競爭，尚可維持適度業績。不過銀行內部高層主管從近年來的金融市場變化及銀行內部各項分析報表，已查覺該行若無法全面改變各種行銷策略，遲早會遭遇到其他公營生產事業所面臨的危機。

二、問題重點提要

問題一：A銀行係為具有國際行銷經驗的公營行庫，在目前正積極推動成為區域金融營運中心的政策下，如何掌握此時機，而成為此一國際金融市場之市場領導者？

問題二：A銀行的金融商品仍以過去金融不發達時期的商品為主，未來該行如何運用多品牌策略、新產品策略，推廣其新金融商品？是以模仿現有市場之金融商品較佳？抑或從國外引進新金融商品？或者自創新金融商品？

問題三：A銀行雖有相當穩定的客源，但面對國內外競爭者的壓力，是否可考慮運用市場滲透策略？其考慮因素為何？當競爭者對該行的市場滲透策略有所反應時，A銀行將採用原有市場滲透策略，抑或加以改變呢？試說明您的想法。

問題四：公營銀行因有國家保障，在民眾較有信心的前提下，A銀行對於促銷策略之運用從未加以考慮，只是偶爾出現少量的宣傳品，而未見強有力的廣告或宣傳手法。試問如果新設民營銀行大力促銷，如何採取有效的促銷策略？

問題五：A銀行以前無須太多推銷行為，即可掌握穩定客戶，但是因市場競爭激烈，總行開始對各分行下達動員令，要求上至經理下至營業員皆須進行拜訪客戶，但是各分行缺乏此項經驗，您認為總行採取何種作法，始能有效推動此政策，進而爭取更多客戶及保有原有顧客？

問題六：A銀行之分行在臺已相當普遍，但由於部分地區營運成效不彰，未來其通路系統是否須加以重新調整？試說明您對調整或不調整的理由，如果您認為無須調整，則這些分行如何運用相關行銷方面的策略提高其營運？

問題七：A銀行經營規模已達到相當大的程度，未來因競爭者增加，原有市場在經營上已漸感困難，若試圖採用多角化成長策略，其成功機會如何？如果您是該銀行之決策者或規劃人員，您認為應考量哪些因素？

金融業虛擬行銷個案(一)

個案情境說明

 **A銀行簡介**

具經驗的公營銀行，資本額達750億元，員工計3,000餘人，分支機構遍布全臺，共八十餘家分行；另在海外重要華人經商、投資的地點亦設有分支機構，近二十餘家。

人事、會計預算受限於政府規定 ➡ 1.員工缺乏積極爭取業務的心態 2.信譽良好，信用保障，業務適度成長 ➡ 金融市場面臨變化

問題重點提要

問題 ①
在區域營運中心政策下，如何成為國際金融市場的市場領導者？
提要：試從國際行銷的角度加以探討。請從國際合作、海外分行業務等方面思考此項問題。

問題 ②
金融商品仍以過去商品為主，如何運用新產品策略與多品牌策略推廣新金融產品？
提要：試從內部資源、設計金融商品之人才、所冒風險高低等方面探討之。

問題 ③
在面對國內外競爭者壓力，是否運用市場滲透策略（低價格、高促銷）？

問題 ④
過去少有促銷策略，試問在面對新設民營銀行大力促銷，而對該行之存放款、外匯業務均逐漸產生衝突的情形下，您認為A銀行是否應打破以往慣例，而採取有效之促銷策略？亦或無須太浪費資源，而維持小量促銷活動？試問您認為如何做更有利於該行之利益？

問題 ⑤
分行人員缺乏推銷經驗，總行應採取哪些作法，始能爭取更多客戶？
提要：試從鼓勵、訓練等方面思考。

問題 ⑥
部分地區營運成效不彰，通路系統是否須重新加以調整？如果無須調整，則如何運用相關行銷策略提高營運？
提要：可從促銷策略方面思考。

問題 ⑦
原有市場競爭增加，若採多角化成長策略，其成功機會如何？
提要：試從外在環境、人才取得、營運資金等角度思考（假設政府在預算、人事上已事先同意）。

Unit **2-26**
〈個案2〉金融業虛擬行銷個案(二)

　　B銀行為民營銀行，無海外分行，其重要幹部主要來自公營銀行。試問要如何行銷其商品呢？

一、個案情境說明

　　B銀行是一家民營銀行，主要的投資人一部分為大企業集團；其資本額100億元，分支機構二十餘家，尚無海外分行，員工約為700多人，因為該行的重要幹部大多來自公營銀行，所以許多公司政策的思考邏輯仍無法脫離原有模式。

二、問題重點提要

　　問題一：B銀行基於分支機構不夠多，對業務拓展有所不利，試圖增加分行或辦事處，但它們面臨應以開發都市地區客戶為優先對象，抑或目標市場定位在鄉村？請說明之。同時決定增加分支機構的多寡時，應考慮哪些因素？

　　問題二：B銀行既是一家新銀行，其市場定位應為何？成為一家專業銀行較佳？抑或成為零售式、百貨店式的商業銀行較佳？其考慮因素應為何？

　　問題三：B銀行若欲採用新金融商品策略，其風險性較公營行庫為高，但基於新產品能對客戶產生吸引力，又不得不多加推廣。此時您認為該銀行應採用何種策略始能達到目的。

　　問題四：B銀行利用高存款利率吸收存款，並以較低的放款利率吸引貸款戶，自然能使客戶增加不少，但是其利潤也相對減少，試問此種價格策略能否長期運用？如果目的只在於爭取市場占有率，則長期應配合哪些策略，始不致造成客戶逐漸流失？

　　問題五：B銀行可以利用高促銷策略提高知名度，建立其品牌忠誠性，但是畢竟銀行業為服務業之一，因此服務策略成為重要的一項經營成功的條件。您認為這家銀行可推動哪些服務策略，以提高該行與客戶間的關係，進而增進營運的空間？

　　問題六：正值金融市場大幅開放之際，B銀行在銀行成立數年後，是否應迅速掌握時機，而進軍票券業等行業？此種成長策略對該行可能產生何種衝擊？其考量層面為何？

　　問題七：金融國際化的趨勢愈來愈明顯，B銀行應否在政府逐漸開放金融管制之際，盡早加入國際金融市場之列？此項國際行銷策略推動前，應考慮哪些因素？以使該行提前達到國際化的目的。

金融業虛擬行銷個案(二)

個案情境說明

> B銀行為民營銀行,無海外分行,其重要幹部主要來自公營銀行

→ 公司政策思考仍無法脫離公營銀行原有模式

問題重點提要

問題①

試圖增加分行,其目標市場定位為何?

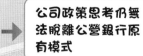

問題②

新銀行應採取哪種市場定位?

問題③

欲採新商品策略,但風險性高,此時應採用何種策略因應?

問題④

採高存款利率與低放款利率,此種價格策略是否可長期運用?

問題⑤

為提高知名度採高促銷策略,但應推動服務策略始能增加顧客間的關係?

問題⑥

B銀行擬進軍票券等行業,此種成長策略對銀行有何影響?

問題⑦

如何進行國際行銷策略?

Unit **2-27**
〈個案3〉金融業虛擬行銷個案(三)

規模龐大的A產險公司,在產險市場深具影響力,試問要如何行銷其商品呢?

一、個案情境說明

A公司為一家規模龐大的產險公司,在產險市場居舉足輕重的地位,其產險的經營種類以汽車險、火險等為主,員工人數為200餘人,資本額是30億元,分公司分布於全臺各主要都市。

二、問題重點提要

問題一:由於臺灣近年來進出口貿易額大幅成長,而臺灣又正朝向全球運籌中心發展。請問您認為該公司此時之產品策略應為何?請從新產險產品之設計與推出方面思考。

問題二:近年來地震頻傳,甚多傳言認為未來數年間將出現大規模地震。請問此時A公司可否推出各式地震險?該公司應從哪些因素加以考量?

問題三:A公司在面臨環境快速的變遷,應否發展國際性業務?試請從公司內部資源、外在條件(如國際貿易狀況、與國際性關係……)等角度加以判斷。

問題四:A公司在面臨新競爭者的挑戰,在保險費率方面是否可採取市場滲透策略,以阻擋市場占有率受到吞食?請從新競爭者對市場價格的反應,消費者對價格的敏感度等方面思考。

問題五:產險銷售人員所具備之條件較壽險銷售人員為高,因此A公司在未來除設法提高人員素質外,如何建立公司銷售人員的專業化?以使消費者能願意購買該公司的保單。請從個人消費者及團體消費者分別考量。

問題六:服務良莠已是未來服務業致勝的條件之一,產險業既為服務業之一,您認為A公司應如何提高其服務品質?請從理賠、退保等方面加以說明。

小博士解說

產險公司的行銷策略思考原則

由於保險商品的多樣化與複雜化,產險公司在行銷策略思考上是否僅限於國內市場或產險市場?這是業者必須深入考量的問題。若欲進入國際市場尚須考慮本身的規模、資金、專業能力是否具有競爭力?而在臺灣有限的產險市場規模下,營業範圍僅限於產險,已受到保險公司(含壽險與產險營業項目)的嚴重威脅,因此如何增加本身核心能力,進一步考量跨進其他保險領域,亦是一種重要的思維。

金融業虛擬行銷個案(三)

個案情境說明

規模龐大的產險公司，在產險市場具影響力

以汽車險、火險為主，分公司分布重要都會地區

問題重點提要

問題①

臺灣試圖走向全球運籌中心，公司的產品策略應為何？

問題②

地震多，傳言可能出現大地震，公司可否推出各式地震險？

問題③

應否發展國際性業務？

問題④

面對新競爭者，費率是否採取市場滲透策略？

問題⑤

如何建立公司銷售人員的專業化？

問題⑥

如何提高服務品質以因應理賠退保？

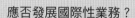

Unit **2-28**

〈個案4〉金融業虛擬行銷個案(四)

　　B公司為新導入產險市場的公司，主力產品為各式海運貨物。試問要如何行銷其商品呢？

一、個案情境說明

　　B公司為一家新進入產險市場的產險公司，其主力產品係各式海運貨物。該公司為一家大企業集團的關係企業，其資本額為5億元，員工100多人。由於公司為新成立公司，許多銷售人員為新進銷售人員，尚缺乏實戰經驗，但卻有良好的工作能力與態度。

二、問題重點提要

　　問題一：由於臺灣企圖成為全球運籌中心，B公司如何在此機會中，迅速有效的提高市場占有率？請從價格策略加以探討。低保費的滲透策略是否有可能達到目的？如果您認為該策略有效，您認為其理由何在？

　　問題二：B公司雖然打算將市場經營空間定位在水險方面，但是此種單一產品線的產品策略是否容易給該公司帶來風險？如果不是，您的理由為何？如果是，您的理由又是什麼？

　　問題三：B公司銷售人員具有良好的基本條件，但缺乏實戰經驗。請問您認為該公司如何在較短的時間內，可提高銷售人員的經驗，以達到面臨市場挑戰的目的？請從學徒制度、沙盤演練等方面著手。

　　問題四：B公司之市場知名度相當不夠，因此減弱其市場競爭力。您認為該公司應如何利用廣告策略或宣傳策略提高其知名度？請從其目標市場、產品特性、廣告預算等方面思考。另外您認為該公司利用企業集團的聲譽是否有助於其知名度的提高？其理由為何？

　　問題五：B公司既然企圖以水險作為主力產品，是否有必要加入國際化的行銷？請從公司的經驗、財力資源、企業集團的對外關係等方面思考。

　　問題六：B公司為剛進入產險市場的公司，它是否適合在策略上直接進攻或挑戰水險部分的市場領導者？請從市場領導者及市場競爭者的反應、消費者的反應、策略工具等加以思考。

金融業虛擬行銷個案(四)

個案情境說明

公司為新導入產險市場的公司,主力產品為各式海運貨物

為大企業等集團的關係企業

人員缺乏銷售經驗,但具良好工作態度

問題重點提要

問題①

從價格策略分析如何提高市場占有率?

問題②

定位在水險方面,但單一產品線的產品策略是否具風險?

問題③

如何在較短時間內,提高銷售人員的經驗?

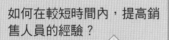

問題④

如何利用廣告或宣傳策略提高知名度?

問題⑤

是否有必要加入國際化行銷?

問題⑥

是否適合直接攻擊水險的市場領導者?

Unit **2-29**
〈個案5〉金融業虛擬行銷個案(五)

中型規模的專業經紀商A公司，總公司設於高雄市。在市場競爭激烈下，綜合證券商增加而面臨經營困境。試問要如何行銷其商品呢？

一、個案情境說明

A公司是一家中型規模的專業經紀商，其總公司設於高雄市，且在臺南設有一分公司，其資本額為1億元，員工約百餘人。由於市場競爭激烈、綜合證券商逐漸的增加及較理性投資者的人數漸漸增多，故經營上日漸面臨困境。

二、問題重點提要

問題一：A公司為能順應證券業的環境趨勢，打算擴大其投資額（透過吸收其他股東，如高南地區之中小企業），以改組成為綜合證券商。你認為該公司成為綜合證券商後應是形成規模較大或較小的綜合證券公司較佳？其市場定位及市場區隔的考量因素為何？

問題二：A公司在通路系統上應迅速擴充其各地的分支機構，抑或先穩定現有的通路據點？其考量的因素應為何？你的理由何在？

問題三：A公司既要成為綜合證券公司，因此必須推出各種新金融商品，而且須增加召募專業人員。然而許多新金融商品具高風險性、高利潤性，您認為該公司應以推出風險性及利潤較穩定的金融商品，抑或直接攻擊高風險性市場？您的理由何在？

問題四：A公司為增加競爭力，除對客戶提供許多市場分析外，亦打算每週推薦所謂的潛力股，您認為此種競爭策略是否妥當？您的理由為何？

問題五：A公司為增加其營運空間，且考量未來金融市場狀況，有意轉投資設立期貨公司及海外子公司，假設其經營資金容許的話，則該公司應同時進行多角化成長策略及國際行銷策略，或者擇一進行？您的理由何在？

問題六：A公司將增加其通路據點，但自行設立或採水平成長策略併購（吸收）現有競爭者會產生不同的利弊，如果您是該公司的決策人員，您認為採取哪一種策略較為有利？其理由何在？

小博士解說

區域性證券公司之管理思維

在證券市場日趨複雜及科技化的環境下，區域型證券公司生存空間受到壓縮。在資金、專業人才等限制條件下，企業者仍想在證券市場求得生存空間，唯有與相關業者進行合作，但如何能同時提升其服務品質，而抓住忠實的客戶，成為最重要的一件事。

金融業虛擬行銷個案(五)

個案情境說明

中型規模的專業經紀商總公司設於高雄市 → 市場競爭激烈，綜合證券商增加 → 經營面臨困境

問題重點提要

問題①

公司打算擴大投資，改組為綜合證券商，應採何種規模？其市場定位為何？

問題②

應擴充其他分支機構？或穩定現有通路據點？

問題③

應推出風險性及利潤較穩定的金融商品，或直接進攻高風險市場？

問題④

推薦潛力股的介紹是否妥當？

問題⑤

欲轉投資期貨公司及海外子公司，此時應同時推動多角化成長策略與國際行銷策略？

問題⑥

增加通路據點的作法是採水平成長策略或自行設立進行促銷？

Unit 2-30

〈個案6〉五大金控整合資源，進行交叉行銷

中信、兆豐、國泰、富邦、台新五大金控，如何進行交叉行銷以銷售商品？

一、個案情境說明

中信金控在2003年獲利創下金控成立以來新高，最主要是整合效益之發揮，尤其中國信託保險經紀人公司在銀行銷售平臺支援下，發揮交叉銷售綜效。對中信而言，信用卡客戶也成為房貸客戶，代表交叉銷售成功。中信銀進行交叉銷售則視客戶需要，客戶可集合管理相關帳戶。故中信金強調的是一個開放式的平臺。

兆豐金控在2003年達到信用卡交叉行銷，使發卡量達百萬張，預約綜效將從2003年的 5%提升至2004年的10%。從2004年2月開始，兆豐金控已啟動資料倉儲系統，進行深度的交叉分析，以了解客戶屬性和需求。預計兆豐金在2004年，每個客戶在兆豐金控擁有之產品，可達兩個以上不同種類商品。

國泰金控旗下各子公司的跨業行銷其實在金控成立前早已開始，尤其產險、壽險互動最頻繁。銀行信用卡、現金卡商品也是金控成立後才開始跨業行銷，主要仍是透過國泰業務員銷售，在2003年，信用卡與現金卡跨售比重高達60%與85%。2002年1月1日起，國泰人壽旗下業務員賣信用卡、房貸、基金、產險等非壽險保單商品之銷售成績全列入壽險業績計算後，許多壽險公司也紛紛跟進。

富邦金控的銀行通路擁有最佳的跨售效果，約占所有跨業業績的六成以上，所以未來新金控的布局，仍以增加銀行通路為主軸，富邦金控旗下可分為出口商、進口商，當然進口商也會銷售商品。以各子公司來看，壽險與投信兩家跨售比重最高。每年年初富邦集團會召開會議，了解執行成果，作為未來改善之參考。

台新金在各子公司交叉銷售方向，仍以提供客戶更完整的綜合金融服務為主軸；一面加強客制化服務，一面利用資料倉儲與資料採礦將資料整合分析。台新金控是國內金控公司中首家打破子公司界限，採取功能性組織運作且績效明顯。

二、問題重點提要

問題一：目前金控規模較大的中信金、兆豐金、國泰金、富邦金、台新金五家規模較大，請簡單說明上述五家在交叉行銷上有何相同處？又有何不同處？

問題二：國泰金的交叉行銷有其特殊的條件，它們利用其龐大的業務人員作為其根本；但富邦金卻認為銀行的通路才是其交叉行銷的發展主軸，請問您如何看待這兩項策略。相互交換作法是否會成功，請予以評論。

問題三：中信金係以個人金融為主的金控，而兆豐金卻是以法人金融為主，兩家金控均利用資源整合進行交叉行銷，您認為兩家金控在試圖跨入另外一個金融領域時，其作法是否有可相互參考之處？如果沒有，您的理由又為何？請說明。

五大金控整合資源，進行交叉行銷

個案情境說明

1. 中信金進行交叉銷售

(1)對中信而言，往來產品愈多，則成效愈佳。
(2)中信銀則視客戶需不需此產品，因為信用卡客戶可能需要房貸、信貸、保險等產品；在同時成為薪資扣款戶、信用卡戶、房貸戶後，客戶可以集合管理相關帳戶，對銀行可節省成本。

建立客戶導向組織架構

在金控成立前，設有綜合企劃部，負責擴展客戶，布置通路與擬訂整體經營策略方向；而金控成立後，則區分為個人金融與法人金融，建立以客戶為導向的組織架構。

集合管理相關帳戶，運用開放式平臺

2. 兆豐金進行信用卡交叉行銷

兆豐銀信用卡的30%係來自兆豐金控旗下五家子公司的共同行銷貢獻，另外共同基金的25%、證券股款交割帳戶的69.8%、公司債承銷的42%、票券承銷的72.8%均來自集團子公司的共同行銷貢獻。

啟動資料倉儲系統　　　　了解客戶屬性和需求

3. 國泰金跨業行銷早已展開

2002年、2003年國泰產險透過金控跨業行銷的業績，高達於公司的66%，而國泰26,000名的業務保險員是跨業行銷的主力。壽險商品是近兩年才開始跨業行銷，跨售占總業績比重的3%（2002年）、80%（2003年）。

金控成立後，信用卡、現金卡也進行跨業行銷

4. 富邦金以銀行通路為主軸

富邦金控旗下可分為出口商（即是製造商品，例如，產險、壽險、投信，以提供保險商品、投資型保險、基金等）、進口商（限定利用擴大通路銷售金融商品，例如，銀行、證券），當然進口商也會銷售商品，例如，銀行的信用卡、信用貸款等。

壽險與授信的跨售比重最高

在2003年已分別達到55.3%與65%。但產險商品因複雜度高，目前又以個人險為主，近兩年跨售比重由6.1%提高至12.8%。

每月召開評估會議

討論當年度跨售目標（即是跨售業績占總營業額的比重及獲利如何分攤），目標確定後，每個月都要開一次評估會議，了解實際執行成果如何，作為未來改善之參考。

5. 台新金在子公司提供綜合金融服務為主軸

(1)運用資料倉儲與資料採礦進行整合分析，讓資料共享且可有效利用。
(2)採取功能性組織（專業群）運作。

問題重點提要

問題①	問題②	問題③
兆豐金等五家金控在交叉行銷上有何相同作法？	國泰金交叉行銷以龐大業務人員為根本，但富邦金卻認為銀行通路才是交叉行銷的主軸	中信金以個人金融為主，兆豐金以企業為主
交叉行銷有何不同作法？	如何看待此兩家金控的策略？	兩家金控在試圖跨入另一種金融領域時，有何可相互參考之處？

資料來源：黃又怡等，〈五大金控整合資源，交叉行銷各有撇步〉，經濟日報，2004年1月27日。

Unit **2-31**
〈個案7〉金融商品分眾化出擊

圖解金融行銷

針對定存族、上班族、粉領族、創業族或社會新鮮人等特定族群量身訂做的金融商品，已成為新趨勢。

一、個案情境說明

近年來，臺灣保險業者常分別針對定存族、上班族、粉領族、創業族或社會新鮮人設計不同的保險商品，使不同特定族群的投資人既能保險保障，又能同時進行理財與節稅的規劃。不過由於業者大都只在保單的設計上翻新花樣，所以市面上常出現大同小異的保險商品。

除保險商品外，其實包括基金在內的金融商品也常提出其特色，以期能符合大眾在投資理財上的不同需求。不過正如中國商銀投資理財示範分行經理李碧齡表示，投資人在按照本身的需求，要求理財專員量身訂做一套專屬的投資組合，可能更能符合自己的期望。例如，連動債基金並不一定符合所有大眾的需要，但金融業者卻常在推出一樣新商品時，卻不依客戶的需要，只要能銷售出去便達到其目的。

牌告利率也將走向多元化，台新銀行已向中央銀行提出申請，針對特定對象給予不同的牌告利率。中央銀行原則上係支持此利率自由化的作法，只要非牽涉性別、婚姻等歧視性的因素作為差別性利率的條件，應該都會過關。例如，國外銀行常以提領次數作為依據，如果客戶一個月提領次數不超過二次者，可享有較高利率。另外，如臨櫃交易成本最高，若銀行與客戶約定「不得使用臨櫃或使用臨櫃需收費」，此時，將回饋客戶，給予較高存款利率。

144

二、問題重點提要

問題一：金融業者在依據市場區隔化設計金融商品時，已有走火入魔的現象發生；請問您認為如何有效運用市場區隔化與產品設計兩項工具，才能真正推出符合社會大眾的金融商品呢？

問題二：在協助客戶理財規劃時，理財專員是否只是考量客戶的所得、職業等區隔變數，還是應該深入了解個別客戶的特性再進行理財規劃呢？您的理由何在？從協助客戶理財規劃過程中，是否可發現公司內部可能面臨金融商品不足的問題？您的看法如何？

金融商品分眾化出擊

個案情境說明

針對特定族群設計金融商品，已成為新趨勢

1. 針對定存族等設計不同保險商品，同時進行理財與節稅規劃。市面上出現大同小異的保險商品

2. 包括基金在內的金融商品也會依投資人的需求進行合適的投資組合

3. 利率自由化下，也針對不同對象給予不同的牌告利率

問題重點提要

問題 ①

依市場區隔化設定金融商品已出現走火入魔現象

如何運用市場區隔化與產品設計的工具，推出符合社會大眾的金融商品？

問題 ②

理財專員協助客戶理財規劃時，將考量所得、職業等因素外，應考量客戶特性，理由何在？

協助客戶過程中，是否可發現公司內部面臨金融商品不足的問題？

資料來源：莊文菁等，〈金融商品分眾化出擊〉，工商時報，2004年3月28日。

Unit **2-32**
〈個案8〉中國商銀推出臺灣首見的企業基金

中國商銀在2003年推出的兆豐企業基金（MBF），以中小企業融資產品的創新特色，獲得亞洲銀行家協會（Asian Bankers Association）頒發之「2004年亞洲銀行業務獎」。

一、個案情境說明

身為MBF核心人物的中銀協理黃森義表示，MBF能從亞太地區十五國家、四十九間銀行的金融商品中脫穎而出，可見兆豐企業基金受到國際的重視。在獲獎之後，許多國外銀行表示高度的合作意願。

此類型的產品在亞洲地區僅有南韓有相類似的金融商品，但是韓國中小企業基金係由政府出面成立、擔保，而中銀的MBF則是由銀行、財務顧問公司研發設計，積極協助中小企業籌資的金融商品。

MBF在臺灣是首見的基金商品，由中銀集合國內中小企業，透過各公司的可轉換公司債（ECB），再到海外發債籌資的創新金融商品。中銀總經理蔡友才表示，此金融商品涉及初級市場、次級市場、間接金融、直接金融、資產管理、信託、外匯避險等領域，也是銀行端、券商端、信託部門、投資銀行部門的整合。蔡友才進一步說明，此產品的創新，使得中銀能在市場一片割喉戰中，仍存在相當的競爭利基與利潤。

參與MBF成功在海外籌資3,000萬美元的鈺創科技董事長盧超群表示MBF是國內產業繼科學園區、創投基金、上櫃等發展途徑後，邁向國際化的重要里程碑。他甚至進一步比喻說，MBF是一種「金融業與產業的結盟」，也為臺灣中小企業提升海外的整體聲譽；而洪氏英公司也認為MBF在海外募資，不但能免匯兌風險，而且能以最少的成本，提升在海外的知名度。該公司發言人李博元指出，在MBF統一管理可轉換公司債的制度下，參與公司不需擔心單獨發行ECB可能隱藏的惡意併購，甚至是股權被不知名法人稀釋或認購不踴躍的問題。

二、問題重點提要

問題一：在各種金融商品不斷被推出的同時，吾人可發現市場的金融商品呈現大同小異的現象，若您是一家金融業者的企劃人員，如何去思考突破這種現象？（請從創新性金融商品的發展進行思考）

問題二：從中銀的兆豐企業基金成功的案例中，可發現創新性金融商品才能真正在激烈競爭的市場上找到一塊具利基與優勢的區隔市場。若您是另外一家銀行，在面對此情勢，會採取哪些有效的因應措施（請詳述您的想法，而非只提供一個簡易答案）。

圖解金融行銷

中國商銀推出臺灣首見的企業基金

個案情境說明

兆豐企業基金

以中小企業融資產品的創新特色,獲得亞洲銀行家協會頒發2004年亞洲銀行業務獎

1.
在亞洲僅有南韓有相類似產品,但其為政府出面成立及擔保

2.
由中銀集合國內中小企業,透過為公司的可轉換公司債到海外發債籌資的創新金融商品

3.
此金融商品涉及初級市場、次級市場、間接金融、直接金融、資產管理信託、外匯避險等領域,是銀行端、券商端、信託部門、投資銀行部門的整合

問題重點提要

問題 ①

新金融商品不斷推出,但常有大同小異的現象

從創新性金融商品的發展進行思考如何突破上述現象?

問題 ②

兆豐企業基金的成功案例可在市場中找到利基與優勢

銀行面對此情勢,應採取哪些有效因應措施?

資料來源:莊文菁,〈中國商銀管理有方,海外籌資創新意〉,工商時報,2004年4月4日。

Unit **2-33**
〈個案9〉建立財務行銷單位的後勤能力

　　由於臺灣近年來間接金融市場利潤微薄，除轉向發展直接金融業務外，已逐漸透過財務行銷單位（TMU）的設置，出售其他金融商品與提供避險服務給客戶。

一、個案情境說明

　　在大部分外銀除設立財務行銷單位外，亦都會設立一個「金融商品部」或「產品經理」來支援TMU。也就是說TMU是價值單位，即是業務員，除要與客戶建立良好關係外，也要充分了解客戶需求；而金融商品部是屬於製造、企劃商品單位，負責將金融商品做好，為客戶規避風險，TMU才容易將商品賣出去。TMU與金融商品部兩者必須相互合作，才能真正發揮績效。

　　兩者的合作機制是由TMU人員在與客戶接觸後、了解客戶需求，並轉給金融商品部；由金融商品部來設計或挑選海外適當的商品為客戶量身訂做。如此客戶一次購買多樣商品，其價格相對便宜；而銀行也因交易量提高，而增加競爭力。

　　臺灣金融業者競相設立TMU，不過大部分只能扮演外銀衍生性金融商品的通路角色。花旗銀行金融交易部副總裁雷憶燕表示，所謂TMU在外銀也是近二、三年，才逐漸分出來。早期外匯交易部是將一般外匯衍生性商品與其他較複雜的衍生性商品交由不同行銷人員銷售。後來為因應客戶全方位的避險與資金調度需求，才將二種商品銷售統籌交由TMU業務員擔任，並由外匯交易室後臺的產品研發人員提供新的衍生性商品。

　　目前以臺灣計價或以臺股為連結標的之衍生性商品，研發後臺都設在臺北；外幣計價卻分別分散世界各地，而以歐美為主，尤其歐洲因時區的關係，最容易掌握金融行銷狀況，故成為衍生性金融商品的最大來源。

　　目前各投資銀行的金融商品出現區隔化的情形，例如，德意志銀行與法國興業銀行就專精於利率衍生性金融商品。從實際操作面來看，花旗銀行具研發平臺，且有TMU行銷人員拓展業務；德意志銀行則透過與券商合作，推衍其衍生性商品；至於瑞士銀行則專注於上游商品開發，每家外銀策略各有不同。

二、問題重點提要

　　問題一：請依金融業者的實務作業，簡述TMU與金融商品部的互動情形。

　　問題二：當時臺灣雖有中信、台新、建華等銀行建構TMU與金融商品部的組織架構，然而也都在發展初期。您是否可以給予這些業者一些有效的建議，以提升其成功率。

　　問題三：在不同外銀中，對於金融商品行銷的作法各有不同，請問您認為其原因何在？為何有的自行發展，有的則與其他業者合作？

建立財務行銷單位的後勤能力

個案情境說明

設立財務行銷單位

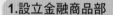

出售其他金融商品與提供避險服務給客戶。

1.設立金融商品部

大部分外銀設立財務行銷單位外，亦會設立一個 金融商品部 或 產品經理 來支援，而它主要以設計金融商品、風險控管為主。

所謂金融商品部或產品經理單位，功能主要以設計金融商品、申請新種執照、風險控管功能為主，因此對企業所需要的各種金融服務相當了解（尤其是衍生性金融商品），同時對整個國際內的貨幣、股市等未來走勢有正確的判斷，才能設計出適當的金融商品。

2.合作機制

是由財務行銷單位人員與客戶接觸後，了解客戶需求，再轉給金融商品部，為客戶量身訂做。

3.財務行銷單位角色

臺灣金融業的財務行銷單位大多是扮演外銀衍生性金融商品的通路角色。

問題重點提要

問題①

金融業的實務作業中，財務行銷單位與金融商品部門互動情形？

↓

試論之

問題②

中信、台新等銀行已建構財務行銷單位與金融商品部

↓

提出建議，以提升其成功率

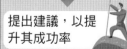

問題③

不同外銀對金融商品的行銷作法各有不同，其原因為何？

↓

為何有自行發展？有些與其他業者合作？

資料來源：

1.張慧雯等，〈國銀急追、建立TMU後勤〉，工商時報，2004年6月19日。

2.邵朝賢等，〈放長線釣大魚、銀行賺錢再出招〉，工商時報，2004年4月17日。

Unit **2-34**
〈個案10〉壽險業運用銀行保代通路擴展業務

　　銀行業從2002年開始，紛紛轉投資成立保險代理或保險經紀公司，介入保險商品的行銷，以增加銀行業務外的其他收入。

一、個案情境說明

　　其實以前臺灣每家銀行均有保險代理或保險經紀公司的專業執照，只是銀行從未真正加以重視。不過1998年台新銀行轉投資成立保代公司，與壽險或產險公司合作，針對銀行客戶提供保險服務，即可爭取優渥的佣金收入，銀行業才真正逐步重視此趨勢。目前國內盛行銀行保險業務的主要原因是壽險業以開發銀行的存款客戶為目標，必須與銀行建立合作關係，因此保險商品的行銷通路才大量增多。

　　銀行保代是否會成為壽險業主要通路呢？銀行保代業預期未來銀行保代的業績，將占壽險保費收入的四成；因此造成壽險業者擔心未來保代公司是否會如同車商保代一般，形成另一個通路寡占。保險司長魏寶生認為銀行保代因壽險商品與銀行商品類似，都與利率有關，所以在低利率環境下，客戶要求保本保息；因此銀行行員自然會向客戶推薦保單。這是商業行為，很難以法律加以管制。

　　新光人壽在2003年4月16日推出網路版的「商業夥伴關係管理（PRM）」系統，希望藉提供銀行保代直接網路查詢作業，以進一步提升其業績。目前各壽險公司利用銀行保代通路銷售新保單的比重各不相同，從5%至60%，本國壽險公司雖有強大的業務員體系，但為搶占定存戶市場，也是積極爭取消金業務極強的銀行通路；外商壽險業者因缺乏業務員通路，爭取銀行保代的動作更是明顯。

　　以投資型保單為主的富邦人壽在2002年的新業績的30%是由銀行保代通路達成；台壽更是達到50%；中國人壽則為60%。

　　總之，銀行通路既深且廣，而且客戶對銀行信任感強，目前客戶大多要求配套完整的理財規劃，如資產配置、保險及各種金融商品，這些由銀行的通路來推銷最恰當。

二、問題重點提要

　　問題一：在各壽險公司爭取銀行保代此通路系統的同時，您認為產險公司是否可能也採取此模式？理由為何？請說明。

　　問題二：銀行保代的通路被壽險公司所運用，若您是一位企劃人員，您是否可提出銀行此既廣且深的通路系統可被其他產業所運用？理由何在？應如何運用才可能成功？

壽險業運用銀行保代通路擴展業務

個案情境說明

銀行轉投資成立保險代理或保險經紀公司，介入保險商品行銷，增加銀行業務外的其他收入

↓

台新銀行1998年成立保代公司後，與壽險或產險公司合作，針對銀行客戶提供保險服務，引發國內銀行的重視

1.
國內盛行銀行保險業務的主因是壽險業以開發銀行的存款客戶為目標

2.
壽險公司擔心保代公司形成另一種通路寡占

3.
外商壽險業因缺乏業務員通路，故爭取銀行保代的作法明顯

問題重點提要

問題 ①

壽險公司爭取銀行保代此通路系統，產險公司是否也可採取此模式？

↓

理由為何？請說明

問題 ②

銀行保代的通路被壽險公司運用，是否也被其他產業所運用呢？

↓

理由何在？如何運用才會成功？

資料來源：
1.彭禎伶等，〈壽險業大搶銀行保代通路〉，工商時報，2003年4月17日。
2.彭禎伶等，〈銀行保代，壽險業夢魘？〉，工商時報，2003年4月5日。

Unit **2-35**
〈個案11〉金融業形象廣告

臺灣金融業近年來不斷投入廣告銷售費用，而且大部分是在強化其品牌形象。例如，中信金控在2003年的「董事長感謝員工篇」。

一、個案情境說明

中信金控在2003年的「董事長感謝員工篇」長達2-3分鐘的廣告，卻引起社會部分人士的批評，但也相對製造了社會話題，無意中也在推銷中信金的品牌。而2004年的「愛在紐約篇」更是動用二十個演員至紐約拍攝。它訴說「臺灣人在異鄉看到熟悉的中信銀招牌，就像看到自己人」的安心情境；此廣告係基於中信銀與其他本國銀行最大不同點是海外據點最多（五十多個海外據點），而且也朝著「全世界華人銀行」的角色前進。中信金控重視品牌管理，內部成立品牌管理委員會，以持續經營管理品牌形象。

尤其壽險公司更是大打形象廣告，例如，國泰人壽的「All in me」、南山人壽的「好險！有南山」、保誠人壽的「保誠都聽得到」等等。這些公司的廣告策略進一步提升市場認同度外，另外一個主要原因是吸引年輕族群的認同，以吸收更多高水準的年輕人加入此行列。

國泰人壽喊出「All in me」傳遞全方位金融理財服務，電視廣告也與二十九至三十九歲族群進行溝通，用科技感、超現實感來表現，進而讓消費者認同業務人員的專業、服務。新光人壽針對該保險商品「真心」、「誠意」，推出「真心真意在一起」的概念；還有蠟燭篇用蠟燭隱喻人生，凸顯保險的重要性；這些均在指出人們應重視風險管理。另外如ING安泰人壽推出「世事難料」的黑色幽默廣告，更是顧及人的生命以外的價值觀，以及對人的態度。

二、問題重點提要

問題一：金融業者在近年來，大幅投入廣告費用進行形象廣告，並結合購買金融商品背後的含義。請問如果您是一位企劃人員，如何看待此趨勢？（請從品牌管理的角色切入分析）

問題二：中信金控的「愛在紐約篇」的廣告對您產生哪些感受？（請從行銷策略與消費者間潛在需求的角度來說明）

金融業形象廣告

個案情境說明

臺灣金融業不斷投入廣告銷售費用，強化其品牌形象

1. 中信金「董事長感謝員工篇」雖引起部分社會人士的批評，但也相對製造社會話題。中信金重視品牌管理，也成立品牌管理委員會

2. 壽險公司大打形象廣告，這些公司的廣告策略進一步提升市場認同度外，另為吸引年輕族群的認同

問題重點提要

問題①

金融業者大幅投入廣告費用進行形象廣告，並結合金融商品

↓

如何看待此趨勢？試論之

問題②

中信金控的「愛在紐約篇」的廣告對您有哪些感受？

↓

從行銷策略與消費者潛在需求的角度來說明

153

資料來源：
1.張慧雯，〈金融業形象廣告戰〉，工商時報，2004年4月24日。
2.彭禎伶等，〈壽險業邁入形象廣告元年〉，工商時報，2004年6月22日。

Unit **2-36**
〈個案12〉匯豐控股立志成為全球的地方銀行

匯豐控股進行全球化，而且成為全球的地方銀行。匯豐控股是如何做到全球化布點，並讓其分行溶入世界各地的社會中呢？以下我們來探討之。

一、個案情境說明

匯豐控股在2006年時，其9,800個以上的營業據點分布於八十個國家，其市值僅次於花旗集團、美國銀行，且擁有二十五萬名員工，它能在數年前大幅擴充其規模，主要在於其大型併購案的成功，包括在2003年收購消費銀行 Household International，使得它在美國知名度大增。

該公司能夠擁抱全球化的主要推手是其董事長Stephen Green，尤其他想將匯豐控股發展成為全球的地方銀行。也就是他想使該銀行能完全做到全球本土化的境界，確定讓其分行融入世界各地的社會中。

Green表示匯豐控股本來就致力於維持文化的多樣化，因為在商業考量下，客戶服務及與該地政府主管機關之配合，不能不本土化，其成功的作法是鼓勵多樣化；而為達此目標，企業便必須維持凝聚性的企業文化。

在進行併購時，主要評估的準則包括財務價值創造、客戶與產品資產協合、系統整合，以及文化等，Green認為文化衝突對於企業分享的倫理具破壞性的力量，所以企業文化的凝聚從開始招募新人就已經開始。

該公司對新人訓練甚至包括花費七周時間延請高層主管與新人共享晚餐，就是希望達上下互動，而將企業文化加以傳達。

Green強調絕對專業是匯豐文化的根基，而國際化經驗是他們企業文化的黏著劑。如果員工沒有在兩個不同文化環境下的經驗，則無法升任高階主管。而且表現好的員工可以參與高層主持的特別訓練，討論匯豐的策略與未來職業選擇，其目標便希望能在初期就培育具才能的專業人士，一百四十多年來，該集團從未找空降部隊來領導公司營運。

二、問題重點提要

問題一：匯豐控股建立全球化的最大成功因素為何？請簡述。

問題二：您認為金融業在兩岸開放之下，進行相關擴展政策，匯豐控股的國際化作法有何值得參考？

匯豐控股立志成為全球的地方銀行

個案情境說明

匯豐控股

進行全球化，而且成為全球的地方銀行

銀行家

1. 全球本土化政策，讓分行融入世界各地的社會

2. 致力維持文化的多樣化，且凝聚性的企業文化

3. 專業是匯豐文化的根基，而國際化經驗是其企業文化的黏著劑

問題重點提要

問題①

匯豐控股建立全球化的最大成功因素為何？

請簡述之

問題②

兩岸開放下，金融業進行相關擴展政策時，匯豐控股的國際化有何參考？

試論之

資料來源：蕭麗君，〈HSBC 立志成為全球的地方銀行〉，工商時報，2006年6月9日。

Unit **2-37**
〈個案13〉臺灣銀行進行海外併購

臺灣的銀行正進行海外併購，以強化其國際競爭力。以下我們來探討之。

一、個案情境說明

　　中信金控旗下子公司中信銀行於2013年10月宣布收購日本東京之星銀行（Tokyo Star Bank）股權案，2014年6月2日正式取得日本金融廳核准，此舉代表中國信託銀行布局東北亞版圖有突破性的發展，預計將可提供臺、日雙方客戶更完整的金融服務。臺灣金管會於2014年4月15日核發正式核准通知後，日本金融廳4月30日發出預審核准通知，5月7日中信銀行亦取得經濟部投資審議委員會核准，6月2日順利取得日本金融廳正式核准通知。此次為臺、日雙方金融業首創合作模式，象徵雙方之金融服務將邁向更創新的領域，促使中信銀行朝亞洲區域性指標銀行目標邁進。

　　東京之星銀行加入中信金控後，將著眼於當地財富管理商機，以及跨國融資、投資諮詢需求，除可提供日本企業進入中國大陸及東南亞市場所需之貿易融資及資本市場服務外，亦可協助中國大陸與東南亞廠商及日本企業進行策略聯盟或技術收購，將扮演串連東北亞及東南亞金融服務之角色。

　　開發金控旗下凱基證券2014年5月29日公告，預計取得TG Holborn及Alpha Global全數股權，現金收購金額分別暫估為港幣877.4萬元以及港幣759.4萬元。TG Holborn是香港具有近二十年歷史的獨立財務顧問公司，以銷售投資相連保險產品為發展優勢，在香港當地擁有厚實的客戶基礎及資產規模；Alpha Global則擁有香港證監會第九類資產管理執照，有助於凱基證券未來發展全權委託投資業務。

　　由於香港及新加坡是亞洲金融產業發展的兩大中心，亦是切入大中華及東協市場的兩個重要引擎，凱基證在收購TG Holborn及Alpha Global之後，將有更完整的創新金融商品優勢及遍及大中華、東北亞、東南亞及伊斯蘭市場的廣大客戶群，進一步朝區域財富管理中心目標邁進。

二、問題重點提要

　　問題一：中信金控旗下子公司中信銀行收購日本東京之星銀行（Tokyo Star Bank）股權，與開發金控旗下凱基證券取得TG Holborn及Alpha Global全數股權，兩者在行銷策略上各有其思考邏輯，請問您會如何看待其策略，評論之。

　　問題二：企業常藉由併購，可強化人才、資金與市場、發揮1+1＞2的功效。不過相較近年來中國大陸併購案，臺灣企業併購腳步卻相對遲滯。臺灣金融業如何加快腳步，透過併購布局中國大陸，這值得吾人進一步觀察。請問若您是金融業的行銷人員，在公司併購後您會如何運用行銷策略達成公司成長之目的。試論之。

臺灣銀行進行海外併購

個案情境說明

臺灣的銀行正進行海外併購，以強化其國際競爭力。

1.

中信銀藉由併購日本 東京之星 地區銀行，以朝向亞洲區域性指標銀行邁進

東京之星銀行為一家日本地區銀行，員工超過1,500人，經營歷史悠久，除了聚焦大東京地區之外，全國三十一家分行據點遍布日本各大城市，並以理財中心、電話客服中心、網站和電視廣告等多樣化的銷售通路及創新的個人金融商品為消費者所知，為個金、法金經營並重的銀行。

2.

開發金旗下凱基證券併購獨立財務顧問中公司TG Holborn 與具香港第九類資產管理執照的Alpha Global，未來將在全權委託投資業務等可拓展其業績

過去凱基證在香港財富管理業務發展上以投資理財及資產規劃服務為主軸，並以有價證券投資及企業理財實力見長，藉由收購TG Holborn及Alpha Global將能取得具互補效益的產品線，為雙方客戶帶來更大的服務綜效。

157

問題重點提要

問題 ①

中信銀與凱基證進行海外併購時，在行銷策略上各有其不同思考邏輯

⬇

請就其思考進行評論

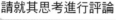

問題 ②

近年中國大陸進行全球性併購的步伐遠大於臺灣

⬇

請問您在併購後，如何運用行銷策略達成公司成長的目的

資料來源：
1.田裕斌，〈進軍亞太開發金併港財管公司〉，中央社，2014年5月30日。
2.陳慧琳，〈中國信託收購日本東京之星獲准布局東北亞版圖大躍進〉，臺北鉅亨網，2014年6月3日 。

第 3 章

電子化金融行銷工具

●●●●●●●●●●●●●●●●●●●●●●●●●● 章節體系架構 ▼

Unit **3-1**
電子化金融營運平臺

　　電子化金融行銷工具在實務上最常被提及的是客戶關係管理，然而從廣義的角度來看，金融商品的電子化或金融業務的電子化，均為金融行銷的一環，故本書係以廣義角度來探討電子化金融工具。

　　在競爭日趨激烈的環境中，愈來愈多的金融機構已逐步使用網際網路來替代人工作業，其他如電話語音、自動傳真回覆系統等資訊系統均為符合客戶的要求，所以金融機構內部設立一個電子化營運平臺，已是普遍的現象。

一、功能

　　一般而言，電子化金融營運平臺並沒有絕對性作法，各家電子化金融解決方案的提供者因其發展重點不同，亦不見得有相同的特性，本書僅將最常見的功能提出供讀者參考。

　　(一)採用共同模組：採用共同模組可節省投資成本，且減少人員學習成本與維護成本。

　　(二)資料整合性高：利用共同資料庫，使資料能串連在一起，且具一致性。

　　(三)以XML國際標準作為規格：因以XML國際標準作為訊息傳遞規格，可降低系統建置成本，而且具溝通一致性。

　　(四)模組化設計：模組化設計不但可依需要更換模組，以保留系統擴充的彈性；而且將模組置於不同伺服器上，可達到系統負載均衡與容錯能力，另外它具有擴充性強的功能。

二、基本架構

　　為了能達到跨平臺的功能，電子化金融營運平臺應採用物件導向、多層式架構，以開發核心模組。其基本架構包括下列項目：

　　(一)通訊部分：係指提供對外的通信管道，如網路銀行的http等通訊模組。

　　(二)商業邏輯部分：係指與業務相關的服務模組，如轉帳、查詢、安全管制等。

　　(三)一般服務部分：係指電子化金融服務中的共用服務模組，例如，信箱管理模組、訊息轉換服務、主動通知客戶服務等。

　　(四)後臺整合部分：係指與後端系統（如帳務主機）連結的整合機制。

　　(五)系統管理模組：係指提供各種管理模組，讓加掛在電子化金融營運平臺上的各項電子金融服務共用一套管理機制，以達到操作及維護介面一致與資料整合容易的目標。主要管理項目可能包括客戶管理、權限設定、狀態追蹤、事件管理，以及報表管理等五種。其中狀態追蹤是指諸如客戶連線、電子操作記錄、交易查詢等事項。

電子化金融營運平臺

1 採用共同模組
↓
節省投資成本、學習成本與維護成本。

3 以XML國際標準作為規格
↓
溝通一致性且降低系統建置成本。

功能

2 資料整合性高
↓
資料串連一起，具一致性。

4 模組化設計
↓
可保留系統擴充彈性及達到系統負載均衡與容錯能力。

基本架構

基本架構

1.**通訊部分**→係指提供對外的通信管道。

2.**商業邏輯部分**→係指與業務相關的服務模組。

3.**一般服務部分**→係指電子化金融服務中的共用服務模組。

4.**後臺整合部分**→係指與後端系統連結的整合機制。

5.**系統管理模組**→主要管理項目可能包括客戶管理（如客戶資料、客戶群組）、權限設定（如系統角色、系統人員）、狀態追蹤（如客戶連線、電子操作記錄、交易查詢等）、事件管理（如事件監看、事件檢視等）、報表管理（如連線時間、交易統計等）。

Unit **3-2**
電子化金融工具之種類

　　電子化金融工具可依其分類方式而有不同的表達，本書係以功能別區分，包括個人金融電子化工具與企業金融電子化工具。且這僅能提供常見的系統，不同業者或公司可能會有不同需求，企業應依實際狀況而決定採用何種解決方案。

一、個人金融電子化工具

　　個人金融電子化工具可依其產品類別設計出不同解決方案，最常見的系統有三，一是個人金融系統能使金融業者在帳戶管理操作及服務更為方便，並須提供安全的資金移轉管道。二是信用卡服務系統能提供信用卡持有人多元化的信用卡帳務服務的網路交易功能，以利於金融業者在管理信用卡業務時，不但能降低管理成本，更能作為行銷利器。三是基金投資系統可提供基金用戶容易的申請共同基金與了解所投資基金的各項資訊，這對業者管理與行銷基金不但很方便，且利用網路行銷的各項特色，達到基金業務開拓的目的。

二、企業金融電子化工具

　　此工具能提供金融業者在安全多重傳輸通道環境下，有效且及時管理內部金融業務流程；而其亦是採客戶導向的電子化金融前端系統，常見應用系統如下：

　　(一)現金管理系統：此系統係可提供企業客戶現金管理需求的電子金融方案，它應是一個客製化的應用系統，其服務項目應包括帳戶總覽、餘額查詢、轉帳等，尤其它能提供多帳戶歸戶管理服務、支票管理等。

　　(二)進出口管理系統：進出口管理系統可提供金融業者與客戶間在進出口管理上更簡便的作業模式，且透過網際網路或其他數位管道進行管理，它能幫助金融業者簡化和監控國際貿易中最關鍵的流程及融資。

　　(三)企業支付系統：此系統係金融業者為支援多種貨幣支付管理流程的工具。

　　(四)外匯管理系統：外匯管理系統能使金融業者對其企業客戶提供國際匯兌及各幣別現金管理的工具，它有利於對客戶隨時提供更快速、安全的幣別轉換、資金調度及規避匯率風險的服務。

　　(五)供應鏈金流系統：此系統是金融業者提供企業供銷體系交換需求的一套電子化金融解決方案。（詳細內容說明請見下單元知識補充站）

三、應用服務模組

　　應用服務模組主要係使金融業者在開放式電子金融平臺上，發揮更大的功能。常見的系統包括多重簽核服務模組、資料彙整服務模組、安全控管服務模組、通知服務模組、共用資料服務模組及系統管理服務模組。

電子化金融工具3種類

1. 個人金融電子化工具

個人金融電子化工具（即是應用系統）是希望金融業者在安全的傳輸管道上，能夠有效及時的提供管理個人帳務與安全移轉資金等功能；同時可迅速提供最佳的資訊服務，以利客戶個人投資理財之用。一般而言，個人金融應用系統應是採取開放式的電子金融平臺，且具備智慧化前端顯示、應用邏輯及資料來源多層次架構管理等優點。也就是它是以客戶導向設計的電子金融前端系統。

(1)個人金融系統
也就是金融業者的客戶得透過網際網路進行帳戶總覽、存款查詢、外匯、轉帳、繳款等自我服務，可降低大量作業成本。

(2)信用卡服務系統

(3)基金投資系統
此應用系統可使金融業者之客戶透過網路查詢國內外基金各項資訊、基金投資買賣等自我服務。一般而言，它至少包括投資查詢、定期定額交易、單筆交易、個人化設定、通知服務、基金理財、基金告示板等功能。

2. 企業金融電子化工具

業者的內部網路、外部網路及其他數位管道均可透過此工具進行金融業務交易服務。其特色亦與個人金融電子化工具相似，應在開放式電子金融平臺上運作，並且智慧化前端顯示、應用邏輯及資料來源多層次架構等優點。

(1)現金管理系統
它使得金融業者能在金融業者、後端系統與客戶之間，達到更快速有效的資訊流通，以簡化現金管理過程。其功能除上述所提的服務項目外，其實亦可提供標準帳單、報表製作（如帳戶摘要、轉帳、預約轉帳等）、金融訊息等。

(2)進出口管理系統
常見的功能包括信用狀申請與修改、信託收據業務、擔保提單申請、進口列單付款、單據託收和光票託收、信用狀金額或部分轉讓申請、信用狀轉讓修改、信用狀通知查詢與貿易融資清償。

(3)企業支付系統
金融業者可利用此系統進行各種線上支付交易及查詢或下載各種支付交易結果及明細。

(4)外匯管理系統
其功能包括歸戶管理、轉帳服務、定期存款、匯入匯出查詢、匯入款通知、線上報價交易等。

(5)供應鏈金流系統
此系統包括交易資訊管理、全功能資融、應收帳款承貸等。

3. 應用服務模組

(1)共同資料服務模組	(2)系統管理服務模組
(3)管控服務模組	(4)通用服務模組

Unit **3-3**
電子化金融工具導入所面臨之問題

　　電子化雖在近年來受到金融業者重視，但它不是突然之間出現的技術，其實它早已在金融業者之間運作；只是因為資訊、網路、通訊技術不夠發達，以致必須依賴太多人力運作。目前因上述三項技術不斷創新，使得電子化成為金融業者營運上的重要策略與管理工具。為使讀者更進一步了解金融工具電子化的實務作業，故特於本節說明金融業者應如何進行電子化的導入。金融業者推動電子化時，常會面對各種問題，茲說明如後。

一、供需不平衡就存在於現實環境中

　　從古自今，政府部門或企業不斷使用各種方法解決供需不平衡的問題，但是遭遇的困難重重，因為它包括許多政治、人為因素在內。即使今日民主國家為主的世界中，仍有許多利益團體介入其中。

二、廠商間互信之建立不易

　　由於推動企業電子化，必須進行許多資訊的交流，但若企業內部間或內外部間互信度不足，則會發生抗拒心態。

三、投資金額過於龐大，但效果不見得立即顯現

　　尤其對中小型金融業者而言，在不易衡量效益情形下，更不敢積極投入其中。

164

四、組織內部人員的反抗

　　金融業者電子化的實施代表著企業流程的改造，所以內部員工因此必須面對組織分工的調整，員工反抗心態自然產生。

五、金融業者面對過多電子化方案，常無所適從

　　由於資訊科技的快速發展，在經費有限、需求過多的情形下，常不知如何著手。尤其電子化的解決方案範圍很廣，在採用上本就有輕重緩急；同時又必須牽就內部現有資訊系統的整合工作。

 小博士解說

企業金融電子化工具之三：企業支付系統的功能

此系統再加上多重授權服務系統合併使用，則可更完整整合企業內部的簽核作業，達到自動化整體支付流程。此系統的功能包括本國貨幣即時及預約多筆轉帳、外幣即時及預約多筆轉帳、存幣即時及預約整批轉帳、外幣整批轉帳及匯款、股票紅利發放、薪資轉帳、外勞匯款、交易結果檔案下載通知、交易結果查詢等。

電子化金融工具導入所面臨5問題

1.供需不平衡就存在於現實環境中

2.廠商間互信之建立不易

電子化金融工具導入5問題

3.投資金額過於龐大，但效果不見得立即顯現

5.金融業面對過多電子化方案，常無所適從

4.組織內部人員的反抗

知識補充站

企業金融電子化工具之五：供應鏈金流系統的功能

此系統可使銀行透過供應鏈之交易資訊，提供帳務管理、代收代付、多樣化的融資商品，同時協助企業及時得到足夠的資金進出資產及交付，以金融協同合作的方式，達到交易體系多贏的局面。尤其在目前訂單生產模式（BTO）等交易模式下，能夠對每一筆交易自動報價、自動調價，這對企業有很大助益。所以此系統是目前金融業重要的競爭工具。

Unit **3-4**
電子化金融工具導入步驟——規劃階段I

　　金融業者電子化之導入步驟可運用PDCA此項管理工具的概念，也就是可區分為規劃階段、執行階段、評估階段與持續改善階段。規劃階段在實際作業上仍可細分為許多步驟，本文從實務角度提出說明。

一、確認電子化之願景、目標與策略

　　電子化之願景、目標與策略是金融業者電子化最根本思考重點，因為電子化的推動工作勢必衝擊企業文化、組織與營運模式，而每項內容均與企業生存和成長密切相關，故進行電子化導入工作時，此項是業者第一項工作。其工作項目說明如下：一是擬定企業願景；二是擬定達成此願景之目標及策略；三是確認達成上述目標及策略之方法；四是確認企業電子化之目標、執行策略及執行的順序。

二、成立電子化評估專案小組

　　由於電子化的工作對企業影響的層面深遠，因此有必要在企業內部成立一評估專案小組，成員可包括企業內部相關主管及高階管理者，甚至亦可邀請外部的專家學者參與評估。其工作內容如下：一是確認電子化專案工作的範圍與目標任務；二是確認電子化專案小組的組織型態；三是確認電子化專案小組成員的來源、職掌與所扮演的角色；四是確認電子化專案小組之作業機制；五是電子化專案小組工作內容之指定、資源之分享與作業時程表。

三、實施電子化基本概念之教育訓練

　　由於企業內部員工對於電子化之工作不了解，自然容易產生排斥心態，所以電子化的基本概念必須在全員參與下，使全體同仁有更多的認識，如何才能使推動之阻力降至最低點。至少專案小組成員可能必須接受更進一步的訓練。師資來源可為內部專家，抑或外部專家學者均可，依實際課程內容而定。其工作內容如下：一是擬定電子化之教育訓練計畫；二是執行電子化之教育訓練。

四、確認企業面對之內外在環境、作業流程與績效

　　在建立電子化系統之前，業者必須先了解所面對之內外在環境如何、價值鏈上下游間每一項營運流程、企業內部作業流程與每項作業流程之績效。在這些工作分析後，即可了解各項作業流程的真正需要，以便在推動時能思考是否能進行改變？改變容易程度？其工作內容說明如下：一是分析企業所面對之內外在環境；二是分析價值鏈上下游間每一項營運流程；三是分析企業內部各項作業流程；四是確認各項作業流程的績效指標；五是探討各項作業流程的實質需求。

電子化金融工具導入步驟──規劃階段

1. 確認電子化之願景、目標與策略

(1)擬定企業願景。
(2)擬定達成此願景之目標及策略。
(3)確認達成上述目標及策略之方法。
(4)確認企業電子化之目標、執行策略及執行的順序。

2. 成立電子化評估專案小組

(1)確認電子化專案工作的範圍與目標任務。
(2)確認電子化專案小組的組織型態。
(3)確認電子化專案小組成員的來源、職掌與所扮演的角色。
(4)確認電子化專案小組之作業機制。
(5)電子化專案小組工作內容之指定、資源之分享與作業時程表。

3. 實施電子化基本概念之教育訓練

(1)擬定電子化之教育訓練計畫。
(2)執行電子化之教育訓練。

4. 確認企業面對之內外在環境、作業流程與績效

(1)分析企業所面對之內外在環境。
(2)分析價值鏈上下游間每一項營運流程。
(3)分析企業內部各項作業流程。
(4)確認各項作業流程的績效指標。
(5)探討各項作業流程的實質需求。

5.了解企業目前相關資訊條件與作業機制	6.績效比較與問題分析
7.運用典範移轉作為參考模式	8.建置電子化下之營運模式
9.建立電子化之解決方案	10.進行可行性與成本效益分析
11.資訊軟硬體設備與解決方案之選擇	12.制定執行方案

Unit **3-5**
電子化金融工具導入步驟──規劃階段 II

　　規劃是金融業者進行電子化首要步驟，此階段在實務上可細分十二項步驟。

五、了解企業目前相關資訊條件與作業機制

　　在進行電子化之前，業者目前的資訊條件與作業機制必須有所了解，才能考量如何與價值鏈上下游間的作業流程相整合，同時亦可了解每項作業間的介面關係如何。其工作內容如下：一是分析業者的資訊軟硬體設備的資訊；二是分析價值鏈上下游間的資訊能力與作業流程；三是分析業者內部的資訊作業流程；四是分析各項資訊作業的介面關係；五是分析各項資訊作業流程之實質需求。

六、績效比較與問題分析

　　將所蒐集之績效指標與同等標準企業進行比較，了解其間之差異，並進一步分析其問題點。

七、運用典範移轉作為參考模式
八、建置電子化下之營運模式
九、建立電子化之解決方案

　　確定企業未來營運模式後，必須自行或藉助外部力量，建立企業電子化之解決方案。

十、進行可行性與成本效益分析

　　未來營運模式和解決方案確定後，應思考內容、方法、技術等之可行性，並進一步探討本項投資之成本效益分析與風險分析。其工作內容如下：一是電子化專案實施之可行性評估；二是電子化專案之成本效益分析；三是電子化專案之風險分析。

十一、資訊軟硬體設備與解決方案之選擇

　　上述步驟均為電子化前置作業，從此項目開始才使企業能更直接感受到導入工作正式進入推動階段，因為此項目與電子化推動有直接互動關係。資訊軟硬體設備與解決方案之選擇將影響未來電子化推動的工作內容與方式。其工作內容整理如右圖所示。

十二、制定執行方案

　　前述各項步驟完成後，進入評估階段最後的一項工作，即制定執行方案，根據執行方案開始正式展開執行階段。

電子化金融工具導入步驟──規劃階段（續）

1.確認電子化之願景、目標與策略　　**2.成立電子化評估專案小組**

3.實施電子化基本概念之教育訓練　　**4.確認企業面對之內外在環境、作業流程與績效**

5. 了解企業目前相關資訊條件與作業機制

(1)分析業者的資訊軟硬體設備的資訊。
(2)分析價值鏈上下游間的資訊能力與作業流程。
(3)分析業者內部的資訊作業流程。
(4)分析各項資訊作業的介面關係。
(5)分析各項資訊作業流程之實質需求。

6. 績效比較與問題分析

一般而言，業者可運用相關的管理工具進行更深入的診斷與分析，作為下一階段工作之參考。

7. 運用典範移轉作為參考模式

若能自行或透過專業顧問公司蒐集到同業間最佳典範企業之相關作法，可供作企業未來實施時之參考。

8. 建置電子化下之營運模式

根據前述所分析得到之資訊，擬定最符合業者未來發展所需要之營運模式。

9. 建立電子化之解決方案

10. 進行可行性與成本效益分析

(1)電子化專案實施之可行性評估。
(2)電子化專案之成本效益分析。
(3)電子化專案之風險分析。

11. 資訊軟硬體設備與解決方案之選擇

(1)確認資訊軟硬體設備與解決方案之選擇範圍、目的和目標。
(2)成立評選專案小組，以篩選合適、可靠的軟硬體設備及解決方案之提供者，作為評選的對象。
(3)確認資訊軟硬體設備與解決方案之評選流程。
(4)確認資訊軟硬體設備與解決方案之工作計畫和時程表。
(5)制定資訊軟硬體設備與解決方案之評選項目和權重。
(6)最後評選出企業電子化所需之資訊軟硬體設備與解決方案。

12. 制定執行方案

Unit **3-6**
電子化金融工具導入步驟──執行階段

執行階段的工作從確認執行的工作範圍開始至電子化正式上線。

一、確認電子化執行的工作範圍、目的及資源

確認電子化執行的工作範圍、目的及資源，係為了使電子化執行過程中所有參與成員在執行上有所依據。

二、成立電子化之推動小組

由於全部業者電子化的執行範圍與組織、營運、流程均有密切關係，故成立一個推動小組來負責此項任務之推動有其必要性。其組成成員主要包括相關部門主管及作業負責人。不過，為解決部門之間的紛爭或對抗（主要是流程介面或權責歸屬的問題），推動小組的召集人應是企業具有最後決策權的高階領導者。當然另外成立一個更高層次的委員會亦無不可，只要負責人具最後決策權者即可。其工作內容如下：

1.制定電子化推動小組之組織及其工作範圍、任務。
2.制定電子化推動小組之成員名單及其所扮演之角色、職掌。
3.確認電子化推動小組之作業機制。
4.電子化推動小組之工作任務之分化、資源分享與時程之安排。

三、展開電子化之技術性教育訓練

在推動小組成立後，企業應由軟硬體設備與解決方案之提供者針對技術層面的問題，對所有小組成員進行技術性的教育訓練，以培育一群具有正確觀念、技能與實務操作經驗的人員，進而陸續在電子化之開展、導入與維護工作提供相關的協助。

四、確認電子化作業流程之需要項目

由評估階段中作業需求項目中，進一步提出實務作業上更細部的電子化作業程序之需求項目與內容。由於這些流程項目與內容涉及流程介面的問題，因此能夠愈詳細愈佳。這項步驟除內部人員參與外，亦常借重外部專業流程管理專家的經驗進行調整。

五、制定作業流程需求項目與層面的各項規格

根據前一步驟所獲得的需要項目，制定電子化作業流程之需要項目與介面之各項規格，並製成各項規格文件。

六、採購並安裝軟硬體設備

在所有需求項目與介面之規格取得後，便可正式進行採購各項軟硬體設備，甚至測試其相關設備的可靠度。

七、建構電子化之資訊系統

由上述的需要項目及介面的規格進行系統參數之設定，並導入解決方案的軟體模組及撰寫相關的介面程式。

八、電子化之系統整合與測試

正式對電子化系統進行系統整合與測試，並依實際運用模式驗證其可靠性、準確性。

九、系統使用者進行教育訓練

由專家透過功能說明及實際操作訓練，教導所有操作人員認識與熟悉各項流程與操作方式。

十、進行雙線作業

在正式上線作業之前，為避免員工對系統之不熟悉，或系統作業時產生非預期原因，所有員工必須採取雙線作業如下：

1.使員工熟悉新系統的各項作業流程。

2.可經由測試，了解該系統是否能符合未來電子化之需求。

3.可使營運仍以正常方式運用。

不過，此階段應與員工多溝通，使其了解此期間雙線作業之必要性。

十一、正式上線

完全由電子化系統取代原有系統。

Unit **3-7**
電子化金融工具導入步驟——評估與改善階段

　　評估階段的工作主要包括評估檢討導入過程，所面對之問題與執行後成效的評估。

一、執行過程之檢討評估

　　在執行階段可能面臨許多問題，這些問題若不予清楚確認，並進一步評估檢討，則對新系統之動作不僅沒有助益，甚至可能成為阻力。

　　這項評估檢討工作不但是為了找出問題點，並尋求解決之道，更應納入知識管理系統之內，成為企業內部的重要知識，供作未來教育訓練與系統更進一步發展之需。以下將常見之問題說明如下：

　　1.各相關配合單位基於權責產生之衝突。

　　2.因實施時程之掌控，可能影響正常作業。

　　3.在資源有限下，資源之分配亦常有不同看法。

　　4.預算分配，可能衝擊各相關部門之業務執行。

　　5.作業流程的介面問題，尤其是與上下游價值鏈之間的協同作業。

二、執行成效之評估檢討

　　企業在導入電子化系統後（約三至六個月），必須針對在規劃階段所認定之關鍵績效指標項目蒐集相關數據資料，並逐一評估檢視是否符合原先預期的目標。若有所差異，應盡速明確找出其原因，並設法予以解決。若從中發現未來可供改善之處，亦應列入正式紀錄之內，供未來系統發展之參考依據。

三、持續改善階段

　　根據評估階段所發現之問題，經評估檢討後牽涉影響層面較大部分，列入本階段的改善工作。本階段應是採取持續不斷的改善態度，以期達到電子化的願景與目標。

小博士解說

電子化金融工具導入的正確態度

任何電子化金融工具在導入後，必須進行檢討對其測試過程與實施後所產生的問題或困難，主動予以克服，在全員參與的態度下，才能找到真正的問題。最後則須不斷持續改善，始能達到電子化金融工具導入的真正目標。

電子化金融工具導入步驟──評估與改善階段

1.

執行過程之
檢討評估

→ **(1)**各單位權責之衝突

→ **(2)**實施時程可能影響正常作業

→ **(3)**資訊分配有不同看法

→ **(4)**計算分配影響各部門業務

→ **(5)**作業流程的介面問題

2. 執行成效之評估檢討

導入電子化後,必須依規劃時之**KPI**(績效指標)蒐集資訊

評估是否符合原先預期目標,
並找出改善之處,作為未來發展之參考

3. 持續改善階段

發現重大問題時,列入在階段改善工作

持續改善! 持續改善! 持續改善!

Unit 3-8
電子化金融工具導入應注意事項

電子化系統導入時會面臨許多問題，但若能事前有所防範與注意，將使其衝突點降至最低。茲將應注意事項加以說明。

一、最高領導者的全力支持

企業在進行任何重大變革時，依實際經驗，若缺乏最高領導者的全力支持，通常都會面臨失敗的命運，推動電子化工作亦是如此。而且最高領導者更應在推動過程中不斷予以支持並給予應有的資源。

二、應有明確的願景、目標及策略

推動電子化應有明確的願景、目標及策略，否則專案小組在執行此項工作時，將缺乏依據準則，最後常是無疾而終，甚至相關人員還會為失敗背負責任。

三、策略合作夥伴之選定

由於電子化大都涉及外部合作夥伴，然而在那麼多合作夥伴中選擇合適的策略合作夥伴，這是電子化推動過程中，一項極為重要的工作，也是不容易執行的任務。實務上，應邀請外部專業顧問公司協助評估與評選合適策略合作夥伴。

四、內部業務協調應取得共識

企業在導入電子化時，內部作業流程將產生遽變，若未事先溝通協調，則各項流程介面會產生衝突，甚至影響營運，所以內部各部門業務的協調，取得一致性的看法是電子化基本的工作之一。

五、進行企業文化再造與組織變革

由於企業文化會影響企業員工對電子化的態度，若能經由企業文化再造，在員工能體認電子化的必要性，則在全員熱情參與的情形下，將加大成功的機率。另由於作業流程在電子化的要求下，必須作相當程度的改變，所以組織未隨之變革，實無法順應實際需要。

六、企業流程再造

電子化之企業流程一定會有所改變，但企業應觀察原有思考邏輯，而以開放式想法進行企業流程再造，如此才能有效簡化流程，進而降低作業成本。

七、導入過程各項目標應明確

從電子化的規劃階段開始，至持續改善階段，均必須制定明確的目標。一方面可作為作業之依循，另一方面亦可作為評估檢討之用。

電子化金融工具導入應注意事項

最高領導者的全力支持

最高領導者不僅只是在推動之初給予口頭支持，更應持續在推動過程中不斷予以支持與肯定，而且依實際需求給予應有的資源。

應有明確的願景、目標及策略

策略合作夥伴之選定

實務上，應邀請外部的專業顧問公司協助評估與評選合適策略合作夥伴，以免在經驗不足情形下，選擇不適當者，反而造成營運上更大的困境。

內部業務協調應取得共識

進行企業文化再造與組織變革

企業流程再造

以開放式想法進行企業流程再造，如此才能達到有效率的簡化流程目的，進而降低作業成本。

導入過程各項目標應明確

(1)作為作業之依循。
(2)作為評估檢討之用。

Unit 3-9
金融業客戶關係管理——基本概念

過去在策略規劃上，以創造競爭優勢的主要學說包括市場基礎及資源基礎，前者以成本領導和與競爭者區隔的策略為主軸，而後者則以內部觀點，強調內部資源與競爭力的關係。但是需求面的角度卻被忽略，企業採取客戶關係取向的思想與運作，能因了解客戶的需要而有效獲取最大價值。以客戶關係為主導觀點的企業，並非忽略供應商或員工，只是同時重視與客戶的關係。

一、客戶連結技術

利用客戶連結（Customer Connection）的技術，常能為企業帶來一些新的重要啟示與機會，例如：

1.找到客戶創造價值的機會，並與股東分享。

2.管理客戶關係檔案。

3.投入發展有價值的客戶關係，以獲致更高的報酬。

4.至客戶需要時，以客戶想要的作法提供專業技術。

5.利用了解客戶增加雙方關係的價值。

二、CRM的基本概念

客戶關係管理（Customer Relationship Management, CRM）的工作基本上應是將客戶關係的內涵加以充分落實。也就是客戶關係管理係指企業藉由積極的態度與客戶建立良好關係，以隨時掌握客戶資訊，並依此資訊進行分析，以提供符合個別客戶需要；同時，在此種商業模式及策略下，與客戶建立長久性的互動關係，進而讓企業與客戶之效益達到最大化。

三、CRM的執行步驟

我們從客戶關係的面向著手，詳細說明客戶關係管理必須執行之工作，其步驟依序包括評估客戶組合、確認價值定位的範圍、確定企業應扮演的角色，以及建立報酬與風險之結構。

小博士解說

客戶關係管理不僅是電子化

金融業客戶關係管理應是透過電子化工具連結業者與客戶（不論是企業客戶或個人客戶）之間的關係，運用所獲得的客戶資訊掌握客戶的偏好或真正需求，以客戶的立場為其解決其需求，進而建立雙方持續性的良好互動關係。

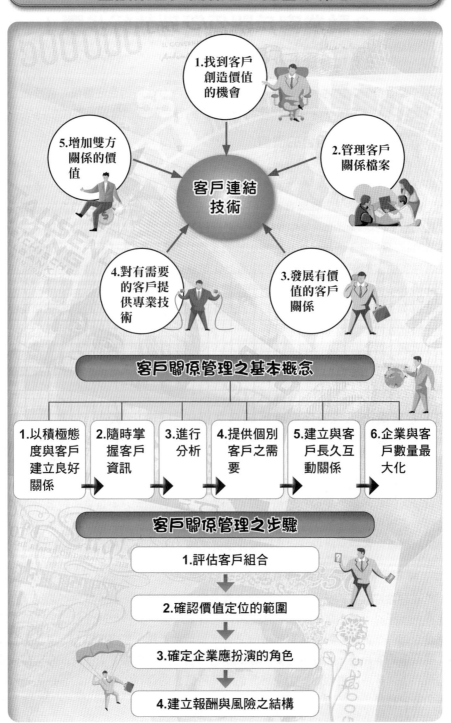

金融業客戶關係管理之基本概念

客戶連結技術

1. 找到客戶創造價值的機會
2. 管理客戶關係檔案
3. 發展有價值的客戶關係
4. 對有需要的客戶提供專業技術
5. 增加雙方關係的價值

客戶關係管理之基本概念

1. 以積極態度與客戶建立良好關係
2. 隨時掌握客戶資訊
3. 進行分析
4. 提供個別客戶之需要
5. 建立與客戶長久互動關係
6. 企業與客戶數量最大化

客戶關係管理之步驟

1. 評估客戶組合
2. 確認價值定位的範圍
3. 確定企業應扮演的角色
4. 建立報酬與風險之結構

Unit **3-10**
金融業客戶關係管理執行步驟 I ——
評估客戶組合

　　一般而言，評估客戶組合主要考量因素包括現有客戶組合之價值、客戶組合與市場及競爭者之客戶組合有何不同？資源運用與客戶關係價值的一致性如何？

一、了解現有客戶組合的價值

　　在了解現有客戶組合的價值之前，企業必須評估個別客戶的動態價值、總體客戶組合的價值及客戶基礎的成長。當這些資訊充分了解後，企業便應進一步分析下列問題，以求能真正了解現有客戶組合的價值，包括：1.客戶關係價值的分配是什麼樣情形？2.總體價值的集中化達到什麼樣程度？例如，總體價值是否集中在10%或50%的客戶？3.價值分配相對集中於特定客戶群時，則這些客戶與其他客戶之間是否存有明顯的差異？4.客戶組合中有一定數量的客戶關係不具獲利性時，這些客戶在購買數量、頻率、產品組合、持續性上是否有共同性特徵？5.企業是否在不同價值層次上評估交易的利益或客戶比例？它是否具單一性或系統性的特徵？6.企業是否能以客戶價值分配規劃獲取客戶的成本，決定與客戶的關係持續性？7.客戶分配中，哪一群客戶是企業真正的成長部分？8.企業對過去三到五年內的新開發客戶與現有客戶間，兩者的價值何者為優？其持續情形如何？9.何種情形下會發生客戶轉換的情形？

二、企業與市場或競爭者客戶組合之構成因素的比較

　　了解三者之間的差異，將有利於評估企業建立更好的客戶組合。以下問題值得進一步了解：1.企業的客戶組合與整個市場的客戶組合有何不同？是否過分集中於某些層級客戶？2.企業是否能評估主要競爭者的客戶組合狀況？3.企業是否可以評估競爭者的客戶組合集中化的情形？兩者之間的比較如何？4.企業與競爭者在客戶購買率或市場占有率有何不同？5.競爭者的成長係來自哪些因素？6.企業對競爭者所特別重視之客戶層級或特定客戶關係價值結構，是否具有辨明該策略的能力？

三、結合資源發展與客戶價值

　　在評估建立客戶組合的努力與潛在收益之間是否具有一致性？這必須從下列問題進一步探討：1.企業投入建立客戶組合之資源配置，與客戶關係價值及客戶之回應是否相符？2.企業對於具更高價值之客戶是否願意投入更多的資源？3.企業對於具高價值的客戶群，所建構之關係模式是否符合目前之需要？4.在降低非產品成本的情形下為客戶提供服務，企業應評估其間所擁有的低到中等價值的客戶能為公司創造多少利潤？

評估客戶組合的考量因素

1. 了解現有客戶組合的價值

(1) 客戶關係價值的分配是集中在平均數附近,呈現集中狀況;或是變異性很大,而呈現相對較廣的分布狀況?

(2) 總體價值的集中化達到什麼樣程度?

(3) 價值分配相對集中於特定客戶群時,客戶購買數量是否較多?購買頻率是否較高?購買產品之利潤是否較佳?關係是否較持久?

(4) 客戶組合中有一定數量的客戶關係不具獲利性時,這些客戶是否有共同性特徵?

(5) 企業是否在不同價值層次上評估交易利益或客戶比例?

(6) 企業是否能以客戶價值決定與客戶的關係持續性?

(7) 哪一群客戶是企業真正的成長部分?

(8) 企業對過去新開發客戶與現有客戶間之價值與持續性如何?

(9) 客戶轉換的發生情形?

2. 企業與市場或競爭者客戶組合之構成因素的比較

(1) 企業與整個市場的客戶組合有何不同?

(2) 企業是否能評估主要競爭者的客戶組合狀況?

(3) 企業是否可以評估並比較競爭者的客戶組合集中化的情形?

(4) 企業與競爭者在客戶購買率或市場占有率有何不同?

(5) 競爭者的成長因素為何?

(6) 企業是否具有辨明競爭者所特別重視之客戶層級或特定客戶關係價值結構的能力?

3. 結合資源發展與客戶價值

(1) 企業投入建立客戶組合之資源配置與回應是否相符?

(2) 企業是否願意對更高價值之客戶投入更多資源?

(3) 企業對於高價值客戶群所建構之關係模式是否符合目前需要?

(4) 在降低非產品成本的情形下為客戶提供服務,企業應評估能為公司創造多少利潤?

Unit **3-11**
金融業客戶關係管理執行步驟 II ── 確認價值定位

　　企業欲評估現有的價值定位與其潛在的範圍時，可能必須考量現有客戶價值的定位矩陣、客戶在價值鏈或總體經驗中所有的支出、延伸的價值定位所具有之潛在利潤，與競爭者、合作夥伴及內在影響力比較下，企業所需之專業能力。

一、了解客戶價值定位矩陣

　　透過客戶價值定位矩陣，企業將可了解本身所提供之產品或服務是否符合目標客戶的需要？以下問題應加以探討，即1.客戶所購買的是公司產品線的哪些部分？目標客戶是否占有一定比例？2.企業的產品是否存在偶爾才會被目標客戶購買的情形？若減少此類產品，對公司有何影響？3.企業是否有能力可影響高價值客戶的購買比例？4.目標客戶之購買行為是否集中於某些產品群？5.目標客戶與非目標客戶偏好之交易方式是否存在明顯差異？6.企業在產品發展與後勤支援上的努力，有多少投注在目標客戶的偏好產品上？7.在企業的價值定位中，公司擁有多少資訊可供運用？且可提供給客戶？

二、評估客戶在價值鏈中的所有支出

　　企業為了解其客戶在價值鏈中的所有支出，有必要了解下列問題，即1.企業的價值鏈持續時間的長度為何？其複雜程度如何？2.企業能從客戶在價值鏈支出的消費總額獲得多少利潤？3.企業在客戶價值鏈中是否仍有其他部分，可透過專業知識與技術之協助而獲得利益？4.企業是否有機會重新設計產品，以設法從客戶價值鏈的其他部分獲得新的價值？5.企業為客戶提供庫存管理或裝配工作，是否能為客戶帶來利益？6.企業為追求以更快、更符合經濟效益的方法達成目標時，客戶價值鏈是否可以重新建構？若是可行，企業應扮演何種角色？

三、評估延伸性價值定位的潛在獲利性

　　延伸性價值定位的評估必須依據客戶的回應及此項延伸性產品或服務直接的發展與建構成本而定。因此，為了解客戶價值鏈上總體支出的問題，必須先考量如右圖所整理的五項問題。

四、與競爭者、合作夥伴及內在影響力比較，評估企業所需專業能力

　　在評估延伸性產品或服務時的情勢，企業必須將下列三項事項加入客戶價值鏈之中，包括執行此項延伸性產品或服務時所需之專業能力、競爭者在客戶價值鏈中具有之影響力、客戶對企業及其競爭者提供此項產品或服務之能力的看法。

確認價值定位的範圍

| 1. 了解客戶價值定位矩陣 | 2. 評估客戶在價值鏈中的所有支出 |

3. 評估延伸性價值定位的潛在獲利性

(1)新價值定位具有多少潛在利益？多少目標客戶對此延伸性產品或服務有正面的因應？而其關係價值又會發生何種變化？

(2)發展與支援此項新的價值定位所需花費的成本有多高？

(3)在同一客戶價值鏈上提供產品或服務的其他廠商有何反應？企業的延伸性產品或服務是否與其他廠商重複？是否可透過策略聯盟等方法，銷售或支援此項價值定位？

(4)此項新的價值定位是否會使客戶產生過多依賴公司產品或服務的疑慮？或對客戶造成不確定感？對產品介紹或定價產生何種影響？

(5)新的價值定位是否有必要銷售給不同客戶？

4. 與競爭者、合作夥伴及內在影響力比較下，評估企業所需之專業能力

(1)在客戶價值鏈上企業需要展現之專業能力，是否適用於其他地方？

(2)以現有的技術與專業能力，能為整個客戶價值鏈帶來多少的專業能力？這些技術或能力是否可合理取得？或需要不同企業型態？

(3)客戶對企業的專業能力之評價為何？

(4)現有產品在市場所具有之品牌認同感是否強勢？

(5)競爭者在此價值鏈上是否較企業的專業能力為強？

(6)在此價值鏈上，是否能與其他業者進行策略聯盟？此種組合能產生多大影響力？

知識補充站

評估客戶在價值鏈中的所有支出

若企業能了解其客戶在價值鏈中的所有支出，便能找出相關指標，例如價值鏈的複雜度、利潤高低、價值鏈是否重新建構、客戶利益等，相對也能進一步評估擴展價值定位的範圍所帶來的潛在利益。

Unit **3-12**
金融業客戶關係管理執行步驟Ⅲ──確認企業應扮演角色

要確定企業的角色係決定在企業對市場附加價值鏈的了解、認清專業能力能為企業提供之競爭優勢的能力，及對於重新塑造價值鏈，以獲取更具競爭優勢與更高利潤之機會的評估。

在評估現有角色與潛在可能角色方法，企業就做到三件事，即為現有的市場及所處地位規劃出附加價值鏈的版圖、認清現有附加價值被創造的所在之處、檢測用以重新塑造附加價值鏈之連結技術的潛在可能性。

一、為現有市場與所處地位規劃出附加價值鏈之版圖

當企業在了解附加價值鏈及其多樣性的連結時，有些重要因素應列入考慮：

1.附加價值鏈的上游（即供應商部分）及下游（即客戶部分）分別是否可以重新塑造、縮短或是整合上游中的各個構成要素？

2.企業是否面臨客戶要求自行管理供應鏈與改變上游運作的壓力？

二、認清現有附加價值被創造的所在處

當企業在認清專業能力能為企業提供之競爭優勢的能力以外的附加價值時，有些重要因素應列入考慮：

1.是否有任何特殊的連結情形，代表總體附加價值中很大的比例？

2.在附加價值鏈上的特殊連結中，是否有某一業者可較其他業者獲得額外的高額利潤？

3.什麼因素可以解釋位處於不同附加價值鏈上的廠商相關的獲利情形？

4.在附加價值鏈中不同的位置運作下，企業需要的專業知識與能力包括哪些？

三、檢測用以重新塑造附加價值鏈之連結技術的潛在可能性

在附加價值鏈上取代另一種活動，不論是具體產品或是與客戶共同運作，均牽涉資訊流程的重建。因此，評估用以重塑附加價值鏈之連結技術的潛在可能性時，必須考量下列問題：

1.在附加價值鏈中進行的連續性活動能否同步執行？

2.在附加價值鏈上的不同連結關係中所需之資訊，是否在多重面向上發展與處理？

由上述說明可了解，企業在進行客戶關係管理工作時，本身應扮演的角色必須予以釐清。也就是找出企業在價值鏈中能為本身帶來哪些價值，更重要是為客戶在尋找價值鏈的利益時，主動提供更多主動性的作法。而這些作法依客戶的性質不同而有所差異，例如對企業客戶就必須考量其在資金取得的彈性及便捷性，甚至財務或經營管理之協助，而個人客戶則著重在資金的容易性等。

確定企業所扮演之角色

1. 為現有市場與所處地位規劃出附加價值鏈之版圖

考量因素

①價值鏈上下間之整合、縮短、重新塑造

②客戶是否要求自行管理供應鏈？

2. 認清現有附加價值被創造的所有處

考量因素

①是否有特別連結代表部分附加價值？

②是否某些業者在價值鏈取得額外利潤？

③何種因素說明廠商獲利情形？

④企業在不同價值鏈中需要哪些區分？

3. 檢測用以重新塑造附加價值鏈之連結技術的潛在可能性

考量因素

①價值鏈中連續性活動是否同步執行？

②價值鏈中不同連結關係的資訊如何處理？

Unit **3-13**

金融業客戶關係管理執行步驟Ⅳ——建立報酬與風險結構

圖解金融行銷

在評估企業本身與客戶創造及分享價值的方式是否需要改變時，必須考量到四件事，即了解市場結構與議價能力的層次及客戶某屬性的強弱、評估客戶總成本及供應商價值與合作動機、評估客戶互補性與對於合作關係之因應程度，以及評估雙方有關風險承擔的能力。

一、了解市場結構與議價能力的層次及客戶某屬性的強弱

企業必須了解基礎客戶群具有之購買能力的集中化程度如何？以及基礎客戶群具有之購買能力被開發的程度如何？

再來思考競爭者的服務能力集中化程度如何？買方又具有什麼樣的市場力量？此力量被運用的程度如何？最後則是企業的利潤是否因不同的客戶或團體而有顯著的差異？

二、評估客戶總成本與供應商價值

企業必須思考對本身客戶而言，什麼是供應商價值最主要的決定因素？而企業對客戶建立合作關係的動機為何？與現有客戶的互動基礎，是否會限制企業與客戶建立合作關係的動機？

三、評估客戶互補性與對於合作關係之因應程度

企業必須思考是否會有特定客戶會對你的服務能力施加壓力？以及特定客戶是否會藉由其所處的市場地位，而傾向於設定表現的標準？

在產品發展的努力上，企業可能邀集哪些客戶參與？如果有更開放或即時的資訊分享，企業與客戶會在哪些連結的關鍵點上變得更有效率？

四、評估雙方有關風險承擔的能力

企業必須思考客戶對於風險或不確定性的抗拒在何種情況下，較能建立良好的合作關係？且藉由關係規則的改變，可協助客戶降低多少疑慮？

對於客戶的成功，企業投入多少努力？以及企業與客戶共同面對的風險來源為何？

金融業在進行客戶關係管理時，最後必須重視與客戶建立雙方在報酬方面的分配，及面臨風險時的責任分擔。因此如何在掌握市場結構與客戶議價能力，成為一項基本的作法，只有先有這項了解，才能真正確認如何與客戶建立雙方接受的利潤與風險。當然雙方的合作關係如何建立互信機制，必須有待雙方討論。而風險承擔的能力則是雙方最終必須面對，且須確定的議題，唯有如此，始可建立起良好的關係。

建立報酬與風險結構之問題

1. 了解市場結構與議價能力的層次，以及客戶某屬性的強弱

客戶群購買能力的集中化程度	→	競爭者服務能力的集中化程度	→	買方市場是什麼市場力量？	→	企業利潤是否因不同客戶而有所差異？

2. 評估客戶總成本、供應商價值與合作動機

供應商價值是主要的決定因素	→	企業與客戶建立合作關係的動機？	→	與現有客戶的互動基礎，是否限制業者與客戶的合作關係？

3. 評估客戶互補性與對於合作關係之因應程度

特定客戶是否對業者服務能力施加壓力？	→	金融商品發展過程中是否邀集客戶參與？	→	是否開放即時資訊與客戶分享？

4. 評估雙方有關風險承擔的能力

是否建立良好合作關係？	→	業者與客戶共同面對之風險來源為何？

Unit **3-14**
金融業電子化客戶關係管理計畫規劃
——準備

客戶關係管理工作並沒有一種單一或簡單的方式可立即完成，必須依客戶關係管理之目標複雜程度而定。在進行規劃時，便必須將進行的工作予以切割；更重要的是要了解CRM計畫的複雜度。衡量客戶關係管理複雜度的指標為功能數量與使用範圍。功能數量係指金融業者的CRM目標只是建立客戶檔案，則只需要單一功能；若欲達活動管理自動化，則需多項功能來管理。使用的範圍則為在CRM 系統建置完成並開始使用後，會有多少部門使用此系統？若僅為單一部門使用，則計畫便相對簡單。

一、準備的考量因素

金融業者應在內部成立一個由各部門主管組成的委員會，針對CRM計畫進行審核，以決定是否通過該項計畫及預算數多少。其考量因素包括如下：1.CRM計畫是否具備長久且持續的價值？2.CRM計畫是否能符合業者現有企業目標或策略？3.CRM計畫是否有助於增加業者的核心能力？4.完成計畫的概算成本與效益如何？5.CRM計畫能否真正有效提供解決客戶的問題？另解決客戶問題的範圍有多大？6.CRM計畫中所需的人力如何？7.CRM計畫中所可能面臨的風險為何？8.CRM計畫對新科技的需求如何？9.CRM計畫對業者現有管理的衝擊如何？

二、準備的步驟

(一)確定客戶關係管理之需求：金融業者的客戶關係管理計畫不但必須列出客戶關係管理之需求，同時也應擬出符合特定目標且具可行性的策略，以使客戶關係管理計畫能符合公司整體的策略方向。一般而言，客戶關係管理計畫至少必須包括金融業者能夠明確劃定作業範圍、具有高報酬率、能提高工作效率、有效改善現有作業流程，以及對現有系統之衝擊最少等需求。

(二)進行客戶關係管理之成本效益評估：實務上，金融業者在提出CRM計畫時，要精確推估該計畫所可能帶來之效益或節省之成本是一件不容易的工作。但是仍不得不設法加以評估。在整體方面的評估，常以提高員工滿意度、改善企業文化與工作環境、提高企業形象、增加對科技的接受度等，在硬體的投資方面，則可評估業務流程是否更為有效？是否能提高銷售額？是否能降低顧客流失率等三項評估的考量因素是延遲決策所付出之成本，例如，失去行銷機會所付出的成本、員工流動率過高造成經驗與技術流失、資料庫系統支援、成本持續升高、員工流動造成資訊資源及專業人才流失、缺乏加強客戶關係的能力而降低顧客忠誠度等。總之，對客戶關係管理最實際的評估方向，應該是能夠改善金融業者與其客戶的互動經驗、雙方互動關係人性化，進而使顧客更容易且有意願與業者往來。

金融業電子化客戶關係管理計畫規劃──準備

準備9考量因素

1. 具備長久且持續的價值？

2. 符合企業目標或策略？

3. 增加核心能力？

4. 成本效益如何？

5. 有效提供解決客戶問題？

6. 所需人力如何？

7. 面臨的風險為何？

8. 對新科技的需求？

9. 對現有管理的衝擊如何？

準備的步驟

確定客戶關係管理之需求

客戶關係管理計畫至少必須包括金融業者能夠明確劃定作業範圍、具有高報酬率、能提高工作效率、有效改善現有作業流程，以及對現有系統之衝擊最少等需求。

進行客戶關係管理之成本效益評估

1.整體評估→ 常以提高員工滿意度、改善企業文化與工作環境、提高企業形象、增加對科技的接受度等。

2.硬體評估→ (1)業務流程是否更為有效？
(2)是否能提高銷售額？
(3)是否能降低顧客流失率？

此3項評估的考量因素是延遲決策所付出之成本

金融業電子化客戶關係管理計畫規劃
——導入前之檢核

　　當金融業者備妥客戶關係管理之計畫後，必須進一步檢核本身是否已具備開始進行CRM計畫的條件，以下將最常被檢核的項目提出，供讀者參考。

　　1.金融業者之高階決策者與管理者是否真正了解CRM與其所帶來的利益？

　　2.金融業者是否已了解最需要CRM的業務範圍及預定達成之目標？

　　3.執行CRM計畫的業務主管是否能將CRM與部門目標及預算結合在一起？

　　4.與CRM計畫相關之各部門是否支持或協助業務主辦單位完成CRM計畫？

　　5.相關管埋階層是否能運用CRM提高公司競爭力？而且了解如何利用CRM區隔顧客？

　　6.相關業務主管是否能清楚指出CRM能夠改善哪些業務目標？

　　7.CRM計畫是否能有效支援金融業者的客戶導向目標？

　　8.金融業者內部的資料共享是否已與其他系統整合？

　　9.金融業者對整合後的CRM顧客資料是否能改善CRM工作的推動？

　　10.金融業者之顧客檔案與區隔之應用系統是否足以支援CRM計畫的進行？

　　11.金融業者之資料倉儲是否可應用至任何CRM計畫？

　　12.金融業者是否已進行顧客區隔化的工作？

　　13.金融業者內部是否會強制實施資料共享的要求？

　　14.金融業者的CRM計畫主持人與相關人員之權責是否有明確劃分？

　　15.相關部門主管是否了解預算之爭取必須包括CRM計畫及其他相關的資金？

　　16.金融業者是否了解客戶對CRM計畫所抱持之態度？（例如，業務流程之改變等問題）

　　17.金融業者的管理階層是否了解CRM計畫會造成資料、流程及技術的改變？

　　18.金融業者是否了解內部業務條件對CRM計畫實施優先順序有哪些影響？

　　19.管理階層是否了解必須對與CRM有關部門（尤其客服部門）之員工施以流程等相關教育訓練？

　　20.管理階層是否提出較佳的獎勵措施，以激勵員工參與，並排除CRM實施過程中之障礙？

　　21.金融業者是否對CRM科技解決方案提出評估？

　　22.業務負責主管與相關參考人員是否了解CRM解決方案必須與其他計畫有所差異？

　　23.管理階層是否了解CRM應該有專屬的資訊技術人員？

　　24.金融業者是否了解CRM是一項長期且持續性的計畫？

　　25.金融業者是否了解CRM計畫必須長期預算支援？

導入前之檢核項目

1. 了解CRM利益？

2. 業務範圍及目標？

3. 目標與預算結合？

4. 各部門是否支持？

5. 是否可提高競爭力？

6. 可改善哪些目標？

7. 支援客戶導向目標？

8. 與其他系統整合？

9. 改善CRM工作之推動？

10. 能支援CRM計畫？

11. 可應用至CRM計畫？

12. 可進行區隔化？

13. 資料共享？

14. 權責是否明確劃分？

15. 包括CRM計畫資金？

16. 客戶對CRM計畫之態度？

17. 能了解造成資訊、流程等之改變？

18. 內部業務條件之影響？

19. 是否施以流程相關訓練？

20. 是否運用獎勵以排除障礙？

21. 對科技解決方案提出評估？

22. CRM計畫與其他計畫有所差異？

23. 了解是否為專屬資訊技術人員？

24. 了解長期且持續計畫？

25. 了解必須長期預算支援？

Unit 3-16
金融業電子化客戶關係管理工具之選擇——具需求導向之CRM產品 I

　　許多金融業者選擇客戶關係管理產品之理由包括競爭同業都在使用、CRM解決方案業者說服公司相信他們是最佳的服務來源、CRM解決方案業者表示整個計畫可在三個月內完成等。因這些理由而導入CRM解決方案的金融業者，未來面臨失敗的機會將是很大。因此金融業者僅以CRM軟體工具或特定功能需求為基礎來完成整個CRM計畫，則會造成資源浪費、內部系統整合困難等不當情形發生。

　　金融業者選擇具需求導向之CRM產品雖是最合適的作法，但在執行上仍需依規劃的CRM型態而定。實務上的作法可參考下面步驟。

一、界定客戶關係管理功能

　　確認功能的最佳方法是擬出企業流程藍圖，了解公司的顧客導向流程需要哪些技術支援？

二、縮小CRM產品選擇範圍

　　金融業者可透過CRM研討會和商展、專精於CRM的分析公司與諮詢顧問公司、商業刊物、廠商研討會、內部資訊與CRM網站等方式找到一些提供CRM解決方案的廠商。在初期讓資訊部門參與評估，將能協助提供該產品是否符合現有系統與資料管理環境之意見。在縮小CRM產品選擇範圍，並提出一份初選的名單後，即可請資訊部門正式參與CRM計畫之推動。

三、擬定科技需求

　　雖然功能是選擇客戶關係管理工具的最重要考量因素，但在選擇CRM產品時，必須同時提出技術上的需求，以確認選擇的產品可以在公司內部的特有環境下運作。因此在公司現有資訊基礎架構劃定分類範圍，進而擬定對CRM的科技需求。以下提出常見的科技需求：

　　(一)在整合與連接需求方面：即是此項工具應具備和公司獨特的技術基礎架構整合的能力。

　　(二)流程和執行需求方面：即是CRM產品必須具備支援和控制所需作業的能力。

　　(三)安全需求方面：即是CRM產品限制使用者存在的能力。

　　(四)使用需求方面：即是CRM產品能讓終端使用者容易使用。

　　(五)功能特質方面：即是CRM產品提供各項需求的功能。

　　(六)執行需求方面：即是對CRM活動在可接受的時間內執行及產品回應結果。

　　(七)有效性需求方面：即是CRM產品之系統有效性被接受的程度。

需求導向CRM產品選擇的步驟

① 界定客戶關係管理功能

② 縮小**CRM**產品選擇範圍

金融業者可透過CRM研討會和商展、專精於CRM的分析公司與諮詢顧問公司、商業刊物、廠商研討會、內部資訊與CRM網站等方式找到一些提供CRM解決方案的廠商。

③ 擬定科技需求

(1)在整合與連接需求方面：
可能包括支援Windows的客戶作業系統、能夠與現有資料庫系統互動的CRM產品、和XML等開放標準一致的產品、可和其他應用系統整合、具延展性及客製化的特點等。

(2)流程和執行需求方面：
包括能夠支援大量資料、能支援所有轉換作業、可支援資料和系統設備等。

(3)安全需求方面：
包括單一使用者為基礎訂定可用和存取的資料內容與訂定資料取得的限制、分級進行使用者管理、密碼加密、限制非公司使用者（如顧客）取得資料的能力等。

(4)使用需求方面：
包括可擁有顧客首頁、透過CRM入口網站，以取得公司其他系統的資料等。

(5)功能特質方面：
包括工作流程管理能力、預測模式功能、支援無線連上CRM伺服器等。

(6)執行需求方面：
例如，網路使用者在30秒內提供回應的能力等。

(7)有效性需求方面：
例如，能夠警告系統管理的自我診斷工具，可適應跨時區作業的功能、網頁24小時作業的功能等。

4.與客戶關係管理產品的廠商協商

5.參考名單和內容

Unit **3-17**
金融業電子化客戶關係管理工具之選擇
──具需求導向之CRM產品 II

在了解以上的科技需求後，即可與CRM產品的廠商進行高自主權的協商，以了解他們的產品是否能符合和滿足公司特定的需求，另外也必須確定CRM廠商的產品是否能夠支援他們的工具組，以及能否提出最好的實施及部署方式。

四、與客戶關係管理產品的廠商協商

實務上，評估CRM廠商的核心領域是協商過程最重要的一項工作。詢問CRM廠商的常見問題如下：1.CRM產品之功能為何？是單一解決方案或整體解決方案？2.CRM廠商最初是以何種產品作為主力產品？這可看出其核心能力是否在CRM產品。3.CRM產品之優缺點為何？與其他廠商分作的可能性？4.CRM產品是否係以網路為運作基礎？如何運作？5.CRM廠商是否曾負責過類似本公司的顧客資料量與轉換量？6.CRM 產品是否與本公司相關資料庫或資料倉儲相容？7.CRM產品如何將資料轉換至其他系統工具上，或從其他工具中轉移？8.CRM 產品有哪些功能無法提供？是否可由其他廠商補足不足之處？9.公司現有資料能否融入CRM產品中？10.CRM產品能否提供一個可說明所有資料的公開資料模型？11.CRM產品是否允許終端使用者取得資料，以利於在當地使用？12.CRM產品是否已發展包括技術或功能導向的模型，以加速作業進行？13.CRM產品是否已提供資料採用或其他高階分析能力？14.CRM產品平均多久必須修改一次，以符合客製化之需要？15.CRM產品之提供廠商是否提供諮詢服務？或由其夥伴廠商負責此項工作？16.CRM廠商在什麼情況下依賴諮詢夥伴公司？又其合作夥伴公司有哪些？他們員工之核心能力為何？17.CRM廠商在計畫推動後，視本身在專案計畫中角色為何？18.CRM廠商在現有顧客中，哪些客製化產品之比例占多少？19.CRM產品已在相同產業中有多少公司已使用它？20.CRM廠商是否可提供已使用過該產品的業者的同業名單？

五、參考名單和內容

CRM廠商應提供參考顧客名單，否則應予以考量是否委託該CRM業者。參考名單應是已有發展經驗或正對終端使用者展用測試的企業，最佳狀況是同一產業或採用和自己需求相類似的公司，參考對象最好是發展計畫的主管或執行者。當進行拜訪活動時，至少應向對方請教下列幾項核心問題：1.多少人參與執行工作（包括所有參與人員）？2.CRM廠商已估計完成時間為多久？是否依預期進度執行？有沒有更佳的結果出現？3.執行工作時所面臨最大的困難點在哪裡？例如，資料來源過於複雜、使用者之教育訓練及作業流程是否與CRM產品不相合等。4.CRM廠商是否全程參與計畫推動？5.企業對CRM產品自我滿足的期望為何？

需求導向CRM產品選擇的步驟（續）

1.界定客戶關係管理功能　　2.縮小CRM產品選擇範圍

3.擬定科技需求

(1)在整合與連接需求方面　(2)流程和執行需求方面
(3)安全需求方面　　　　　(4)使用需求方面　　　(5)功能特質方面
(6)執行需求方面　　　　　(7)有效性需求方面

4 與客戶關係管理產品的廠商協商

(1)產品功能為何？
(2)廠商最初是以何種產品作為主力產品？
(3)產品之優缺點為何？
(4)產品以網路為運作基礎？
(5)廠商負責過顧客資料量？
(6)產品與本公司資料庫相容？
(7)產品如何將資料轉換至其他系統工具上？
(8)產品有功能無法提供？
(9)現有資料融入CRM產品中？
(10)產品提供公開資料模型？
(11)產品允許終端使用者取得資料？
(12)產品已發展技術或功能導向的模型？
(13)產品已提供資料採用分析能力？
(14)產品多久修改一次以符合客製化需要？
(15)產品提供廠商有諮詢服務？
(16)廠商依賴諮詢夥伴公司的情形？
(17)廠商在計畫推動後的角色為何？
(18)廠商在現有顧客中之客製化產品之占比？
(19)同產業公司有多少已使用該產品？
(20)廠商提供使用該產品的同業名單？

5 參考名單和內容

(1)參與執行工作的人員？　　　(2)廠商估計完成時間？
(3)執行工作面臨最大的困難點？　(4)廠商全程參與計畫推動？
(5)企業對CRM產品自我滿足的期望？

Unit **3-18**
金融業電子化客戶關係管理工具之選擇——其他CRM的發展方式

實務上，並非所有廠商都是購置CRM產品來實施CRM計畫，許多公司亦採取自有發展的CRM或採用應用服務供應商的方式。

一、自有發展的CRM

一般企業發展自有的客戶關係管理系統通常都是基於下列原因：

1.需求的核心CRM能力在市場上無法找到。

2.CRM套裝產品過於昂貴。

3.期望建立一個獨特的解決方案，而有利於核心競爭力的提升。

4.單一CRM產品無法滿足金融業者所需要的主要複合性功能。

二、採用應用服務供應商

目前已有不少企業基於對CRM的需求殷切，來不及進行建置工作，因此選擇應用服務供應商代為處理CRM工作。應用服務供應商即是企業的外包方式，將應用軟體之發展、維護交由專業公司負責，此公司即為應用服務供應商。目前應用服務商的主要型態包括以網路代管為主的公司，提供顧客網路運作及一些其他範圍的服務；另外一種是提供顧客特定及套裝產品的供應商。目前企業選擇應用服務商代為執行CRM工作的理由如下：

1.具備豐富的技術架構，包括伺服器、廣域網路、作業系統及資料庫軟體等。

2.執行的速度較快。

3.具備較多的專業人力，業者無須自行培養人才。

4.可依服務等級協議規範應用服務商必須遵守服務範圍和滿足需求程度。

5.CRM系統具更大的拓展性，對未來業務之拓展更為便利。

6.具備經濟規模，故業者投入在CRM的成本相對較低。

7.應用服務商除能維護CRM計畫外，更能提供資料維護、系統安全、使用者支援等任務。

金融業者欲選擇一家合適的應用服務商並不容易，因此如何選擇相當重要，以下提出一些問題供參考：1.應用服務商是否能提供CRM套裝產品或獨立模組等服務？2.應用服務商能提供多少種CRM產品供選擇？3.應用服務商是否在公司所屬產業中具備豐富經驗？4.應用服務商的服務範圍如何？5.應用服務商的財務是否健全？6.應用服務商如何整合新的CRM產品及公司舊有系統？7.應用服務商能提供何種報告及搜尋功能？其資料庫之容量是否受限制？資料轉換是否容易？8.應用服務商以何種方式保障資料安全？9.應用服務商對營運時所可能發生之系統危機情形，採取何種保障措施？10.應用服務商是否能提出一些參考名單等。

其他CRM的發展方式

1 市場上無法找到

2 套裝產品過於昂貴

自有發展CRM的原因

3 獨特方案有助於提升核心競爭力

4 單一產品無法滿足業者主要複合性功能

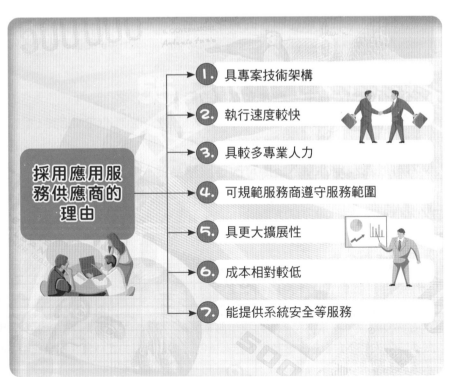

採用應用服務供應商的理由

1. 具專案技術架構

2. 執行速度較快

3. 具較多專業人力

4. 可規範服務商遵守服務範圍

5. 具更大擴展性

6. 成本相對較低

7. 能提供系統安全等服務

Unit **3-19**
金融業有效選擇電子化客戶關係管理系統的作法

有效選擇客戶關係管理系統將使金融業者在導入CRM系統時更為順利，以下提出一些作法供參考。

一、設立CRM產品選擇小組

CRM產品選擇小組的成員應能顧及企業中各項需求，並且須以功能為優先考量。

二、應要求應用服務商能夠達成之需求及就提供服務之期望提出保證

業者應先擬出合適的服務等級協議草案，並對應用服務商提出具吸引力的契約（包括費率、流程改善等事項之要求等）。

三、應進一步思考是否一定採用應用服務商

業者在思考採用應用服務商時，應考量若自己導入CRM系統，或許對公司更為有利。因此前述的相關作法值得業者思考。

四、選擇CRM產品時應從顧客的角度著手

選擇CRM產品若不以顧客角度出發，最後如何能提升顧客的滿意度及忠誠度呢？

五、在執行CRM過程中，應建立本身的能力

若業者在推動CRM過程中，只依賴或一味相信公司顧問或CRM廠商，很容易陷入某些陷阱（例如，顧問不見得真正了解公司的需求）。

六、不可以為利用CRM系統即可改善服務品質

業者在推動CRM計畫時，應注意CRM是包括一整套的流程、資料、科技、技術及策略的解決方案，甚至組織文化更可能影響推動的成效。

小博士解說
客戶關係管理應用服務商之考量與選擇

金融業在推動客戶關係管理時，係應用大數據的作法，找出潛在客戶或客戶的偏好及需求，但是否採用現在應用服務商的CRM系統，最大關鍵點在於是否在導入時不會衝擊金融業內部作業機制，與是否真的能為業者找出有用的資訊。

金融業有效選擇電子化CRM系統的作法

1. 設立CRM產品選擇小組

2. 要求應用服務商能達成需求及就提供服務之期望提出保證

3. 進一步思考是否一定採用應用服務商

4. 選擇CRM產品時應從顧客角度著手

5. 執行CRM過程中，應建立本身的能力

6. 不可以為利用CRM系統即可改善服務品質

 知識補充站

導入電子化客戶關係管理正確的觀念

許多金融業者在導入電子化客戶管理系統時，以為系統完成後便可立即獲得利潤。其實CRM系統的導入只在為金融業者找到可能的運用資訊，例如企業客戶的經營狀況的趨勢、資金的需求等，但是若是金融業者未能建立起本身在CRM方面的專業能力，則無法有效解釋其數據代表的涵義。更重要是服務品質沒有落實在金融業者每一位員工身上，再好的CRM系統亦無法為其帶來更多的利益。

Unit **3-20**
金融業電子化客戶關係管理計畫之推動

　　客戶關係管理系統之發展過程不會完全順利沒有阻礙，它可能在各個技術環節碰到各種風險，有些為純技術問題，有些可能與組織文化有關，因在此執行過程若不能設法克服相關缺失，CRM計畫可能會面臨失敗的命運，故CRM計畫的執行過程是整個計畫的最重要核心。以下就其推動步驟加以說明。

一、執行前的評估

　　針對CRM計畫執行前的評估工作，其實是整個執行工作的前置性任務，它是一種事前的預防工作。就其實務上常被考量的因素說明如下：1.金融業者是否已備妥一份CRM基礎計畫？2.CRM計畫主持人是否了解本身的角色、任務及高階管理者的期待？3.企業內部是否已建立一套CRM成功的標準？4.CRM計畫是否已確認企業本身所擬定的策略與目標？5.CRM計畫是否已編列預算？6.CRM計畫是否能清楚列出顧客的期望？而推動的結果是否能達成顧客的預期？7.企業內部各單位對顧客的定義是否一致？8.CRM計畫是否已能有效規劃出資料需求的功能？9.CRM計畫中是否將外部資料包括在內？10.CRM產品需要哪些工作站架構？又是否便於進行客製化的工作？11.企業內部是否存在政治因素（如組織文化僵硬等）？又是否已解決？12.CRM計畫是否已能明確保障顧客隱私權？

二、成立CRM發展小組

　　企業內部必須成立CRM發展小組，並在小組中設立各種主要工作職位。然而在科技領域者是否應由外部專家協助，必須考量下列問題：1.CRM廠商的發展環境是否夠理想？2.是否有必須一次完成的重要任務？3.是否確定公司需求定義完整？4.是否可由現有員工展開CRM的工作？

三、CRM計畫之執行

　　(一)列出客戶關係管理方案的範圍和優先順序：金融業者若沒有訂定CRM客戶關係管理計畫的範圍和各需求的優先順序，則CRM計畫執行者將會因缺乏架構方向和執行的優先順序，結果會造成無法判斷CRM工具是否需要增減或修改的功能，最後使整個計畫流於形式。在正確界定CRM計畫範圍時，應考量右列因素。

　　(二)建立CRM發展流程及應用架構：即使最簡單的CRM產品也沒有完全適用的模式，CRM計畫發展方式應視企業體質、專家人員、技術標準等而定。不過仍有一些標準可供依據。例如，漸進式發展、需求導向發展、使用者持續全程參與、實施流程嚴格控管。CRM發展流程及應用架構可分為規劃（含業務規劃、基礎架構及設計）、建構（含選擇技術、發展進行）、部署（含接收、評估）三階段。

金融業電子化CRM計畫之推動步驟

1 執行前的評估

2 成立CRM發展小組

例如，業務主其事者（職位愈高愈好）指導委員會、專案執行經理、發展領導者、資料庫發展者、電子商務指導者、資料倉儲指導者、資訊者等。

3 CRM計畫之執行

(1)列出客戶關係管理方案的範圍和優先順序

在正確界定CRM計畫範圍時，應考量因素如下：
①在執行中發展出的特殊科技　②進行計畫的必要技術
③預計投入計畫的人數　　　　④需要支援內部技術的顧問人數
⑤達成目標的可行時程　　　　⑥部門的界線及可能的公司政策問題

(2)建立CRM發展流程及應用架構

①CRM之業務規劃→至少應將CRM企業目標文件化，也就是應提出正式的策略文件。另外亦須考量流程是否必須重新修正？投資報酬率預估與成本節省之目標是否達成？

②進行基礎架構及設計→企業找出內部中現有設備、技術和流程如何影響CRM的實施？受影響的部分包括哪些？這是架構和設計中最重要的步驟。

③技術選擇→根據CRM對現有系統之衝擊及新功能的需求，便可以找出哪些CRM產品是適合公司使用。

④發展CRM→即是進行程式化和編碼，同時必須將所選擇的產品與現有的企業流程整合。完成整合後，必須進行測試，以確認新企業流程係屬可行及新科技產品的功能確有助於簡化流程。因此發展階段大部分是技術工作，如資料庫設計、資料消除和整合、新舊系統之整合等，尤其整合部分更是關鍵性工作。

⑤接收CRM→係指透過公司資訊架構可以將CRM的分析結果傳至需要者的手上。此階段最重要的工作是使用者的訓練，除訓練外，其實接收工作應包括使用者指導手冊、工作協助和其他文書化的內容，以鼓勵使用者盡可能採用新的CRM功能。

⑥評估工作→係為衡量新功能的使用狀況，以了解是否真的能簡化需求與流程。評估標準將可量化的顧客滿意度、投資報酬率外，亦應包括是否解決企業所存在的問題、使用者的意見回饋等。

199

Unit **3-21**
金融業電子化客戶關係管理之功能與推動障礙

由於各解決方案提供者（即CRM廠商）的CRM產品所專長的重點不見得相同，故本文僅將常見的功能提出供參考，並列出推動時可能遇到的障礙。

一、CRM 在金融業常見之功能

(一)多通路客戶互動系統：常見項目包括電腦電話整合、電話交換機、電話語音系統、客戶互動流程管理、傳真及郵件管道支援等。

(二)行銷自動化系統：常見項目包括行銷策略與執行步驟；行銷活動的執行與管理；名單擷取、管理及追蹤；時程、預算與資源管理；行銷活動分析及追蹤；客戶分析；產品服務分析；競爭對手分析等。

(三)業務銷售自動化系統：常見項目包括客戶帳戶管理、銷售活動管理、報價單與建議書準備、契約及產品／方案管理、銷售機會等。

(四)客戶服務系統：常見項目包括客戶資料庫、契約內容及服務層級、契約內容及問題單、答客問及問題解決、客戶連繫管理、訂單處理及服務履行、約會及行程安排等。

(五)電話行銷應用系統：常見項目包括名單匯入與篩選、名單分群與案件分派／重分派、整合自動外撥作業、註記聯絡狀況外援結果與後續作業、行銷活動績效之分析管理、人員績效與佣金管理等。

(六)商業智慧與資料倉儲：常見項目包括行銷自動化績效指標分析；依不同行銷活動、銷售管道之回覆率分析與銷售變化率分析；依行銷活動別實際及預估成本變化率分析；依行銷活動別預估完成剩餘目標業績成本分析；依行銷活動別平均投資報酬與分析；依地區別、產業別、產品別銷售成交率分析等。

(七)業務銷售自動化重要績效指標分析：常見項目包括依地區別、銷售管道別、協銷夥伴別之預期營收分析與結案分析；依地區別平均結案時間分析；依產品別、地區別、銷售管道別平均銷售價格分析；依產品別、地區別平均折扣率分析；依地區別實際業績達成率分析等。

二、CRM 實驗過程最大的障礙

CRM推動過程常會發生許多錯誤，本節僅提出最主要的障礙如下：1.未能訂定客戶關係管理策略；2.未能管理員工的預期心理；3.未能正確定義CRM的成功標準；4.未能改善企業流程；5.未能改變僵硬的組織文化；6.缺乏資料整合；7.未經有效評估即輕率的決定應用服務供應商；8.未能在企業內部持續推動CRM工作；9.未能有效保障顧客隱私權；10.缺乏組織規劃等。

金融業電子化CRM之功能與推動障礙

常見 7 大功能

1. 多通路客戶互動系統
2. 行銷自動化系統
3. 業務銷售自動化系統
4. 客戶服務系統
5. 電話行銷應用系統
6. 商業智慧與資料倉儲
7. 業務銷售自動化重要績效指標分析

推動 10 大阻礙

1. 未訂CRM策略
2. 未管理員工預期心態
3. 未定義CRM成功標準

4. 未改善企業流程
5. 未改善組織文化

6. 缺乏資料整合
7. 未經評估即選定服務供應商
8. 在企業內部未推動CRM
9. 未保障顧客隱私權
10. 缺乏組織規劃

Unit **3-22**
〈個案1〉中信銀網路銀行之安全防護

圖解金融行銷

目前隨著網際網路的技術進行，使用網路銀行的人口逐漸在增加，中信銀在2003年11月底表示，該行網路銀行的註冊戶已達五十五萬戶。根據調查，消費者在選擇網路銀行時，最關心的問題集中在安全問題。

一、個案情境說明

中信銀在網路銀行的布局方面，早已投入網路功能架構的完整建置，其中又以安全機制最為重要。中信銀的安全機制包括五項特點：

(一)比安全，不怕駭客入侵：此安全機制經財政部審核通過，並取得網路銀行經營執照，是嚴密的防火牆。

(二)比保密，傳遞資料封包上鎖：中信銀係採用128 bits SSL encryption封包傳遞資料，即使資料中途遭人截取，亦無法解開或讀取。

(三)採雙重密碼設計：消費者登入網路銀行與進行「交易」功能時，各有一組密碼，登入時必須輸入身分證字號與四位數以上的密碼；若使用轉帳、基金下單等交易功能，則再輸入另一組六至十二位元密碼，透過二道式的身分確認達到安全控管；交易完成後，系統會自動以e-mail通知客戶。

(四)保障個人資料的隱密性：當消費者成功進入後，所有網頁都不會顯示身分證字號與姓名，當顯示卡號時，亦只會出現前後各四碼，個人資料不會外洩。

(五)作業逾時自動保護：當消費者登入中信銀網路銀行時，若有事暫時離開，則系統在五分鐘內自動退出，以防止他人窺視及盜用資料；另若簽入時密碼資料輸入錯誤超過規定次數，則系統自動進行保護。

二、問題重點提要

問題一：若您是一位網路使用者，當您了解中信銀網路銀行的安全機制時，是否會有興趣採用中信銀的網路銀行。請敘述理由。

問題二：中信銀網路銀行的開戶數至1993年止居臺灣地區最高位，您認為該行的安全機制夠安全嗎？它是否有哪些可改善的空間？

小博士解說

線上資金的流通技術

目前在B2C線上資金的流通技術包括SSL、SET、ATM，而網路銀行則以前兩項為主，但SSL必須自己間接認證刷卡會員的身分，以解決SSL交易不安全，但是SET架構則運用RSA資料安全的公開金鑰的加密技術保護交易資料的安全與隱密。

中信銀網路銀行之安全防護

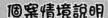

個案情境說明

中信銀在網路銀行早已將網路功能完整連線，尤其安全機制最重視！

1. 比安全，不怕駭客入侵

2. 比保密，資料封包上鎖

3. 採雙重密碼設計

4. 保障個人資料的隱密性

5. 作業逾時自動保護

203

問題重點提要

問題 ①

了解中信銀網路銀行的安全機制時……

您是否有興趣中信銀的網路銀行？理由？

問題 ②

中信銀網路銀行在1993年是居臺灣最多

該網路銀行安全機制夠安全嗎？它是否有哪些可改善的空間？

資料來源：張慧雯，〈中信銀網路銀行五大防護〉，工商時報，2003年11月25日。

Unit **3-23**
〈個案2〉台新金懂得客戶需求

　　台新金在2003年進行組織再造工程，確實使其營運大幅增加，而其成功之道除包括出色的行銷手法及優秀人才外，台新金擁有強大的資料倉儲能力，亦是不可忽略的能力。

一、個案情境說明

　　台新銀行為加強競爭力，特別建置客戶資料倉儲系統，彈性調整市場區隔與客戶分類，將每一筆客戶資料轉化成有意義的行銷資訊，使得銀行能建立最佳市場策略，針對每一位客戶，提供最即時化的個人服務。

　　過去台新金或台新銀行並沒有運用資料庫的概念，銀行的資訊一般只作為日常使用，不具任何分析功能，而累積資料亦無法有效運用，以作為市場競爭之工具。目前銀行已利用客戶資料透過資料倉儲技術，徹底分析客戶屬性，找出客戶的真正需求，並提出更合適的客戶服務，以達到滿足客戶的目的。

　　台新高階主管指出，科技化為台新金帶來更準確的目標行銷，使得該行能降低行銷成本。尤其運用資料倉儲技術，進行交叉分析，有效運用儲存在資料庫的資料；不僅作為業務推動之基礎，更是管理階層作為有效決策之參考。

二、問題重點提要

　　問題一：運用資料倉儲技術分析顧客的需求，已逐漸被金融業者所採用，但是更重要的是業者本身在運用這些資訊時，應如何有效的進行決策。如果您是台金新的行銷人員，您會如何建議運用哪些區隔變數，作為資料倉儲時的分析依據？請依企業金融與個人金融分別探討之。

　　問題二：若您是別家金融業者的企劃人員，由於貴行尚未導入資料倉儲工具，請問您未來在推動過程中，會如何執行呢？請嘗試提出推動步驟及注意事項。

小博士解說
電子化CRM的應用

金融業者運用電子化的CRM系統，從客戶的各種往來訊息中透過挖礦技術等分析工具找出具價值的資訊。但是在進行交叉分析時，必須注意考量市場趨勢等因素，並且應考量相關區隔變數，最後仍以是否能滿足消費者的需求為最主要的考量。

台新金懂得客戶需求

個案情境說明

台新金2003年組織再造
後，營運大幅增加

成功之道
①出色行銷手法
②優秀人才
③強大的資料倉儲能

1.

建置客戶資料倉儲系統
彈性調整市場區隔與客
戶分類，轉化為有意義
的行銷資訊。

2.

**科技化為台新金帶來更
準確的目標行銷**
尤其運用資料倉儲技術
進行交叉分析，作為業
務推動之基礎工作。

問題重點提要

問題①

資料倉儲技術已為金融業採
用，業者如何有效運用分析
後的資料？

建議運用哪些區隔變數，作
為資料倉儲的分析
依據？依企業金融
與個人金融探討之

問題②

金融業者尚未導入資料倉儲
技術，未來在推動時，應如
何執行？

提出推動步驟及注意事項

資料來源：傅沁怡，〈資料倉儲系統，懂得客戶需求〉，經濟日報，2004年4月21日。

Unit **3-24**
〈個案3〉金控善用CRM資料

　　由於金控公司成立，包括富邦金控、國泰金控、華南金控等公司均開始積極整合各種跨售資料，進行資料採礦。

一、個案情境說明

　　富邦金控在2003年4月完成與臺北銀行的跨售系統，並展開跨售行銷布局。其實在1999年時，富邦金控已將客戶關係管理所有資料倉儲系統進行集中管理。目前富邦產險、富邦人壽等金控成員之員工均可進入CRM系統，也就是金控成員均知道公司有哪些產品、有哪些跨售目標，以及又有哪些資源可供運用。

　　以2002年，富邦白金卡的業績來看，除富邦銀本身的行銷及集團的電話行銷外，大部分都是關係企業員工進行跨售推銷，全部都是新業績。尤其富邦銀在2003年已開始轉型為另一種作業環境，即客戶一進門，刷富邦的一本萬利，銀行馬上就知道客戶的身分、消費能力與模式，使得行員能運用跨售的資源。2003年中，臺北銀行加入富邦CRM體系後，富邦金已統一後勤作業平臺、商品設計，使富邦銀與臺北銀行之客戶享受相同的產品。

　　國泰金控也是一種特別強調客戶關係的金控公司；該公司表示，如何利用客戶關係管理系統進行資料採礦，其依法有二：第一，為目標客戶的尋找，從商品特質，針對特定的客戶行銷；第二，從客戶屬性設計客戶所需之商品。

　　國泰金控因其CRM系統在各金控中最完整，且客戶資料龐大，因此所進行之分析，相對較為準確。例如，國泰金控表示，國泰銀行信用卡數至2002年底，急速成長至182萬張，那是國泰金從CRM中，針對消費能力高的都會地區民眾加強行銷的結果。

　　老行庫的華南金控，也充分運用CRM系統開發新客戶，例如，三A優勢帳戶首先鎖定華南房貸戶，其次篩選對象為往來一年及繳款正常客戶為目標客戶群。另外，也利用CRM系統了解每一客戶與華南往來狀況，使用華南多少金融商品？從過去資料中發現客戶忠誠度，以達到業務推展的目標。

二、問題重點提要

　　問題一：國泰金控CRM系統的操作模式為何？該公司認為其分析結果因系統完整與資料龐大，所以分析較為準確。您的看法如何？

　　問題二：華南金控所採用的CRM系統，其作業方式可否給予簡單評論？

金控善用CRM資料

個案情境說明

金控積極整合各種跨售資料，進行資料採用

1.

富邦金
(1)已將客戶關係管理所有資料倉儲系統進行集中管理。
(2)員工均可進入CRM系統運用 相關資訊 。

公司有哪些產品、跨售目標，以及資源可供運用。

2.

國泰金
特別強調客戶關係，且已進行資料採礦，作法包括目標客戶的尋找與依客戶屬性設計客戶所需之商品。

3.

華南金
也運用CRM系統開發出客戶。

問題重點提要

問題①

國泰金認為CRM系統資訊完整且龐大，因此分析準確，其操作模式為何？

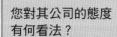

您對其公司的態度有何看法？

問題②

華南金的CRM系統作業方式……

請給予評論

資料來源：金融新聞中心，〈金控業衝刺跨售業績〉，工商時報，2003年2月10日。

Unit **3-25**
〈個案4〉金控公司內容管理需求高

金控公司成立的主要目的是將原有旗下各子公司的金融商品及服務，透過跨業商品組合的設計及搭配，並以全方位服務模式，提升商品的附加價值與競爭力。然而如何將瞬息萬變的龐大商品及服務內容，利用電子化方式，提供給第一線的銷售人員，協助其取得客戶訂單，便成為金控公司應思考的課題。

一、個案情境說明

目前不少金融業者為整合各地營業據點，紛紛設置企業內部行銷人員支援網站，供分行人員、VIP專員、電話銷售人員、保險經紀人、證券經紀人等取得銷售的相關資訊和追蹤其銷售狀況；另為增加銷售管道，亦提供經銷商體系銷售支援網站，供經銷商取得相關資訊。

上述兩項網站的目的是希望經由內容自助式服務管道，使得內外部銷售人員快速取得行銷素材、簡報資料、產品資訊、訓練教材、競爭分析報表等，以增加銷售。

此種有效率的內容管理機制，對內外部人員（包括高階人員）均能取得最即時、正確的資訊，並在提案書、契約及其他文件上的運作。

而交易的前、中、後期等階段，銷售人員也需要和法務、客服、教育訓練、顧問諮詢等公司內的其他部門相互配合，這均有賴內容管理機制之建立。

另外因為金融商品不斷推陳出新，加上客戶希望能掌握即時訊息、購買標的物的績效表現等，因此建立完整的內容平臺與管理系統，才能符合客戶與內部員工的需求。

目前匯豐集團、國泰人壽均致力於強化網站變動管理機制，以確保內容管理功能。即是它可自動執行網路應用變動管理工作的機制，以動態方式更新各式網路應用，並同步將程式碼、內容、設定等變動項目，派送至企業整體的資訊環境中。例如，匯豐在八十個國家設有9,500個據點，原來是分別管理，但在2000年利用整合方式，使得網站變動管理之效率大為提高。

二、問題重點提要

問題一：請試述內容管理對金控公司或龐大金融業者有何利益？

問題二：匯豐集團已整合內部的內容管理，若您是一位尚未實施內容管理的金融業者，試問您會如何思考此問題？會採取何種因應措施？

金控公司內容管理需求高

個案情境說明

金控以電子化方式,將各項分析後資訊,提供第一線銷售人員,協助其取得客戶訂單

1. 設置企業內部行銷人員支援調整
以取得銷售資訊及追蹤銷售狀況。

2. 增加銷售管道
提供經銷商體系銷售支援網站,供經銷商取得銷售的狀況。

3. 有效率的內容管理機制
對內外部人員均可取得正確的資訊,有助於各項服務的執行。

問題重點提要

問題①

內容管理對金控公司或龐大金融業者有何利益?

↓

試論之

問題②

未實施內容管理的金融業者如何思考匯豐集團已整合的內容管理?

↓

未來將採取何種因應措施?

資料來源:王皓正,〈金控業內容管理需求火熱〉,經濟日報,2004年3月12日。

Unit **3-26**
〈個案5〉建華銀CPA洲際管理帳戶 解決臺商資金調度

由於臺灣許多中小企業在海外布局事業據點，但卻常遭遇資金調度的問題；也就是因為各子公司所在地的資金調度程序複雜，無法立即了解入帳情形，再加上無法掌握各子公司的現金部位，以致於無法掌握資金調度的時效性。

另外一種情形是海外子公司無當地銀行的往來紀錄，不易取得融資額度，而母公司在臺灣往來的銀行關係又無法運用到需要資金周轉的海外子公司，這種種情形使得臺灣中小企業在海外市場上面臨資金調度的嚴重問題。

一、個案情境說明

建華銀行因看到此種市場需求，故推出CPA洲際管理帳戶的作法，頗能提供客戶跨區域的金融服務。

也就是說，銀行必須先整合自身的企業集團資源及聯盟銀行的合作，才能使銀行客戶在各種不同的戶頭中使用不同幣值或是讓單一銀行客戶在不同地點（例如，臺灣、中國大陸、香港、美國等），跨各個銀行進行管理與轉帳的工作。

因此，建華銀行與IBM中國研究中心的研究人員進行合作，根據新的商業模式，開發新型的管理及資訊科技應用解決方案，即是CPA洲際管理帳戶的網路平臺。此平臺是以模組化商業整合平臺為基礎，配合客戶需求開發成適當的平臺，成為新一代的商業整合平臺。

此平臺打破各據點分別經營的傳統模式，而以全方位泛太平洋金融服務，作為中小企業在全球營運據點布局的後盾。此帳戶具有六項特色，包括一個按鈕總覽查詢、線上調度快速入帳、線上轉帳安全無虞、一組密碼暢行無阻、一地資產跨區融資，以及優惠價格回饋客戶。

二、問題重點提要

問題一：銀行透過了解客戶之需求，並配合電子化技術，而為其客戶提出問題解決方案。如果您是銀行的企劃或行銷人員，您會如何思考此種作法？（此題目沒有一定答案，主要是期望讀者能在觀察銀行客戶的需求後，推出一些利用電子化技術解決問題的想法）。

問題二：從建華銀CPA洲際管理帳戶的規劃可引申出一個重要觀念，即是金融行銷不只是目前坊間最常見到有關個人金融理財部分的電子化。可否請您以一位廠商的立場，提出法人金融部分之需求（並結合電子化的觀念思考此問題）。

建華銀CPA洲際管理帳戶解決臺商資金調度

個案情境說明

臺商海外布局，面臨資金調度問題

即無法掌握資金調度即時性，且無當地銀行往來紀錄，不易取得融資

1. 建華銀推出CPA洲際管理帳戶，提供客戶跨區域的金融服務。並與IBM合作，根據新商業模式，開發新型管理及資訊應用解決方案

2. 為新一代的商業整合平臺，以全方位泛太平洋金融服務，包括總覽查詢線上轉帳等特色

問題重點提要

問題①

銀行透過了解客戶需求，並配合電子化技術，為客戶提出問題解決方案，您會如何思考此問題？

↓

沒有一定作法。在觀察銀行客戶需求後，推出一些利用電子化技術解決問題的想法

問題②

建華銀CPA洲際管理帳戶的規劃，指出金融行銷不僅只有個人金融理財的電子化

↓

以廠商的立場，提出法人金融的需求，並結合電子化觀念進行思考

資料來源：郭勝雄，〈金控異地臺商，銀行網開一面〉，經濟日報，2004年2月8日。

Unit **3-27**
〈個案6〉寶來證券之電子交易

寶來證券早已推動電子交易的工作，它不僅是臺灣地區證券交易電子下單的龍頭，也是期貨、選擇權電子交易的第一名。

一、個案情境說明

在1994年為了產品差異化的工作，已開始運用財務工程的演算模式，提高金融商品的操作績效。1997年10月，法令容許網路下單業務時，當年12月即推出網路交易業務。至1999年，其業務電腦化已完成整合。不過由於資訊平臺建造成本高，因此寶來證券除了考量此問題外，更進一步思考採購後的系統維修工作、工程是否充足及工程是否熟悉該套軟體。最後，該公司在2003年採用Microsoft的電子商務交易平臺，因為它們認為採Microsoft企業應用整合（EAI）解決方案以BizTalk Server為核心，能將不同平臺、通路整合在一起，讓開發同仁能在最短時間內，以最快速度完成，而且可運用開發過的程式。

其實寶來證券會在2003年採用Microsoft的企業應用整合解決方案的原因，是因為交易平臺不斷修正及推出全新版本，例如，2002年推出樂透online選擇權交易平臺，2003年又推出針對個人設計的策略版選擇權「孫悟空」、針對企業和機構的法人版選擇權「如來Four」及Super點金靈。尤其在開發平臺過程也經歷相當痛苦的掙扎。例如，該公司為讓交易系統與各類型裝置溝通，採取撰寫應用方程式來滿足各類裝置，但此種逐項支援與開發的結果卻造成寶來資源與人力的極大負荷。而且每項支援程式都是專屬專用開發，由於設計過於專屬，資訊管理者不易了解該程式日後如何維護，當軟體運作時有任何間斷或錯誤後，便很難再啟動接續。再加上逐項支援和撰寫就是程式再利用率低，浪費重複開發的人力。

目前寶來的交易平臺，係以個人的投機、套利等主要需求為出發點，延伸到以避險、金控為設計理念的法人需求。例如，寶來在2004年8月推出的法人計量避險平臺，就是從風險管理角度出發，結合現貨、期貨和選擇權的避險平臺，讓被要求在不同券商下單的機構法人或外資，可以統合在不同券商下單的現貨、期貨和選擇權的部分統合，透過模擬試算或情境分析，清楚了解手中現貨和期貨部位的損益狀況，進行適當的風險管理。不過，寶來證券資訊處協理吳泳文認為新金融商品不斷產生，未來電子交易平臺可進一步努力的空間仍相當多。

二、問題重點提要

問題一：請針對寶來證券在電子化系統之整合問題提出評論。

問題二：請您依據寶來證券在尋求軟體開發的過程，提出您對軟體系統評選的應有作法。

寶來證券之電子交易

個案情境說明

寶來證券早已推動電子交易

2003年採用微軟電子商務交易平臺,目前其證券方面40%至60%的成交金額來自電子下單,期貨和選擇權更高達70%以上

(1)應用整合解決方案,將不同平臺、通路整合在一起
(2)交易平臺不斷修正及推出新版本

> 例如,2002年10月14日推出樂透online選擇權交易平臺,在2003年4月分又推出針對個人設計的策略版選擇權「孫悟空」、針對企業和機構的法人版選擇權「如來Four」及Super點金靈。

(1)目前寶來交易平臺,係以個人投機、套利等主要需求為出發點,延伸到以避險、金控為設計理念的法人需求
(2)寶來證券認為上述作法有進一步改善空間

213

問題重點提要

問題①

寶來證券在電子化系統的整合問題……

請提出評論

問題②

寶來證券在尋求軟體開發過程提出您的看法?

針對軟體系統的評選應有之作法加以說明

資料來源:
1. 姜愛苓、李娟萍,〈寶來證券,理財e路追到底〉,經濟日報,2003年5月2日。
2. 姜愛苓,〈寶來電子交易,e路領先〉,經濟日報,2004年9月1日。

Unit **3-28**
〈個案7〉中國信託第三方支付pockii平臺

　　中信銀行運用第三方支付服務平臺—pockii，協助傳統老店推出雲端銷售機制，自2014年3月中推出兩個多月以來，財團法人資訊工業策進會估計，2015年臺灣網購市場產值可達新臺幣1.34兆元，年成長率將達14.1%，顯見網路購物潛力無窮，知名傳統老店因應近年臺灣網購市場蓬勃發展，紛紛建置官方網站並積極拓展線上商機，但線上訂購及金流服務仍缺乏有效管理工具。

一、個案情境說明

　　中信銀行近年來積極關注消費者生活型態及消費發展趨勢，因此不斷推出新型支付工具與服務，2014年3月中推出第三方支付平臺pockii，不少網購族群廣泛使用，消費者可在家輕鬆訂購商品，享受安心、便利的付款服務，店家也可透過pockii提供網路收銀機功能，藉由簡單方便的操作方式，有效解決線上金流管理服務問題，降低實體店家進入電子商務領域的門檻。已快速累積2,000多名會員，更協助網路知名食品購物代理公司與傳統老店家推出雲端銷售機制，開創網路新商機，增加多元獲利管道，創造新臺幣近百萬元業績，成功跨足雲端商務領域。

　　網路食品購物代理公司以「良品嚴選計畫」與中信銀行合作pockii支付服務，透過社群網站、部落格、企業團購等方式，推出雲端銷售機制，已創造超過千筆訂單成交紀錄，增加近百萬元的銷售業績；而端午節期間，引進南門市場老字號品牌「立家湖州粽」與「老林記」之商品，消費者在選購這兩間店家的商品時，不僅能使用pockii服務，還可結合QR code訂購單功能，直接在報紙上掃描QR code下單並付款，簡單又方便，輕輕鬆鬆完成交易。

　　中信銀行pockii服務針對成功交易的訂單收取金流手續費，無任何系統設定費與年費，今年6月30日前提供網路ATM虛擬帳號收款零手續費優惠，申請pockii服務流程簡便，申請一般會員上網進行資料填寫、驗證，三分鐘即可完成設定；申請法人會員，線上資料填寫列印後，檢附相關資料寄回中信銀行即可進行審核，三至五日就可完成設定開通。

二、問題重點提要

　　問題一：中信銀行2014年3月中推出第三方支付平臺pockii，其目的何在？又基於何理由？請試敘述之。

　　問題二：目前網購已為市場主流之一，中信銀行推出第三方支付平臺pockii是否未來能真如初期發展順利？另如果您是一位行銷專家，您會提出哪些建議？

中國信託第三方支付pockii平臺

個案情境說明

中信銀的pockii

中信銀運用第三方支付服務平臺——**pockii**，協助老店推出雲端銷售機制

1. 知名傳統老店在線上訂購及金流服務缺乏有效的管理工具

2. pockii提供網路收銀機功能，有效解決線上金流管理服務問題

3. pockii服務對成功完成交易收取金流手續費，但無須系統設定費及年費

問題重點提要

問題 ①

中信銀pockii第三方支付平臺的目的何在？

↓

其思考方向為何？

問題 ②

中信銀推出pockii第三方支付平臺是否能順利發展？

↓

您會提出哪些建議？

資料來源：Yahoo奇摩新聞訊息快遞，2014年6月5日。

第 **4** 章
金融科技

●●●●●●●●●●●●●●●●●●●●●●●● 章節體系架構 ▼

Unit **4-1**
金融科技之定義與推動作法

一、定義

　　金融科技（FinTech，Financial Technology）屬於產業金融的範疇，主要係指金融產業與科技產業之融合。經濟發展除依賴科技推動外，同時科技產業的發展卻也需要金融的支援。由於高科技企業通常是高風險產業，因此融資需求相對較大，所以金融產業與科技產業之融合，常是科技企業尋求融資的過程。

　　金融科技目前並無一個共同的定義，但大致係指運用科技開發，達成金融服務模式的創新及改變，獲取更多的營運空間與利潤。這過程包括政府與民間推動的一系列金融工具、金融制度、金融政策與金融服務之系統性改革。

　　金融科技的本質大致包括四項：第一，金融與科技的融合成為一種新經濟成長模式；第二，金融科技即是一種創新活動，它是企業家將科技和金融服務轉化為商業活動的行為；第三，金融與科技整合是金融資本獲取高附加價值報的過程；第四，金融與科技整合就是科技資本化之過程，也就是一種財富創造工具的過程。由此可見，讓金融資本參與科技創新的活動中，使它在分散科技創新風險的同時，也分享科技創新的收益，這是金融與科技有效結合的機制；金融資本讓科技創新更快，從而為自身帶來更大的回報。這個機制包含兩層含義：第一，是科技創新需要藉助金融資本來實現風險分散以及財富增值；第二，是科技創新將有助於促進營運效率的提高，從而為金融資本帶來高額報酬。

二、推動作法

　　金融科技主要有兩種推動方式，一種是政府資金建立基金或母基金引導民間資本進入科技企業，另外一種是多樣化的科技企業股權融資通路。具體作法包括政府扶持、科技貸款、科技擔保、股權投資、多層次資本市場、科技保險以及科技租賃等。

三、參與者

　　金融科技的參與者包括政府部門、創投公司、企業、社會中介機構等。政府在其中扮演舉足輕重的角色，不僅投入龐大的資金資助科技型企業、創投公司、成立研究機構等，並設立特定產業領域的基金，如科技成果轉化基金、育成基金、產業投資基金等。

四、金融科技模式

　　包括第一類，因「商業模式」創新，淡化金融業「中介」模式；第二類，因「技術」創新誕生的金融商品服務；第三類，「交易流程」創新產生的新服務。

金融科技之定義與推動作法

定義	金融科技 金融產業與科技產業之融合 係指運用科技開發，達成金融服務模式的創新及改變，獲取更多的營運空間與利潤

推動作法

① 政府資金建立基金或母基金引導民間資本進入科技企業

② 多樣化的科技企業股權融資通路

參與者

政府部門　　創投公司　　企業　　社會中介機構

金融科技模式

① 因「商業模式」創新，淡化金融業「中介」模式

② 因「技術」創新誕生的金融商品服務

③ 「交易流程」創新產生的新服務

Unit 4-2
金融科技常見模式 I

圖解金融行銷

　　金融科技模式大致可分為三類，包括第一類，基於「商業模式」創新，以淡化金融業「中介」功能之模式；第二類，係因「技術」創新，所產生之金融商品服務；第三類，則來自「交易流程」創新，所產生的新服務。以下就目前金融科技模式予以簡述，但相信隨著科技與觀念的改變，將會產生更多元化的商業營運模式。

商業營運模式1：P2P匯兌

　　其概念在於利用比銀行之低的兌換利率，讓手上有貨幣對換需求的人透過平臺找到對換貨幣。其運作方式是欲將歐元兌換英鎊的使用者把歐元存入平臺帳戶，平臺收到歐元後，配對要將英鎊換成歐元的使用者（平臺也會找尋其他使用者的資金），最後透過平臺讓另外一人把英鎊換成歐元，而整個過程不必經過銀行。目前跨國P2P兌換公司可節約90%左右的國際轉讓手續費。最知名業者TransferWise過去四年透過TransferWise轉帳金額超過45億美元，其他還有如Azimo、CurrencyFair、PeerTransfer等。

商業營運模式2：群眾募資

　　其概念在於利用網路平臺提出計畫內容或創意作品訊息，以取得獲得眾多支持者的資金，最後得以執行計畫或完成作品。其運作方式是募資者在網路平臺上公布募資專案，藉以吸引眾多支持者；若未達資金目標，則撤回募資專案；若能達成資金目標，則執行募資專案，最後支持者可獲得商品服務或股權等回饋。臺灣已開始推動股權式群募平臺，包括元富證、第一金及創夢市集等業者加入，目前交易金額微小，尚未形成風潮。

商業營運模式3：機器人理財

　　其概念在於利用機器人幫客戶制定出低成本的投資組合計畫，能夠提高收益，且不會收取高昂費用。運用方式是理財者將個人信用狀況及資金條件提供給機器人理財平臺，並由平臺自動整合數據，提出一份簡單易懂的投資組合建議報告供理財者參考。目前美國採自動化諮詢和理專輔助諮詢兩大模式，委由機器人提供較簡單的理財資訊。包括Mint、Betterment、WealthFront、Personal Capital等。

商業模式1：P2P匯兌

平臺收到歐元後，配對欲將英鎊換成歐元的使用者（平臺也會找尋其他使用者的資金）

欲將歐元兌換成英鎊者

欲將歐元兌換英鎊的使用者把歐元存入平臺帳戶

① 歐元帳戶

P2P匯兌平臺

② ② 英鎊用戶

③ 欲將英鎊兌換成歐元者

透過平臺讓另外一人把英鎊換成歐元，而整個過程不經過銀行

其他用戶

其他用戶

商業模式2：群眾募資

募資者 ① **公布募資專案** 支持者

② 未達成資金目標

成功達成資金目標

③ 撤回募資專案

執行募資專案

支持者獲得商品服務或股權等回饋

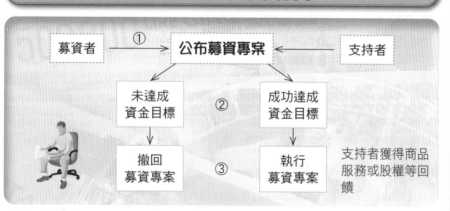

商業模式3：機器人理財

提供信用狀況及資金條件等到機器人理財平臺

機器人理財平臺

平臺會自動整合數據

① 理財者

② 分析後的理財報告

提供理財者易懂的投資組合建議書

③ 提供視覺化的個人投資組合建議

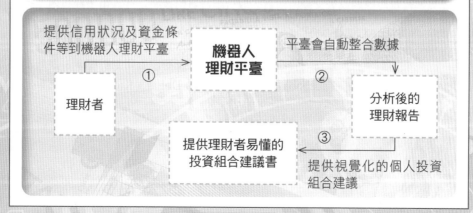

Unit 4-3
金融科技常見模式 II

圖解金融行銷

商業營運模式4：P2P網路貸款

其概念則是具閒置資金者，透過第三方網路平臺的媒合，借錢給有資金需求者，以獲得報酬。也就是在P2P網路貸款平臺上，由借款者提出欲貸款項目，而理財者則尋找可提供借款之項目，並透過平臺達成放款目的，最後由借款者透過網路平臺將本金與利息還給理財者。目前中國大陸已超過三千家P2P平臺，總成交量破兆元人民幣，但因徵信風險管控與監管不佳，一千家可能倒閉。美國因信評體系完整無倒閉潮，最大平臺LendingClub已IPO。臺灣不流行。較具知名度者為Lending Club、拍拍貸、Zopa、Kiva等。

商業營運模式5：第三方支付

其運作方式是在第三方支付平臺下，由買方付款給第三方支付平臺，再由其通知賣方已收到款項；接著賣方將寄送商品給買方，在商品猶豫期結束後，第三方支付平臺會撥付款項給賣方。以支付寶模式為例，即為買方及賣方間建立一個中立的支付平臺，提供買賣雙方資金代收代付，讓交易更有保障。在臺灣領有第三方支付執照公司目前主攻行動支付，即透過網路連結使用者與第三方支付公司及銀行，協助使用者實現行動付款或資金結算等用途。目前歐付寶、LinePay、PChomePay、智付寶、ezPay等臺灣業者，即將進入停車、購物、搭計程車等生活場景，主要業務為線上儲值、代收代付及帳戶移轉。案例如PayPal、支付寶、PChomePay等。

商業營運模式6：虛擬貨幣

其概念是由特定虛擬社群進行開發與控制，並被特定虛擬社群成員使用的貨幣，如魔獸遊戲幣與Facebook Credits。或如比特幣，係依靠網路點對點產生的協議信任，不由任何機構發行與控制的數位貨幣。若以比特幣為例，首先賣家使用電腦運算進行資源挖礦或去交易所購買，取得虛擬貨幣後將之存入電子錢包內，完成虛擬貨幣儲存；然後可轉帳給別人、與商家交易換成商品，或直接換成美元等貨幣，最後完成虛擬貨幣交易。由於區塊鏈（blockchain）技術受金融業矚目，如瑞銀、巴克萊等二十五家銀行，投資新創公司R3 CEV初創公司制訂標準。臺灣不盛行。案例包括Bitcoin、Facebook Credits、Linden Dollar、Kickstarter、京東眾籌等。

商業模式4：P2P網路貸款

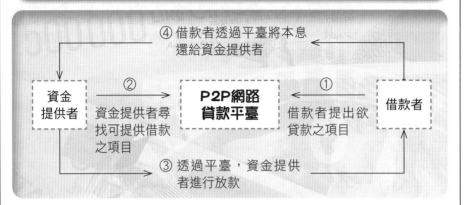

④ 借款者透過平臺將本息還給資金提供者

| 資金提供者 | ② 資金提供者尋找可提供借款之項目 → | **P2P網路貸款平臺** | ① ← 借款者提出欲貸款之項目 | 借款者 |

③ 透過平臺，資金提供者進行放款

商業模式5：第三方支付

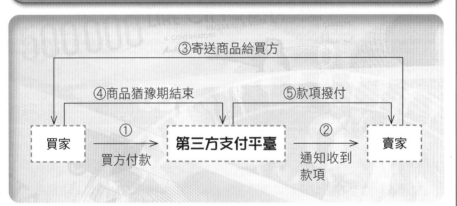

③寄送商品給買方

④商品猶豫期結束　　　⑤款項撥付

| 買家 | ① → 買方付款 | **第三方支付平臺** | ② → 通知收到款項 | 賣家 |

商業模式6：虛擬貨幣

以比特幣為例

| 賣家 | ①使用電腦運算進行資源挖礦或去交易所購買 | 獲得虛擬貨幣 |

②把虛擬貨幣存放在電子錢包內

| 虛擬貨幣交易 | ③轉帳給別人、與商家交易換成商品、直接換成美元等貨幣 | 虛擬貨幣儲存 |

Unit 4-4

〈個案1〉金融科技正在成為全球性 的產業趨勢

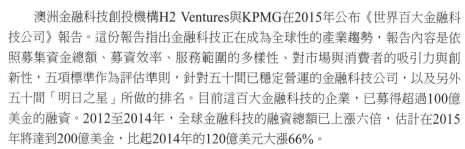

一、個案情境說明

　　澳洲金融科技創投機構H2 Ventures與KPMG在2015年公布《世界百大金融科技公司》報告。這份報告指出金融科技正在成為全球性的產業趨勢，報告內容是依照募集資金總額、募資效率、服務範圍的多樣性、對市場與消費者的吸引力與創新性，五項標準作為評估準則，針對五十間已穩定營運的金融科技公司，以及另外五十間「明日之星」所做的排名。目前這百大金融科技的企業，已募得超過100億美金的融資。2012至2014年，全球金融科技的融資總額已上漲六倍，估計在2015年將達到200億美金，比起2014年的120億美元大漲66%。

　　另外，說明金融科技產業上兩個重要趨勢：

1. 降低交易風險，提升技術。付款失敗是金融交易最大的風險，在2015年的百大金融科技企業中，有關支付與交易的企業比起去年成長25%，是個別領域中成長最大的部分。

2. 保險業逐漸扮演重要角色：2015年前兩名分別是中國眾安保險以及美國Oscar網路健保公司，並且在百大中有七間保險公司上榜，保險業已逐漸在金融科技風潮中找到自己的定位。

其他金融機構中，貸款公司占了二十八間，財富管理公司十四間。

以下是前五大公司排名，說明如下：

1. **眾安保險**：中國首家網際網路保險公司，由螞蟻金服、騰訊、中國平安等中國企業聯合設立。截止2015年11月底，客戶數已達3.56億人。

2. **Oscar**：美國網路健保公司，利用網路技術和遠程醫療手段，簡化看病及醫療理賠流程。與客戶保持即時聯繫，將預防和治療結合起來，有效鼓勵顧客主動對自己的健康狀況進行管理，及早進行預防治療。

3. **Wealthfront**：美國線上理財服務平臺，管理費低且進入門檻低，彌補傳統理財行業的空缺。

4. **趣分期**：中國針對大學生及年輕白領提供分期購物和現金消費等服務的金融平臺。

5. **Funding Circle**：英國最大P2P平臺，透過網路為想要投資的個人提供投資機會，投資目標為有潛力的中小企業，從而為需要融資的中小企業提供借款管道。

二、問題重點提要

　　金融科技公司已快速於全球興起，這是一股無法阻擋的產業趨勢，請問身為現有傳統金融機構的一員，您會建議貴公司採取哪些相關因應策略？

金融科技為全球性的產業趨勢

個案情境說明

2015年世界百大金融科技公司報告

評估準則

①	②	③	④	⑤
募集資金總額	募集效率	服務範圍的多樣性	對市場與消費者的吸引力	創新性

募集資金大幅且快速增加

趨勢

降低交易風險，提升技術

保險業逐漸扮演重要角色

問題重點提要

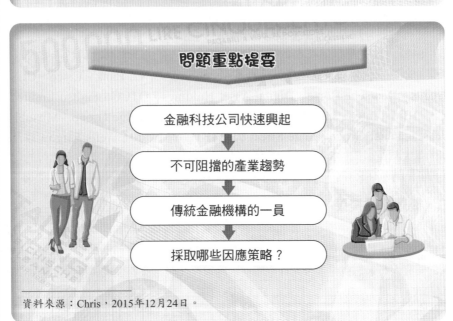

金融科技公司快速興起

↓

不可阻擋的產業趨勢

↓

傳統金融機構的一員

↓

採取哪些因應策略？

資料來源：Chris，2015年12月24日。

Unit **4-5**

〈個案2〉Linux基金會趕搭FinTech風，出面整合科技巨頭打造區塊鏈技術

一、個案情境說明

　　Linux基金會在2015年12月發表一項與區塊鏈（Blockchain）技術相關的Ledger（分類帳）專案，將聚焦於開發開放源碼的企業等級分散式分類帳架構，目的在於找出與解決分散式分類帳技術的重要功能，並建立該技術的跨產業開放標準。目前包括IBM、Intel等科技業者，與J.P. Morgan、倫敦證券交易所集團、澳盛銀行等金融業者，皆已承諾將投入此一專案計畫。

　　區塊鏈為一可記錄交易資訊的分散式資料庫，最為人所熟知的應用即是作為比特幣（Bitcoin）的公開分類帳。Linux基金會指出，分散式的分類帳是一個永久且安全的工具，方便建立不需要集中控制，且符合成本效益條件的商業網路；具備分散式分類帳之後，幾乎任何有價值的東西都能交易與追蹤，此一新興技術將在許多企業應用上帶來更多發展機會，例如把證券交易的時間從幾天縮短到幾分鐘，或是協助企業管理物流與相關的付款，亦允許製造商、OEM與監管機關分享生產紀錄，以降低產品召回機率。

　　Linux基金會執行總監Jim Zemlin表示，由於任何能夠改變人們生活及商業流程的高度複雜技術，在早期發展階段都需要跨產業及開源的合作，以進行技術的強化。而分散式分類帳將有助於改造各式產業，包括銀行、物流到物聯網。

　　由於分散式分類帳技術的應用極為廣泛，已有二十家來自科技產業及金融產業的組織承諾將投入此一專案，涵蓋Accenture、ANZ Bank、Cisco、CLS、Credits、Deutsche Börse、Digital Asset Holdings、DTCC、Fujitsu Limited、IC3、IBM、Intel、J.P. Morgan、London Stock Exchange Group、Mitsubishi UFJ Financial Group、State Street、SWIFT、VMware、Wells Fargo，以及由四十二家銀行組成的R3區塊鏈技術聯盟。其中IBM已決定要捐贈數十萬行的程式與相關的專利，R3則準備貢獻可符合全球金融機構需求的新一代金融交易架構。

二、問題重點提要

　　區塊鏈為一可記錄交易資訊的分散式資料庫，既然它的應用極為廣泛，而且包括許多全球性科技公司及金融機構均已參與該項發展計畫。請問若您是一家金融機構的研究人員，您會建議公司採取哪些因應策略（包括服務模式與科技設備）？

Linux基金會：整合科技巨頭打造區塊鏈

個案情境說明

Linux基金會發表與區塊鏈技術相關的分類帳專案

聚焦在開發開放源碼的企業等級分散式分類帳架構

找出與解決分散式分類帳技術的重要功能

IBM、Intel、J.P. Morgan、倫敦證券交易所、澳盛銀行等科技、金融業者參與，組成R3區塊鏈技術聯盟

227

問題重點提要

許多全球性科技公司及金融機構均參與Linux基金會的區塊鏈之開發計畫

金融機構應在服務模式與科技設備的購置上有何因應策略？

資料來源：陳曉莉，http://www.cw.com.tw/article/article.action?id=5070722#sthash.ddvbSpX2.dpuf，2015年12月18日。

Unit **4-6**
〈個案3〉使用IT顛覆金融服務的 FinTech實例(一)

一、個案情境說明

全球目前已超過一萬家FinTech公司，正在瓜分傳統金融業者的大餅；有些在既有金融服務上提供創新模式，或將新技術應用在金融服務環節，部分則直接取代傳統金融服務。這些創新模式和應用涵蓋範圍很廣，包括行動支付、跨境匯款、個人與企業貸款、保險業務、投資理財等不同領域。

(一)P2P線上保險平臺Friendsurance

該公司運用創新社群聯保降低風險，讓保險公司願退四成保費，2010年成立於德國（公司網站：www.friendsurance.com）。以前買保險如果沒發生意外，保費就全數被保險公司賺走，P2P線上保險平臺Friendsurance與傳統保險公司合作，提供消費者獎勵機制，消費者可經由社群網路和親友組成群體一起買保險，若保險產品到期，這個群體都沒有申請索賠，最高能拿回四成的保費作為獎勵。這個線上保險平臺能吸引保險公司的原因理由，在於消費者為獲得獎勵，不僅會主動找親友一起買保險，且能相互監督；為保險公司省下業務人力成本之時，同時大幅降低詐領保費的機率，讓保險公司願意回饋一部分佣金給消費者，達到雙贏的目的。Friendsurance目前已和六十家保險業者合作，據統計有八成以上的民眾都能順利拿到獎勵，平均可領回超過三成的保費。

(二)P2P跨國轉帳免上銀行TransferWise

P2P跨國轉帳免上銀行，手續費超低只收0.5%。2010年成立於英國，市值10億美元（公司網站：transferwise.com）。TransferWise透過P2P轉帳技術平臺，使用真實貨幣交換匯率和低手續費，打破銀行從中抽取高手續費的慣例，讓金錢流通更自由。轉帳技術平臺將貨幣的買家和賣家進行配對，使用者不必透過銀行，即可進行跨國匯款，每筆交易手續費只要0.5%。TransferWise使用者大多在歐洲，已超過50萬名用戶，過去四年透過TransferWise轉帳金額超過45億美元。創辦人Taavet Hinrikus認為金融產業一直不夠透明，消費者認為所支付金額與實際付出金額間差異甚大，因此TransferWise想要打破這個現象。

二、問題重點提要

請問您若為一家保險公司的高階主管面對P2P線上保險平臺的出現，您會採取哪些策略（包括服務模式、資訊化等）？

使用IT顛覆金融服務的FinTech實例(一)

個案情境說明

1.
P2P線上
保險平臺
Friendsurance

➤ 創新社群聯保降低風險,最高退四成保費

➤ 與傳統保險公司合作,提供消費者獎勵機制

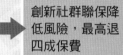

2.
P2P跨國轉帳
免上銀行
TransferWise

➤ 在平臺上將貨幣的買家與賣家進行配對,使用者不透過銀行,即可進行跨國匯款

➤ 打破傳統高交易手續費的作法,手續費只收0.5%

問題重點提要

P2P線上保險平臺在市場上出現

保險公司應如何調整或創新服務模式?又如何進行資訊化?

資料來源:辜騰玉,2012年11月12日。

Unit **4-7**
〈個案4〉使用IT顛覆金融服務的 FinTech實例(二)

一、個案情境說明

(一)跨境匯款平臺Xoom

　　該公司運用App在四十個國家進行跨境匯款業務,小額匯款快且相對便宜。2001年成立於美國,市值9億美元。透過銀行跨國匯款不僅被收取高額手續費,且須等待數日後才能將匯款款項進到另一邊帳戶,此種情況對小額匯款者相當不合理。跨國匯款公司Xoom從小額匯款著手,讓美國民眾可以匯錢到其他國家,提供比銀行或PayPal更低手續費;只要美國的銀行帳戶或信用卡綁住Xoom帳號,即可隨時隨地透過行動裝置上App快速完成跨國匯款。從美國匯款到中國大陸的銀行帳戶只要幾秒鐘,每筆交易手續費8.88美元,遠低於銀行的手續費。目前Xoom匯款服務橫跨全球四十個國家,超過130萬名活躍用戶,2014年經手的匯款金額達69億美元,連電子支付巨人PayPal都想買下Xoom。

(二)P2P借貸平臺Lending Club

　　全球最大P2P借貸平臺,搶走銀行130億美元貸款。2006年成立於美國,市值56億美元。Lending Club是全球最大也是第一家上市的P2P借貸平臺,提供個人信貸與企業信貸,以降低銀行貸款高利率,同時可得到更高利息回饋;他們放棄銀行中間者的角色,以技術與網路平臺取代銀行處理信貸的複雜流程與人力成本,節省之成本回饋放款人與貸款人。Lending Club提供靈活風險定價策略,依據貸款人信用評等決定利率,因此信用良好者取得較銀行更低的利率,反之亦然。

(三)向中小企業提供小額貸款的線上平臺OnDeck

　　該公司運用大數據分析數百項指標,使得20萬美元之企業貸款可在一天內完成核定。2006年成立於美國,市值9億美元。OnDeck是美國一家向中小企業提供小額貸款的線上平臺,可快速向中小企業放貸,貸款金額最高20萬美元,期限六個月到十八個月不等。用戶只需要幾分鐘就能在線上提出信貸申請,OnDeck透過資料分析技術OnDeck Score,依據數百個指標來評估企業風險,一天內完成所有審核,並將款項匯至申請人帳戶(傳統銀行可能需要數週)。

二、問題重點提要

　　目前臺灣金融業者在信貸方面的業務有相對嚴格的作法,試問您認為政府與金融業者如何因應走向大幅開放的世界潮流?

使用IT顛覆金融服務的FinTech實例(二)

個案情境說明

1.

跨境匯款平臺 Xoom

→ 美國銀行帳戶或信用卡綁住Xoom帳號，隨時隨地透過行動裝置App快速完成跨國匯款

→ 低手續費

2.

P2P借貸平臺 Lending Club

→ 放棄銀行中間者角色，透過技術與網路平臺進行信貸處理

→ 信用良好者取得較銀行更低利率，反之亦然

3.

向中小企業提供小額貸款的線上平臺 OnDeck

→ 透過資料分析技術評估企業風險

231

問題重點提要

全球信貸業務走向大幅開放，且利用網路平臺運作

政府如何制定符合潮流法規？

金融業應有哪些策略因應此潮流？加入此潮流或維持現狀？

資料來源：韋騰玉，2012年11月12日。

Unit **4-8**
〈個案5〉使用IT顛覆金融服務的 FinTech實例(三)

一、個案情境說明

(一)線上支付API平臺Stripe

　　該公司為一家簡單線上支付API平臺,目前包括蘋果和支付寶等公司都想與其合作。2010年成立於美國,市值35億美元。Stripe提供線上支付服務API,協助企業在自己的網路商店或行動應用中,連接金流服務後臺系統,協助企業解決跨國支付的金流問題。消費者也能透過簡單支付流程,在不用離開原本的網站或是應用程式即可完成交易。Stripe目前已在包括美國、加拿大、澳洲及許多歐洲國家等二十三國推出服務,可以使用並接受139種貨幣,甚至包含比特幣在內,每年從數千家商店中經手數十億美元,Apple、Twitter和阿里巴巴的付費平臺支付寶都搶著和Stripe合作。

(二)投資理財服務平臺Wealthfront

　　該公司推動投資理財自動化,投資無須理財專員的協助。2011年成立於美國,市值8億美元。Wealthfront打破傳統投資方式,透過自動化的投資理財服務平臺,協助找出最佳的長期投資模式,進入資金門檻低,吸引年輕族群跨進投資理財領域。目前平臺已處理過30億美元以上的客戶資產。Wealthfront提供第一筆1萬美元的投資不收取管理費,每年諮詢費低於0.25%(傳統投資理財諮詢服務需花費3%費用),且可透過邀請朋友參與降低服務費用。

(三)比特幣交易平臺Coinbase

　　該公司為美國最大比特幣交易平臺,目前已有四萬家商店都能接受比特幣。2012年成立於美國,市值9億美元。Coinbase提供比特幣交易平臺與錢包服務,透過網頁或行動App進行比特幣交易;行動App能提供即時的比特幣價格趨勢圖,目前已經支援繁體中文。Coinbase平臺上目前已有280萬個用戶,超過四萬家合作店家,其服務範圍已達三十二個國家,消費者可在這些國家進行比特幣交易,並收取1%手續費。2011年Coinbase宣布和PayPal合作,將虛擬貨幣整合到旗下電子支付業者Braintree的支付系統,Braintree客戶將其Braintree帳號串連Coinbase帳號後,即能接受比特幣作為交易貨幣。

二、問題重點提要

　　線上支付平臺已日漸為大眾所接受,若您是一家金融業者,您會採用自創支付平臺或加入現有支付平臺的策略?理由為何?

使用IT顛覆金融服務的FinTech實例(三)

個案情境說明

1.
線上支付API
平臺
Stripe
→ 協助企業在網路商店或行動應用中，解決跨國支付的金流問題
→ 包括100多種貨幣的交易服務

2.
投資理財
服務平臺
Wealthfront
→ 協助投資人找出長期投資模式，且進入門檻低
→ 管理費、諮詢費低

3.
比特幣交易
平臺
Coinbase
→ 提供比特幣交易平臺與錢包服務，透過網頁或行動App即可進行交易
→ 將虛擬貨幣整合到旗下電子支付業者Braintree支付系統，接受比特幣作為交易貨幣

問題重點提要

線上支付平臺已成為市場上潮流

↓

金融業者應自創支付平臺或加入現有支付平臺？策略如何決定？
理由為何？

資料來源：辜騰玉，2012年11月12日。

●●●●●●●●●●●●●●●●●●●●●●●●●●● 章節體系架構 ▼

Unit **5-1**
金融從業人員之銷售態度

　　金融從業人員在銷售上應有之態度，常是金融產品行銷能否成功之重要因素。因此只有在正面的態度下，金融從業人員才能以自信、樂觀、積極、進取、快樂的心態下，將金融產品銷售出去。

　　一般而言，金融從業人員對銷售態度可從對自己的態度、對銷售的態度、對挫折的態度、對顧客的態度及對產品的態度等面向思考。

一、對自己的態度

　　金融從業人員要建立正確的銷售態度，至少應認識自己且喜歡自己，如果做不到這兩項，則無法真正以自信、快樂的心情面對顧客。

二、對銷售的態度

　　金融從業人員面對銷售之態度應先了解銷售的動機為何？由於過去並不是所有金融從業人員必須從事直接銷售之業務，但由於環境改變，幾乎所有人員多少均負責部分金融產品的銷售業務；因此在銷售上的態度應先予調整，以免無法適應，尤其是公營機構所改制的金融機構。

三、對挫折的態度

　　對金融從業人員而言，過去無須銷售金融商品，但現在卻因環境要求，不得不改變過去作法，例如，許多金融機構會要求員工銷售保險或招攬信用卡等，而這些對金融從業人員均會產生無比挫折。因此金融從業人員必須將銷售時所遭遇之挫折視為正常現象，同時以樂觀的態度對待挫折，使個人在銷售上更具自信。

四、對顧客的態度

　　過去金融從業人員是等顧客上門的行業，因此在對顧客態度的表現，完全憑個人喜好或個人個性而異。而目前金融從業人員對顧客應將之視為衣食父母，並且設身處地為顧客著想；或許實際上顧客的想法不一定是正確的，但在表示不同看法時，亦應秉持顧客為上的作法，盡量不要得罪顧客；即使討厭此種顧客，也須在態度上有所保留，不可立即情緒反應。

五、對產品的態度

　　目前金融產品的種類多樣化且各具專業性，因此金融從業人員必須深入了解產品特性，是否適合所有顧客；若有不了解的情況時，則須請教其他具專業的同仁或同業，不可只是一味想賣出產品，而忽略是否會產生對顧客不利的情形。

金融從業人員之銷售態度

銷售態度

1.

對自己的態度
至少應做到認識自己且喜歡自己這兩項。

2.

對銷售的態度
應先了解銷售的動機為何？

3.

對挫折的態度
將銷售遭遇之挫折視為正常現象，同時樂觀看待挫折，使個人在銷售上更具自信。

4.

對顧客的態度
應將顧客視為衣食父母，並且設身處地為顧客著想。

5.

對產品的態度
必須對產品深入了解其特性，它是否適合所有顧客。

金融從業人員只有在正面的態度下，才能以自信、樂觀、積極、進取、快樂的心態下，將金融產品銷售出去。

Unit **5-2**
金融從業人員形象之建立

　　金融從業人員在銷售產品時，其個人形象常具關鍵性；也就是金融從業人員是否能得到顧客信任，與其個人形象有著密切關係。而個人形象要如何建立呢？

一、合適的儀表與傾聽

　　金融從業人員之合適儀表正如產品包裝，因為那是顧客的第一印象；一般而言，人類的第一印象常是決定對別人的印象。所以金融從業人員的合適儀表至少要外表乾淨、服裝整齊或穩重大方。金融機構在服飾方面整體性規劃甚為重要。

　　而傾聽是人類溝通一項最重要的工具，它不僅在管理上具關鍵性角色，在銷售上亦是一項利器。對於金融產品而言，有不少顧客基於理財的立場，其實頗具專業性，有時甚至比從業人員更清楚；此時金融從業人員若能秉持傾聽的原則，不但可能因顧客感受其意見受到重視外，也常可從顧客談話中獲得不少知識。因此金融從業人員不要遇到顧客便急於推銷產品，以免造成反效果。

二、微笑的使用

　　微笑是人際關係最佳潤滑劑，它不僅代表金融從業人員給顧客的良好印象，其實也象徵親切、友善、禮貌；不但能使自己內心產生快樂情緒，也常能將愉快的氣氛帶給顧客，進而縮短與顧客之間的距離。微笑亦可透過練習而達到的。

三、讚美的運用與熱忱的心

　　人類生來便喜歡受到別人的肯定與讚美，適時、適地的讚美對於金融從業人員而言，常能帶來意外的收穫。不過，這種讚美是出自真心誠意，而非虛偽做作。例如，金融從業人員面對一位對基金頗有研究的顧客，在與其談話過程中，若能適時發出讚美，則此顧客在受人肯定的情境下，將更容易獲得此一顧客的信任。

　　金融從業人員若具備熱忱的心，則應是一個為人著想、熱愛工作的人；因此在服務顧客時，將使人充分感受到其服務態度。

四、隨時關心與獲得信任

　　金融從業人員若能隨時關心顧客個人與家庭狀況，當可獲得顧客共鳴。其實關心的表現沒有多少或大小之分，只要此關心是顧客在意的，則這種隨時的關心便能使顧客真心接受。同時，人與人間若能相互信任，許多問題便能迎刃而解。

五、牢記顧客姓名

　　每個人都喜歡受到別人重視，而被別人記得姓名，常能感覺到此種喜悅。因此金融從業人員若能在平時顧客中，牢記其姓名，則有可能因此將之成為你具潛力的基金或保險等金融商品的購買者。

金融從業人員形象之建立

① 合適的儀表

例如，花旗銀行對行員的服飾有一系列的規劃，且大約三年左右便會重新設計製作，甚至其服飾的搭配美觀、大方，且具變化性，這使得許多顧客對花旗銀行的行員產生不少好感。

② 傾聽

一般而言，金融從業人員傾聽的原則如下：
(1)集中注意力，用心的傾聽。
(2)適時發問，協助顧客整理出談話主軸。
(3)從談話中，了解顧客的意見及其真正的需要。

③ 微笑的使用

微笑除了從內心發出以外，亦可透過練習而達到的。兩者會相互影響，最後會合二為一。最吸引人的笑，應是天真無邪的笑容；最令人相信的微笑，則是真誠的笑容。最好的金融從業人員便是隨時將笑容帶在臉上。

④ 讚美的運用

讚美是可以學習的，下列四種作法值得嘗試：
(1)養成讚美別人的習慣。
(2)讚美必須真誠、得體。
(3)留意不受讚美的人與事，例如，身材、風度、氣色、專長、成就等。
(4)多轉述讚美之詞。

⑤ 熱忱的心

⑥ 隨時關心

尤其是生日、病痛、喜喪事、災難等時機最值得注意。不過千萬要記得，必須真誠才能真正讓顧客感受到你的關心。

⑦ 獲得信任

金融從業人員在面對顧客時，若能利用專業、真誠等作法，逐步獲得顧客的信任，則不僅可使此顧客成為你永遠的顧客，同時將也會介紹更多的顧客。從理財實務中，許多優良的理財人員常具有此特質。一般而言，獲得顧客的信任，至少需做到下列三點，包括守時的習慣、信守承諾與勇於承認錯誤等。

銀行家

⑧ 牢記顧客姓名

牢記顧客姓名的方法如下：
(1)用心傾聽。　　　　(2)利用筆記，幫助記憶。
(3)反覆使用，協助記憶。　(4)運用有趣的聯想。

Unit 5-3
金融業準顧客之尋找

　　金融從業人員應對顧客哪裡來有個正確的概念。顧客不會從天而降，他是來自準顧客，因此準顧客的尋找對金融從業人員而言，極為重要。

一、成為準顧客的基本要件

　　準顧客即是可能購買金融商品的顧客，一般而言，準顧客常具備五項要件：

(一)能力：是否具備付款能力？

(二)購買權：是否具備購買決策權？

(三)需求：是否有需求的欲望？

(四)溝通容易度：是否容易溝通？

(五)符合產品條件：是否符合購買的條件？例如，購買保險產品之限制。

二、尋找準顧客之原則

　　金融從業人員尋找準顧客時，有三項原則可供參考：

　　(一)隨時隨地尋找準顧客：尋找準顧客應不分時間、地點，只要建立隨時隨地觀察、尋找準顧客的習慣，則找到準顧客的機會將大增。

　　(二)有效運用本身的所有人脈：每個人都有基本的人際關係，金融從業人員亦不例外，因此你必須妥善加以運用，包括親戚；工作關係的同事或客戶；學校關係的老師、同事、學生；共同興趣的朋友；住宅關係的鄰居或居家附近商店等；社團關係，如同鄉會、教會等；其他買賣關係，如書局等。另外，配偶的人脈亦是須待運用的關係。

　　(三)善加使用口碑通路：也就是利用現有人脈關係，讓優良的服務，產生連鎖反應，如此才能充分使準顧客之範圍更有效的擴張。

三、尋找準顧客的技巧

　　上述尋找準顧客的原則僅能提供金融從業人員一個正確的方向，但為達到目的，仍必須運用一些有效的技巧。

　　(一)直接訪問：直接勤快的訪問，利用更多的機會，找到準顧客。

　　(二)老顧客的介紹：老顧客的介紹常是準顧客最佳的來源。

　　(三)產品的展示與說明：利用各種展示會，常可找到準顧客，例如，可製作理財手冊供人取用，藉機取得其聯絡資料。

　　(四)名冊的運用：例如，工商名稱、企業名人錄、工廠名冊、公會社團會員名冊等。不過使用名冊應注意資料是否正確，以免徒勞無功。

　　(五)異業的顧客名單：與異業的銷售人員交換顧客名單。

金融業準顧客之尋找

1.準顧客的基本要件

(1)能力
(2)購買權
(3)需求
(4)溝通容易度
(5)符合產品條件

2.尋找準顧客之原則

(1)隨時隨地尋找準顧客
(2)有效運用本身的所有人脈
(3)善加使用口碑通路

3.尋找準顧客的技巧

(1)直接訪問
(2)老顧客的介紹
(3)產品的展示與說明
(4)名冊的運用
(5)與異業的銷售人員交換顧客名單

Unit **5-4**
金融業正確的銷售技巧 I

　　金融從業人員為能進行有效的銷售任務，除前文所提的層面應予重視外，其技術面的問題亦須加以考量。本部分係強調技術面，即是如何執行有效銷售。

一、前置性之準備工作

　　任何金融從業人員之銷售工作必須在展開銷售工作前，進行各種準備工作：

　　(一)深入了解金融商品：金融從業人員因充分了解金融商品之內涵，才能對顧客確實說明產品之特性、優點及與其他公司產品之比較等，如此才有可能有效回答顧客的問題；若是連金融商品之內容都不是很了解，將使顧客失去信心，並將之阻隔在外。由於現有金融商品之種類非常複雜，且具專業性；若無法有效對顧客說明時，則應予推介其他同仁或協助顧客進一步了解。

　　(二)熟悉準顧客：金融從業人員若能事前了解準顧客的基本資料，相信在訪問或洽談時，均較能產生共鳴，提高準顧客的接受度。準顧客若為個人，則可了解其經歷、年齡、收入、興趣、專長、家庭狀況等；若為公司，則在事先了解該公司之信用狀況、財務狀況，在產業中的地位，公司的經營狀況、負責人及相關人員（當為財務人員）之詳細調查等。

　　(三)應有心理準備：金融從業人員在從事銷售之前應先有被拒絕的心理準備，甚至可將洽談的內容事前預作準備。另外，在洽談中亦可能會出現失敗的可能，這均應事後予以檢討，找出可改善之處，但同時不要忽略做好心理建設的工作。

　　(四)擬訂訪問計畫：金融從業人員也可能常需外出至顧客處拜訪，所以事前先擬訂訪問計畫，將使訪問活動更為順暢。

二、接近準顧客

　　欲接近準顧客必須事前約定，當然如果是在櫃臺遇見的準顧客，則不必事前約定會面時間。事前約定見面時間，有下列好處，包括對準顧客表示禮貌與尊重、容易見到有決定權的人、節省雙方時間、增加洽談的時間，更重要的是可給準顧客一個好印象。

三、洽談說明

　　洽談說明是說服準顧客的良好時機。在洽談說明時，金融從業人員應掌握主題、說話音量及速度外，亦應注意說明時之目標、開場白及話題等。說明目標時，應能引起準顧客的注意，減少其防衛心，獲得對方信任，引發其需求與欲望，甚至有興趣聽取建議。引起注意的開場白是金融從業人員進行說服工作時，必須運用的作法包括金錢、贈品、幽默、好奇、讚美、新知識、新想法、問話、推薦。

金融業銷售技巧8大步驟

Step ① 前置性之準備工具

1. 深入了解金融商品　　　2. 熟悉準顧客
3. 應有心理準備　　　　　4. 擬訂訪問計畫

> 例如，確定訪問的目的、確定訪問的對象、篩選訪問的時間、選擇有利的訪問地點、安排訪問行程與備妥適當工作。

Step ② 接近準顧客

一般而言，接近準顧客的常見方法如下：
1. 利用有力人士的介紹。
2. 利用贈品試用。
3. 利用本身與對方之間可能存在的關係，如共同興趣。
4. 利用準顧客目前面臨之難題或急迫之需要，提出解決構想，以求接近。

> 例如，低利率情況下之投資理財需求。

5. 利用問卷調查的方式。
6. 利用產品目錄或資料之寄送（包含網路方式）。
7. 不斷嘗試的方式，即是不在乎對方的拒絕，仍設法接近顧客。

> 這類型作法除具非常龐大潛力的顧客外，無此必要。

Step ③ 洽談說明

1. 金　錢 → 如賺多少錢或節省多少經費。
2. 贈　品 → 此為利用人類貪小便宜心態的作法。
3. 幽　默 → 利用幽默消除與對方的隔閡。
4. 好　奇 → 利用人類好奇的心理引起準顧客的注意及興趣。
5. 讚　美 → 真誠的讚美常能引起別人的感動。
6. 新知識 → 提供金融方面新知識常會引起準顧客對理財的興趣。
7. 新想法 → 例如，提供理財的新想法，以引起準顧客的注意。
8. 問　話 → 利用問話方式以暗示準顧客可能獲得之利益。
9. 推　薦 → 告訴準顧客，是他的親友推薦你來做此產品介紹。

Step ④ 利用事實證明	Step ⑤ 面對拒絕之管理
Step ⑥ 促成訂約	Step ⑦ 顧客申訴之處理

Step ⑧ 售後服務

Unit **5-5**
金融業正確的銷售技巧 II

　　金融從業人員只要掌握實施步驟加以執行，相信即能達到有效的銷售任務。

四、利用事實證明

　　利用事實證明對於金融從業人員在銷售金融商品時，具有關鍵性影響，例如，你介紹某一基金上年度報酬率有多大，比其他基金高出多少等事實。這種事實的提出最能證明你所說明的產品具有利可圖的條件，如此才會吸引準顧客的重視。在進行事實證明時應注意原則有二，一是金融商品的特點與對準顧客的好處；二是舉出實例，讓準顧客很容易了解。

五、面對拒絕之處理

　　金融從業人員在推銷金融商品時，常會面對準顧客的拒絕，因此在心態上必須有所調整，將之視為正常現象；不過，也須深入了解被準顧客拒絕的原因，以作為進一步說服準顧客的根據。

六、促成訂約

　　當金融商品的準顧客有興趣時，則金融從業人員應設法促成訂約，達成交易。通常準顧客在想購買金融商品時，將會出現購買信號；口頭上的購買信號可能是討價還價、詢問是否提供其他贈品、自言自語、詢問售後服務、一再關心金融商品的潛在利益等；而行為上的購買信號則可能是不斷閱讀相關資料、瞳孔放大且眼睛發亮時、突然變得有點想展現其氣勢、一副擔心受騙的樣子等。這些口頭信號與行為信號均可作為從業人員之參考，以作為促成訂約之參考依據。

　　促成訂約的技巧有時不得不加以運用，因為準顧客在面對金錢之支付難免會有所遲疑，因此必須依現場實際狀況予以使用。

七、顧客申訴之處理

　　目前多數金融從業人員在訂約後，常會視為銷售工作業已完成。但實務上，有關顧客申訴與售後服務等亦是重要工作。金融從業人員為避免顧客申訴的作法是簽約時不要露出興奮的表情（因為這容易使顧客產生上當的感覺）、契約內容應訂得清楚、與顧客建立良好關係。萬一發生顧客申訴，金融從業人員亦應妥善處理，以免因此損失該名顧客，甚至因其口頭傳播將會影響更多潛在顧客的想法。

八、售後服務

　　一般金融從業人員認為金融商品不會有售後服務或售後服務不歸個人負責，這些都是錯誤的想法。售後服務的目的係為履行銷售承諾、維護良好商譽、獲得更多買單；所以是非常重要的一項工作。

金融業銷售技巧8大步驟

| Step①前置性之準備工具 | Step②接近準顧客 | Step③洽談說明 |

Step④利用事實證明

↓

常見的事實證明技巧說明如下：
1.列舉已購買的公司或個人所獲得好處的經驗。**2.**多提出具體且具公信力的資料。**3.**提出各種相關好處，使準顧客可直接感受到購買此金融商品之利益。**4.**與其他金融商品比較。

由於金融商品關係每個人或每家公司之必備需求，故準顧客常多謹慎行事，若能將實際情形加以展現，並與其他金融商品比較，將有助於準顧客的接受度。

Step⑤面對拒絕之管理

↓

金融從業人員應依實際原因作為進一步說服準顧客的根據。例如，不愉快的被推銷經驗、出自習慣、抗拒改變（原使用定存，現改部分為基金或其他金融商品）、不了解金融商品的好處、沒有發現其潛在需求、選購說明的對象等。

Step⑥促成訂約

↓

促成訂約的技巧必須依現場實際狀況予以使用。

例如，準顧客想購買但又猶豫不決時，則直接與其約定訂約時間或現場使其訂約；若準顧客不願意直接下決定時（例如，基金種類多），此時從業人員無須要求立即訂約，而是直接協助其進一步選擇。另外，提供正反兩面的意思供其參考，先買較少金額的金融商品，並再進一步觀察是否值得繼續投入等方式均可參考。

Step⑦ 顧客申訴之處理

↓

實務上處理顧客申訴的作法大約有下列數種：

1.感謝顧客的申訴。　　　　2.表示同情，絕不與顧客爭辯。
3.蒐集相關資訊，找出事實。　4.仔細傾聽顧客意見，找出其真正不滿之處。
5.徵求顧客的意見。　　　　6.和緩提供一個下臺階（當顧客無理取鬧時）。
7.迅速採取補償行動。

Step⑧售後服務

售後服務常見的方式包括親自拜訪、信函或電子郵件問候、電話致意等方式，這些均有助於建立與顧客的感情，以使雙方之交往能更為長久。

Unit **5-6**
金融業銷售人員之績效

銷售人力績效之好壞將明確影響公司業績，在金融業中尤其以理財專員最為明顯。然而如何真正達到提升業績之目的，最大關鍵因素則在於透過適當的績效評估系統找出銷售不佳的原因，進而加以改善，並找到人員真正的生產價值。

一、銷售人力表現不佳的原因

銷售人力之績效不佳的原因除個人因素外，大致可包括下列因素：1.銷售人力缺乏生產力；2.銷售人力從事在銷售活動的時間不足，而花在行政流程等時間上多；3.顧客區隔不夠精確；4.過度重視創造大量收益之顧客，反而因此建立缺乏利潤的顧客關係；5.缺乏差異化的產品與服務；6.缺乏合適的銷售文化；7.不恰當的績效獎金制度；8.交叉銷售未能達到最大化的效益；9.缺乏理想的支援服務系統。

二、銷售人力績效提升之評估

在實務上，對銷售人力之評估可包括下列四大類：

(一)深度訪談企業內部員工：包括新進及資深員工、主管。

(二)績效觀察：包括實地訪視銷售單位、調查客戶服務中心、關注銷售人員與客戶互動關係。

(三)訪問顧客：透過一對一或焦點團體方式了解。

(四)以事實為根據的分析：包括銷售人員時間分配、顧客流動率、前線員工的績效差異等。

三、銷售人力績效之提升

銷售人力的最佳改變計畫係在於改善管理階層，也就是為主管設計出能創造持久有效的績效改善計畫。接著再設法改變第一線銷售人力。

(一)主管績效改善的作法：首先透過主管的自發性探索的改變，也就是經由變革經驗分享等方法，使主管意識到必須改變的原因及改變的重要性，例如將第一線服務人員或顧客發現的事實展現出來，讓主管從觀察中學習思考，進而找到需要改變的理由。接著協助主管找到自己需要改變的動力或缺乏的能力，以提高其改變的意願；同時利用即時輔導方式，達到進行轉型規劃或執行的目的。最後，持續對主管的支持與輔導，達到激勵主管行為的改變。

(二)第一線銷售人力績效改善的作法：其作法與主管相類似，例如初期可利用顧客讚許的方式，讓員工了解被期待的行為。接著透過關鍵訓練增進員工的技巧與意願。最後，更可透過標準化的作業流程，加強第一線銷售人力的改善作為，配合監督與獎勵制度，將可達到改善提高第一線銷售人力績效之目的。

金融業銷售人員之績效

銷售人力表現不佳的原因

1. 缺乏生產力
2. 銷售活動時間不足
3. 區隔不夠精確
4. 過度重視創造大量收益的顧客
5. 缺乏差異化產品與服務
6. 缺乏合適的銷售文化
7. 不恰當的績效獎金制度
8. 交叉銷售未達最大化效益
9. 缺乏理想的支援服務系統

銷售人力績效提升之評估

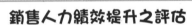

1. 深度訪談企業內部員工

2. 績效觀察

3. 訪問顧客

4. 以事實作為根據的分析

銷售人力績效之提升

1. 主管績效改善的作法

2. 第一線銷售人力績效改善的作法

例如初期可利用顧客讚許的方式，讓員工了解被期待的行為，澳洲銀行曾製作簡單醒目的標語，時時提醒第一線人員從顧客觀點看待事情。

Unit **5-7**
金融業對顧客購買心態之了解

圖解金融行銷

金融從業人員若欲找到好顧客，並與其維持良好互動關係，則不能不從顧客購買心態著手；尤其必須從顧客的觀點來檢視金融商品是否具有價值。因此顧客的價值期望是影響顧客滿意的重要因素，也就是各項金融商品能否為顧客帶來的預期利益或保障，金融從業人員不能不予以重視。

一、顧客期望形成之作法

若欲成為一位優秀的金融從業人員，便必須成為顧客期望的提供者，也就是應做到傾聽顧客真正心態、了解何種金融商品才能滿足顧客、能使顧客留下好印象及運用體驗行銷以創造有價值的服務等四件事。

顧客的期望係根據顧客對服務品質的需求、顧客從別地方所獲得之服務認知、顧客本身的自我認知、情境因素及預期的服務水準等五項因素影響，即會產生所認知的服務品質是否在其接受的範圍內。因此金融從業人員對顧客提供服務時，不應急於銷售金融商品，而是依顧客服務的狀況（尤其顧客在現場所表現出之態度，這態度當已反應出其服務期望），決定如何服務顧客。

從上述簡單說明，可知金融從業人員應了解顧客想法，即是須認知其問題。

二、促使顧客購買的作法

Michael LeBoeuf認為顧客係根據二個理由購買產品或服務，一是能解決問題（對金融業而言，即是所購買的金融商品能具獲利性或保障）；二是能滿足需求且讓他有愉快的感覺。根據此觀點，金融從業人員想要獲得顧客的心，但必須考量下列作法：1.金融從業人員應保持愉快心情，讓顧客能感受到真誠；2.顧客不喜歡受人控制，喜歡自己做決定，所以金融從業人員必須使其感覺到此項金融商品之成交是由顧客本身自己做成的決策，而非你指導購買的；3.金融從業人員是金融業形象建立之平臺，金融業企業形象之建立必須依業績的創造及維持；4.善用同理心概念，即是金融從業人員應認同並讚美顧客所認同及讚美的事物；5.金融從業人員應抱持為顧客解決問題為其服務；6.發自內心對顧客予以關心及欣賞，若無法做到此點，你也不要期待他會向你購買金融商品，因為目前市場上，有太多機會可以購買各種金融商品；7.金融從業人員應為顧客負起責任，例如，顧客欲購買具保障性且具投資性的金融商品，則此時你應為其分析，找到合適的金融商品，例如，投資型保險商品或公司債基金等，金融從業人員不可一味只是想將金融商品賣出，也應為顧客負起責任；8.金融從業人員應設法使雙方處於輕鬆且融洽的氣氛中；9.適當運用幽默，但此種作法必須有把握始得為之，以免反獲得負面效果；10.金融從業人員應設法使顧客感受到你對他的關心。

金融業對顧客購買心態之了解

完成顧客期望的作法

1. 傾聽顧客的真正心態，即是找出顧客的最主要需求
2. 了解顧客需要何種金融商品才能真正滿足
3. 能使顧客在滿足其期望下，留下好印象
4. 透過體驗行銷，創造有價值的服務

影響顧客服務期望的因素

- (1)對服務品質的需求
- (2)顧客從別地方所獲得之服務認知
- (3)顧客本身的自我認知（顧客認為本身應得到金融從業人員多少的服務）
- (4)情境因素（服務現場所發現的狀況，例如，從業人員正在忙碌）
- (5)預期的服務水準（顧客本身認為金融從業人員至少應提供之服務）

→ 了解顧客想法須認知的問題

促使顧客購買的作法

1. 讓顧客感受真誠
2. 由顧客自己做成的決策
3. 金融從業人員是形象建立平臺
4. 善用同理心的概念
5. 為顧客解決問題的心態
6. 發自內心關心顧客
7. 應為顧客負起責任

8. 使雙方處於融洽的氣氛中

一般常見作法
(1)真誠的笑容
(2)輕鬆的態度
(3)自信且體諒的心情
(4)以不具威脅的態度與顧客接觸
(5)記住顧客姓名，並不斷在談話中提及

9. 適當運用幽默

10. 設法使顧客感受到你對他的關心

例如，顧客的生日寄張賀卡，若能從閒聊中知道其嗜好（例如，收藏某些小紀念品），也可在適當時機贈送給他。這項貼心的作法有很大的想像空間，只要你願意，相信可維持許多良好的顧客。

Unit **5-8**
金融業顧客忠誠度下降原因

金融從業人員與顧客建立更長久的關係，相對更有利於企業與個人，所以如何建立顧客忠誠度成為現代企業與行銷人員的重要課題。

一、建立顧客忠誠度之利益

金融從業人員如能建立顧客忠誠度，可獲得的利益至少有下列六項：

1.顧客忠誠度愈高，顧客購買的金額或次數會愈多。

2.顧客忠誠度高，舊顧客會介紹更多的新顧客。透過此種口頭通路的宣傳效果最有用。

3.服務舊顧客所須投入的成本較低。因為舊顧客已了解企業的產品，所以不必像吸引新顧客必須投入較多的經費。

4.舊顧客由於已熟悉現有產品或作業模式，故較少進一步了解現行價格問題。

5.舊顧客因為了解企業或從業人員，較能以寬容的態度對待之。

6.舊顧客其實背後隱藏更大的潛在利益。

二、顧客忠誠度下降的原因

維持顧客忠誠度是一件非常重要的事，但也常因企業、從業人員或顧客本身因素而造成顧客忠誠度下降，茲說明如下：

1.企業無法真正了解顧客需求。

2.經濟環境改變，使得顧客本身的所得能力改變。

3.顧客本身的生活或工作環境改變。

4.顧客不滿現有的服務品質。

5.第一線金融從業人員的服務態度不佳。

6.企業的服務流程對顧客而言並不方便或浪費時間。

7.顧客找到更佳服務的解決方案（可能是別家金融業者所提供的）。

8.企業或從業人員所提供的服務與顧客之預期有所落差。

小博士解說

如何了解顧客的想法？

從上單元關於顧客期望形成的作法之簡單說明，可知金融從業人員應了解顧客的想法，即是須認知四項問題：1.包括金融商品的適合性及品質等基本服務是顧客在選擇服務時的最重要考量因素；2.除了基本服務外，顧客尚須金融人員提供哪些他的重視價值，例如，獲利是否穩定；3.將一些造成困擾的問題（如必須前往服務據點等）轉化為具創造性的機會，例如，全部商品的簽約提供到家服務；4.金融從業人員必須考量本身欲提供之服務是否是顧客所在乎的事物，例如，提供贈品等。

金融業顧客忠誠度之建立與下降

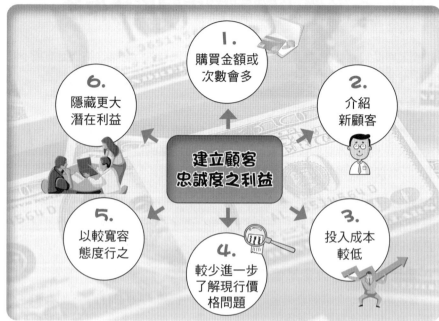

建立顧客忠誠度之利益

1. 購買金額或次數會多

2. 介紹新顧客

3. 投入成本較低

4. 較少進一步了解現行價格問題

5. 以較寬容態度行之

6. 隱藏更大潛在利益

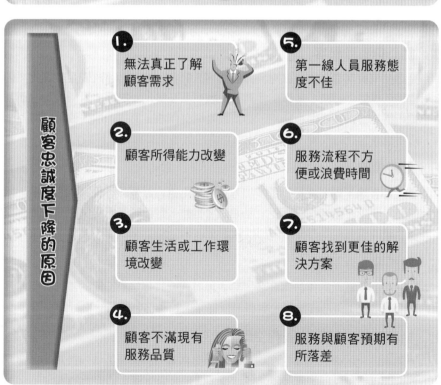

顧客忠誠度下降的原因

1. 無法真正了解顧客需求

2. 顧客所得能力改變

3. 顧客生活或工作環境改變

4. 顧客不滿現有服務品質

5. 第一線人員服務態度不佳

6. 服務流程不方便或浪費時間

7. 顧客找到更佳的解決方案

8. 服務與顧客預期有所落差

Unit 5-9
金融業維護顧客忠誠度的作法

企業與從業人員在維護顧客忠誠度的作法現因為各行各業之特性而有所不同，但至少有下列一般性作法可供依循。

一、有效執行企業核心服務

金融機構的核心服務因其組織與經營項目而有所不同，但是若能在了解顧客的真正需求下，強化本身的核心服務，使得顧客因企業的核心服務而有所獲利，相信顧客也不會隨意移轉其往來的金融機構。進一步說明其內涵如右圖所示。

二、充分運用口頭通路

對於金融機構或其從業人員而言，運用口頭通路所產生之效果，常遠超過一般的宣傳、促銷等方法。

三、重視企業形象與企業信譽

當金融機構的企業形象與企業信譽不佳時（例如，中興銀行），原有顧客必定快速流失，因為金融機構所提供之服務與一般大眾在生活上的關係極為密切，他們不得不加以重視，以免遭受損失。

四、關心與喜歡顧客

金融機構與其從業人員欲達到關心與喜歡顧客，首先必須改變企業文化，因為金融機構所提供之服務，其專業性隨著金融商品多樣化而提高，對一般顧客而言，常不知所措，所以在提供服務時，必須改變原有作法。第二，加強改善顧客互動層面，透過櫃臺設計的改變，即能減化服務流程且增加與顧客服務機會。

五、重視顧客

重視顧客除了顧客意見應予多加考量外，更應將每個顧客視為單獨個體，給予獨特服務，至少在顧客心理感受上是如此。另外，對舊顧客應提供更多優惠，這點在許多金融機構與從業人員都未加以重視。

六、對顧客心存感激

對顧客心存感激的作法有許多，其表現方式或許都是小細節的工作，但常具有難以想像的功效；這些作法對金融機構或從業人員而言，都是一項行銷利器。

七、對顧客提供舒適的服務空間

雖然網路化的金融服務日多，但是現場服務至今仍是金融機構最重要、最常見的方式。因此服務場所如何展現其舒適感，這是金融機構必須努力的方向。

金融業維護顧客忠誠度的作法

1. 有效執行企業核心服務

(1)了解顧客需求並建立服務標準，並透過廣告等方式使顧客能清楚了解企業的服務項目。

(2)必須有效規劃顧客服務的傳送系統，使得顧客能真正體會企業從業人員的有效服務。

2. 充分運用口頭通路

例如，一位理財人員口碑甚佳時，他（她）常可藉由其老顧客的宣傳快速的拓展其服務對象。

3. 重視企業形象與企業信譽

例如，2004年中信銀的廣告即在不斷釋放出公司的親切形象，藉以吸引更多消費者成為其服務客戶。

4. 關心與喜歡顧客

(1)改變企業文化→不要顯出不耐煩、不高興的態度。

(2)加強改善顧客互動層面→目前交通銀行與日本新生銀行合作，其作法之一即在於改變其服務櫃臺，以增加對顧客更多之服務。

5. 重視顧客

(1)對顧客意見應予多加考量。

(2)給予每個顧客獨特服務。

(3)對舊顧客應提供更多優惠。

例如，房貸基本利率之調降，常必須由顧客提出要求後，始會予以調整；一旦這種情況被老顧客了解後，除非無法轉貸或轉貸所產生之成本過高，否則該顧客一定立即轉貸；即使顧客無法轉貸，亦會將其他金融商品購買移往他處，這相對增加金融機構更多不利。

6. 對顧客心存感激

(1)在相關節日寄賀卡給顧客，如生日、過年等。

(2)企業辦理相關活動時，提供入場券給顧客。

(3)提供禮物給顧客，若能親自送達，常有獨特效果，尤其對於大金額往來的顧客更應如此。

7. 對顧客提供舒適的服務空間

包括提供停車空間（甚至代客停車）、提供茶水、乾淨的廁所、提供書報雜誌（應是近期者，若放置過去太久的書報雜誌反會引起顧客不悅）。

Unit **5-10**
金融業面對顧客抱怨的一般處理方法與態度

　　顧客抱怨之處理對金融機構或從業人員來說，都是一件相當重要的工作。在面對顧客抱怨時，應有哪些正確的態度呢？至少應主動思考為何顧客會抱怨？其抱怨原因為何？又如何加以有效處理？同時顧客不抱怨又應採取何種作法鼓勵其抱怨，使其成為金融機構成長的推動力。

一、顧客抱怨對企業的好處

　　為什麼要鼓勵顧客抱怨？其實顧客抱怨能讓金融機構了解本身有哪些服務不佳之處，作為服務流程或服務態度改善之依據。再來是了解顧客真正的需求。

二、顧客最常抱怨的問題

　　而顧客最常抱怨的內容有哪些呢？一般來說，有下列幾點：1.服務態度不佳的從業人員；2.服務等候時間太長；3.無人回應的電話；4.金融從業人員對顧客之要求過於冷漠或反應慢；5.從業人員對金融商品的了解程度不足，無法有效提供顧客之參考；6.金融從業人員的說明技巧不足。

三、面對顧客抱怨的一般處理方法與態度

　　金融機構及其從業人員在面對顧客抱怨時，至少應遵循下列原則：1.必須積極、主動的面對顧客抱怨，並找出顧客抱怨的原因；2.必須重視顧客的抱怨，並設法立即予以解決；3.相關主管應主動參與了解顧客抱怨並提供解決之道；4.金融機構內部應建立一套有效處理顧客抱怨的作法；5.對於顧客抱怨的事項應作為未來服務之改善依據；6.對於從業人員應予適度授權，以加快抱怨之處理；7.金融機構應充分掌握顧客抱怨處理之狀況，以作為未來教育訓練之參考；8.從業人員應以體諒的心情對待顧客之抱怨；9.設法與顧客溝通，了解解決抱怨問題的方式，若仍不能符合顧客之期望，可進一步徵詢其意見；10.抱怨處理後，可以電話或其他方式，了解顧客是否滿意處理的結果；11.在處理抱怨過程中，務必保持顧客的尊嚴。

四、了解顧客不提出抱怨的原因

　　一般而言，當金融機構很少接收到顧客抱怨時，可能不是顧客沒有抱怨，而是顧客不願意提出，因此金融從業人員有必要進一步了解不抱怨的原因，以針對問題作為改進參考。常見顧客不抱怨的原因如下：1.認為金融機構不會重視其想法；2.顧客害怕給他人咄咄逼人的感覺；3.顧客依過去經驗對金融機構改善不抱任何希望；4.顧客害怕被拒絕、被羞辱、被報復；5.顧客因對金融專業不足，不知如何提出抱怨；6.面對抱怨的處理過程太過繁雜；7.顧客覺得無關緊要，不想多事。

對顧客抱怨的一般處理方法與態度

1. 顧客最常抱怨的問題

①服務態度不佳

②等待時間長

③無人回應電話

④對客戶的冷淡

⑤員工不了解商品

⑥說明技巧不足

2. 面對顧客抱怨的一般處理方法與態度

①主動找出顧客抱怨的原因

②立即解決客戶的抱怨

③相關主管主動參與解決問題

④建立一套處理機制

⑤應予以適當授權

⑥掌握抱怨情形作為未來改善參考

⑦員工具同理心

⑧主動徵詢客戶想法

⑨事後主動了解客戶是否滿意處理結果

⑩維護客戶的尊嚴

3. 了解顧客不提出抱怨的原因

顧客不提出抱怨的原因

①不會重視其想法

②客服給人壓力的感覺

③處理程序太複雜

④依經驗不抱任何希望

⑤不想多事

⑥客訴被拒絕等

⑦不知如何提出抱怨

Unit **5-11**
金融業面對顧客抱怨的處理流程與技巧

金融機構與其從業人員在面對顧客抱怨時，若能建立一套處理流程，不僅能充分掌握其處理過程，也使從業人員有所依循，不致影響處理時效。以下將最常見的流程提出說明之。

一、處理流程步驟

(一)運用各種方式鼓勵顧客提出抱怨：由於顧客對於抱怨常放在心裡，並以離開作為對金融機構抱怨的反應；因此誘發顧客提出抱怨成為金融機構及其從業人員的重要工作之一。一般而言，鼓勵顧客提出抱怨的方法大致可包括下列作法：1.對提出抱怨的顧客予以某些獎勵，例如，獎品或贈品；2.相關主管定期或非定期與提出抱怨的顧客茶敘或用餐，表達金融機構對顧客抱怨之重視；3.由相關主管親自寫信給提出抱怨之顧客，以表達謝意；4.對顧客在提出抱怨時，應以主動、積極的態度，引導顧客提出抱怨的真正原因。

(二)以熱忱、真誠的態度詢問顧客的問題：通常顧客提出抱怨時，不見得能確實說明問題點在哪裡，因此從業人員必須以真心誠意的態度，逐步詢問顧客的問題何在，以避免顧客在感受不到從業人員的誠意時，而未能提出顧客抱怨的真正問題。

(三)認真的向顧客確認其抱怨的原因：金融從業人員應以傾聽的方式了解其所面對的問題，此時最佳的溝通方式是傾聽，以確認其真正的問題。最後，並應再次仔細與顧客確認抱怨的原因。

(四)對顧客提出解決問題的方法：在確認抱怨原因後，向顧客提出解決問題的方法，並且誠意徵詢顧客是否能真正接受此解決方案。若顧客仍不能滿意，則須進一步提出其他方案，盡可能符合顧客的需要。

(五)了解問題解決後的顧客想法：以主動、積極的態度向顧客詢問解決方案是否能真正符合需要及滿意？如果顧客仍不滿意，則應設法同意顧客要求。

二、因應顧客抱怨之應有態度與技巧

金融從業人員在面對顧客抱怨時之態度及應有之技巧，成為目前金融行銷上第一線的重要工作之一，在此提供重要技巧供參考：1.金融從業人員必須有效的克制自己不悅的情緒與態度，以避免事態更為擴大；2.認真傾聽顧客申訴，尤其不必急於說明可能錯誤，以免造成顧客進一步誤解；3.以真誠的態度面對顧客，讓他感受到你是真心想解決問題，而不是只在應付；4.絕對不要以顧客為敵，即便是顧客的錯誤，也必須在其抱怨結束後，仔細說明問題始末，以避免加深誤解；5.要有同理心，即是站在顧客的立場看問題；6.在處理顧客抱怨時之態度應真誠、愉快。

面對顧客抱怨的處理流程與技巧

處理流程 **5** 步驟

Step① 運用各種方式鼓勵顧客提出抱怨

1. 對提出抱怨的顧客予以某些獎勵。
2. 與提出抱怨的顧客茶會，表達對顧客的重視。
3. 寫信給提出抱怨之顧客，表達謝意。
4. 以主動、積極的態度，面對並引導顧客提出抱怨的真正原因。

Step② 以熱忱、真誠的態度詢問顧客的問題

Step③ 認真的向顧客確認其抱怨的原因

Step④ 對顧客提出解決問題的方法

Step⑤ 了解問題解決後的顧客想法

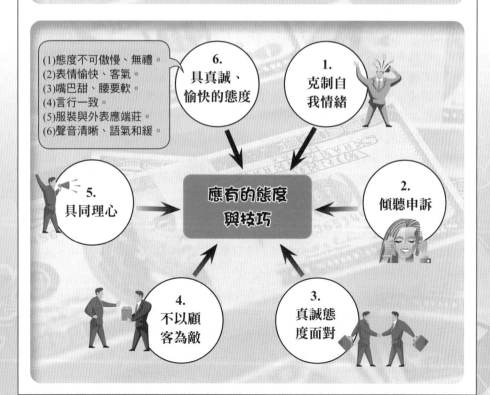

(1)態度不可傲慢、無禮。
(2)表情愉快、客氣。
(3)嘴巴甜、腰要軟。
(4)言行一致。
(5)服裝與外表應端莊。
(6)聲音清晰、語氣和緩。

6. 具真誠、愉快的態度

1. 克制自我情緒

5. 具同理心

應有的態度與技巧

2. 傾聽申訴

4. 不以顧客為敵

3. 真誠態度面對

Unit **5-12**
金融業服務之補救與保證

　　金融機構及其從業人員之服務補救，主要係在於確認本身服務疏失與解決顧客抱怨問題必須採取之措施。

圖解金融行銷

一、服務補救之作業流程

　　一般而言，金融機構之服務補救的作業流程分為四個階段，茲說明如下：

　　(一)確認各項服務存在哪些疏失：顧客通常不會主動提出抱怨，根據過去的研究，大約只有5%的顧客會提出抱怨，若金融機構未能針對此重要的資訊來源，尋找公司內部在服務上存在哪些疏失，可能包括這5%的顧客也會流失。實務上，確認服務疏失可包括金融機構內部訂定服務績效標準、金融機構不斷與從業人員溝通服務補救措施、金融機構與從業人員應設法引導顧客提出抱怨、金融機構應善加運用資訊科技四種作法。

　　(二)解決顧客抱怨問題：顧客在面對金融機構及從業人員所採取之服務補救措施，常會以結果公平、程序公平、互動公平等三個角度來評估本身是否真正獲得公平的對待。這三點所謂的公平對待，即是前述顧客抱怨處理部分，不再贅述。

　　(三)服務疏失之整理分析與溝通：金融機構常對服務疏失進行積極、主動的蒐集，其因有四，一是部分員工對抱怨內容不感興趣；二是金融從業人員自認與本身無關，故常逃避問題；三是過去也常不處理此類問題，故問題從未被解決；四是金融機構未建立有系統的資料以蒐集、整理分析的方法。當蒐集、整理與分析服務疏失的問題後，如何有效將解決方法教導從業人員，除了不斷進行教育訓練外，服務補救流程之建立、從業人員填報服務疏失報告、設計抱怨表格等均屬之。

　　(四)針對服務疏失之整理、分析後，將資料加以整合：這最後的服務補救措施的階段其實對未來最具影響性。其目的可確保蒐集到各種相關、有效、即時的資訊，並將整合分析後的結果告訴第一線從業人員，使他們能做出更有效的服務。

二、服務保證

　　服務保證係屬服務補救的工具之一，它主要是對提供銷售的產品品質或使用期限提供一種補償承諾；其目的在於強迫金融業者關心顧客及其真正的需求，故其本質是設定必須達成的服務標準。

　　(一)基本原則：一項優良的服務保證可包括五項基本原則，茲說明如右圖。

　　(二)防範服務保證生效的作法：包括1.服務保證必須不惜支付相當價值的賠償，否則不具意義；2.企業必須訂定相當程度的服務標準，以使從業人員在執行時能有依循；3.服務保證必須要簡單、清楚，且作業程序不複雜；4.服務保證必須做到特別狀況應予特別的處理方式；5.必須整理分析顧客抱怨的資訊。

金融業服務之補救與保證

服務補救的作業流程

階段① 確認各項服務存在哪些疏失

1. 金融機構內部訂定服務績效標準

金融機構設立服務標準當能消除顧客抱有不明確期望的一條途徑，最常見的作法是提出一份服務證書。例如，銷售基金時常會給予顧客一個星期的審閱期。從業人員亦在此規範下可與顧客進行更有效的溝通與互動。

2. 金融機構不斷與從業人員溝通服務補救措施

從業人員在充分了解服務補救措施的重要性後，才能真正強化與顧客之間的關係；也就是從業人員因位處服務第一線，最容易感到顧客的不滿與抱怨。金融從業人員若能真正了解服務補救的重要性，才能有效了解服務疏失如何蒐集。

3. 金融機構與從業人員應設法引導顧客提出抱怨

金融機構與從業人員應明確告訴顧客遇到服務不滿意時，應如何提出申訴與企業可能會採取哪些補救措施。其相關作法可包括給予贈品或獎品、回饋紅利積點（可兌換現金等）。

4. 金融機構應善加運用資訊科技

近年來許多金融機構均設立現代化的客服中心，它結合目前的資訊科技，有利於進行疏失補救處理，並且可提供顧客問題之分析。

階段② 解決顧客抱怨問題

1. 結果公平

係指顧客關心本身提出之抱怨所能獲得之回饋結果是否存在公平性。

2. 程序公平

係指顧客在面對金融機構的訴願程序與政策是否具合理性？顧客所等候處理的時間是否具適當性？

3. 互動公平

係指顧客在乎本身與金融從業人員之間的互動是否受到公平的對待？

階段③ 服務疏失之整理分析與溝通

階段④ 針對服務疏失之整理、分析後，將資料加以整合

服務保證

1.基本原則

(1)服務保證並沒有任何但書或例外。
(2)服務保證的保證內容對顧客而言必須具有實質意義，也就是它應是顧客想要的東西。
(3)服務保證必須是容易履行或實踐，例如，不必另外填寫申請書等。
(4)服務保證之內容必須簡單且容易了解。
(5)服務保證必須是顧客能容易感受。

2.防範服務保證生效的作法

Unit 5-13

〈個案1〉保險業務員，轉型全方位理財專員

圖解金融行銷

　　自從金控公司成立後，臺灣三十餘萬保險業務員在業務推動上面臨巨大的挑戰。尤其是來自金控公司多元化理財商品與通路優勢，使得保險公司在財富管理市場上受到明顯的威脅。因此各保險公司已積極協助保險業務員轉型為理財顧問。

一、個案情境說明

　　ING安泰人壽認為銀行所代銷的壽險商品幾乎以簡單、短年期的儲蓄險為主，與保險業務人員以需求導向方式提供之保險銷售模式不盡相同。由於現在的保險業務人員經過保險需求訓練，從基本的壽險規劃、退休規劃、到高資產的節稅規劃，均較銀行理財專員更為專業。

　　保德信人壽要求業務員均為大專以上學歷，而且沒有在其他壽險公司的經驗，其目的在於對人員質量的考量。目前大多數外商壽險公司與國內老牌公司均採取此種人才召募策略。例如，國泰人壽從2002年5月起，推動「優勢V.S.行動專案」，截至2004年1月，人數已達到三千五百人，占其業務人員約十分之一強。該公司副總經理張發得表示，隨著金控成立，跨業行銷日趨熱絡，壽險業務員勢必要轉型為全方位的理財規劃師，跟以往只賣壽險的情況完全不同。2003年，新光人壽與南山人壽險也引進相類似的制度。

　　除召募對象有所改變外，各保險公司的教育訓練方式也與過去有所不同，尤其加強財富管理課程。因此壽險業務人員所銷售的商品也由壽險擴及產險、房貸、信用卡、小額信貸、基金、信託等。

二、問題重點提要

　　問題一： 目前各金融機構的理財專員雖擁有相關證照，但在金融商品多元化的環境，消費者常受制於專業，而接受理財專員的建議，但許多理財專員只以業績掛帥，以致產生許多的抱怨與糾紛。當然金融商品與經濟情勢之變化有密切關係，有時也非理財專員所能掌控。在此種情境之下，若你是一位理財專員或理財顧問，在面對顧客抱怨時，你會採取哪些作法？

　　問題二： 理財專員除推銷自家公司的金融商品或某家公司的商品外，也是在協助顧客篩選、比較、分析與汰換金融商品。請你想像自己是一位理財顧問（或專員），你應如何達到銷售金融商品的目的，又可獲得顧客的信賴與友誼。請敘述你個人的看法。

保險業務員，轉型全方位理財專員

個案情境說明

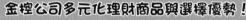

金控公司多元化理財商品與選擇優勢！

↓

保險公司協助保險業務員轉型為理財顧問！

1.
ING安泰人壽認為保險業務員對保險需求訓練較銀行的理財專員更為專業

2.
國泰人壽認為壽險業務員勢必轉型為全方位理財規劃師，其他壽險公司有類似作法

3.
保險公司的訓練方式改變，尤其加強財富管理課程

問題重點提要

問題 ①

理財專員雖擁有相關理財證照，但因經濟情勢非理財專員的掌握，且不少只以業績掛帥，造成不少糾紛

↓

理財專員或顧問對顧客抱怨時，將採取哪些作法？

問題 ②

理財專員除推銷金融商品外，尚須協助顧客分析金融商品

↓

理財專員如何達到銷售金融商品目的且獲得顧客依賴，請提出個人看法

資料來源：陳欣文、李淑慧，〈保險業務員，轉型全方位理財專員〉，經濟日報，2004年1月27日。

Unit **5-14**
〈個案2〉一視同仁，看待各行各業投資客戶

　　金融業務從業人員之所以能在短短二年時間內創下百萬年薪的紀錄，一定有其獨特之處，以下個案探討之。

一、個案情境說明

　　國泰世華銀行篤行分行貴賓理財中心業務襄理李慧君參與理財市場在短短的二年內，已創下百萬年薪的紀錄。她最大的特色是對待各行各業投資客戶均一視同仁，沒有例外。

　　李慧君表示，曾有一位中小企業只要求近千萬現金存入活期存款，但是基於為客戶賺錢的立場，主動建議將部分資金先購買國內債券孳息，之後再分別投入海外平衡型基金與連動式債券等理財投資組合。結果在客戶的獲利頗佳的情況之下，又介紹了其他三位親友成為她的往來客戶。

　　她提到其貴賓理財客戶中約有三十到四十位曾在其他三家以上銀行進出的紀錄，主要原因是那些客戶抱怨有些銀行的理財專員，對投資損益只報喜不報憂。但是她卻會在客戶基金淨值下降時，主動告訴客戶原因何在，讓客戶提前了解此訊息，等收到對帳單時，心情較能調適，也就是相對增加對她的信心。

　　由於李慧君在開發客戶上，仍保有過去運動選手的態度，即是不輕言放棄，再加上在花旗銀行的電話行銷工作，使得她更容易與其他客戶相處。另外每次拜訪客戶時，通常會選擇先與客戶閒聊運動等輕鬆話題，並進一步關心客戶的重要紀念日，且提供那裡具有特色的美食，因此使得客戶與她的距離更為接近。

　　為了增加與客戶的互動，李慧君每個月會主動告之客戶理財組合與獲利達成率的現況，讓客戶自行判斷是否要調整投資組合，作為下一次投資的準備。

二、問題重點提要

　　問題一：李慧君小姐在面對顧客時，會主動告知理財組合與獲利達成率的狀況，提供客戶自行判斷是否調整投資組合。請你以一位專家的身分，對此種作法提出評論。如果她的作法是正確的，其理由何在？若不是，則又應如何做會更為恰當。

　　問題二：在開拓或拜訪客戶時，理財專員若以閒聊話題的方式開始，你認為其作法正確與否？如果是正確的話，你又需如何做才不致於陷入純聊天，而無法進入理財建議的情境中？

一視同仁，看待各行各業投資客戶

個案情境說明

她最大的特色是對客戶一視同仁！

國泰人壽襄理 李慧君 二年內創下百萬年薪的紀錄！

1. 中小企業主在其建議下，調整其財產配置，在獲利佳的情況下，介紹其他親友成為其往來客戶

2. 其理財客戶不少曾去其他銀行進出。她對客戶採取主動的作法，使客戶了解及掌握其基金狀況

3. 她開發客戶時，通常先選擇與客戶閒聊運動等輕鬆話題，以使客戶與其距離更近

問題重點提要

問題 ①

主動告知客戶理財組合與獲利情況，並提供是否調整投資組合

此種作法是否正確？理由何在？若不是，又應如何做更為恰當？

問題 ②

開拓或拜訪客戶時，理財專員若以閒聊方式開始，你認為作法是否正確？

如果正確，你又應該如何做才不致於陷入純聊天，而無法進入理財建議的情境中？

資料來源：劉朱松，〈一視同仁，看待各行各業投資客戶〉，工商時報，2004年5月20日。

國家圖書館出版品預行編目（CIP）資料

圖解金融行銷/張福榮著. -- 二版. -- 臺北市：五南圖
書出版股份有限公司, 2024.03
　　面；　公分
　　ISBN 978-626-393-018-6(平裝)

1.CST: 金融行銷

561.7　　　　　　　　　　　113000818

1MD2
圖解金融行銷

作　　　者：張福榮

發 行 人：楊榮川

總 經 理：楊士清

總 編 輯：楊秀麗

主　　　編：侯家嵐

責任編輯：吳瑀芳

文字校對：邱淑玲、許宸瑞

封面設計：封怡彤

出 版 者：五南圖書出版股份有限公司

地　　　址：106臺北市大安區和平東路二段339號4樓

電　　　話：（02）2705-5066

傳　　　真：（02）2706-6100

網　　　址：https://www.wunan.com.tw

電子郵件：wunan@wunan.com.tw

劃撥帳號：01068953

戶　　　名：五南圖書出版股份有限公司

法律顧問：林勝安律師

出版日期：2015年2月初版一刷
　　　　　　2024年3月二版一刷

定　　　價：新臺幣380元

※版權所有·欲利用本書全部或部分內容，必須徵求本公司同意※

五 南
WU-NAN

全新官方臉書

五南讀書趣

WUNAN
Books

since1966

Facebook 按讚

1 秒變文青

 五南讀書趣 Wunan Books

★ 專業實用有趣
★ 搶先書籍開箱
★ 獨家優惠好康

不定期舉辦抽獎
贈書活動喔！！

經典永恆·名著常在

五十週年的獻禮——經典名著文庫

五南，五十年了，半個世紀，人生旅程的一大半，走過來了。
思索著，邁向百年的未來歷程，能為知識界、文化學術界作些什麼？
在速食文化的生態下，有什麼值得讓人雋永品味的？

歷代經典·當今名著，經過時間的洗禮，千錘百鍊，流傳至今，光芒耀人；
不僅使我們能領悟前人的智慧，同時也增深加廣我們思考的深度與視野。
我們決心投入巨資，有計畫的系統梳選，成立「經典名著文庫」，
希望收入古今中外思想性的、充滿睿智與獨見的經典、名著。
這是一項理想性的、永續性的巨大出版工程。
不在意讀者的眾寡，只考慮它的學術價值，力求完整展現先哲思想的軌跡；
為知識界開啟一片智慧之窗，營造一座百花綻放的世界文明公園，
任君遨遊、取菁吸蜜、嘉惠學子！